JN248584

アールヌーヴォーの残照

―世紀末建築・人と作品―

目次

小谷匡宏のヒューマニズム

建築家・隈研吾

1986年、ニューヨークのコロンビア大学で客員研究員をしていた僕のところに、日本の建築家グループが訪ねてきて、その中に小谷さんがいた。

小谷の関心はもっぱらモダニズム以前の建築だった。すなわち1920年代以降主流となる、コンクリートと鉄を主材料とする、「工業化社会の制服」のような殺風景なモダニズム建築以前の、ヒューマンで暖かい建築群であった。その関心と、小谷の人なつっこい人格とがまったく一体でシームレスで、僕は、建築とは結局のところ人柄なのだなあと、妙に納得したのである。

その後も小谷さんがヒューマンな建築を捜す旅を続けていることは知っていたが、このような形でまとめたものを見ると、まさに前人の試みたことのない偉業を見る思いがして、圧倒された。小谷さんの執念に驚かされ、またモダニズム直前の時代（19世紀から20世紀初頭）の熱や、エネルギーに圧倒された。

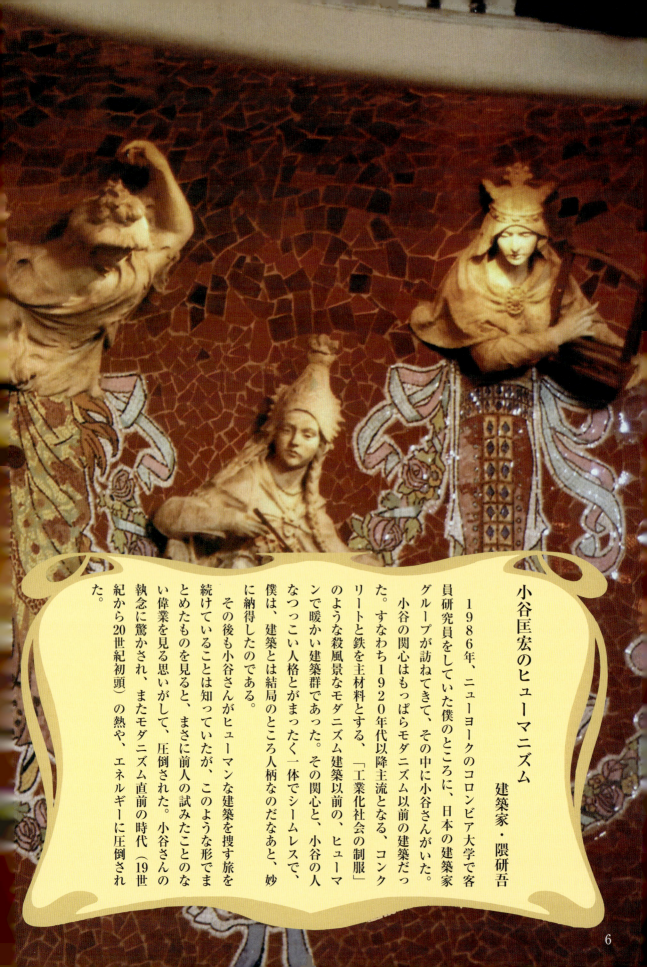

そのヒューマンで暖かく多様なもののすべてが、1930年以降のモダニズム建築の大ブーム、工業化社会にふさわしい効率性追求の大号令によって、過去のものとされ、抹殺されたことを思うと、その失われたものの大きさに啞然とせざるを得ない。

工業化の後の時代を生きるわれわれの使命は、この失われたヒューマンなものの回復にある。この本を見て、改めてそんな強い気持ちが、自分の内側から湧きあがってくるのを感じた。

小谷さんとニューヨークで最初に出会った後、僕は彼に誘われて彼の故郷、高知の山奥の町、梼原を訪ね、木造芝居小屋の保存運動に関わった。

それがきっかけとなって、梼原町に木造の建築をいくつか設計させて頂く機会を得て、僕の木造建築がはじまり、ヒューマンな建築を求める旅がはじまった。

すべてが小谷さんからはじまったわけである。そう考えると、運命のようなものも感じてしまう。ヒューマンなもの達が、小谷さんと僕を呼び出したのである。そのヒューマンなもの達の声が、この本の各頁から響いてくる。

はじめに

一冊の本が私をヨーロッパへと駆りたてた。『芸術新潮』１９８５年10月号である。この本では「百花繚乱のウィーン」という特集が組まれていた。その、わずか39頁の行間に、呆れるほどの芸術家がつまっていた。

オットー・ワーグナーやヨゼフ・マリア・オルブリッヒ、ヨゼフ・ホフマン、アドルフ・ロースなどの建築家達。クリムト、エゴン・シーレ、オスカー・ココシュカといった画家。マーラー、シェーンベルク、ベルクなどの音楽家。文学ではシュニッツラー、カール・クラウス、ホフマンスタール。そして精神分析のフロイト。哲学者のヴィトゲンシュタイン。

これほどの人達が何故、世紀末ウィーンに現れ出たのか。それは驚きであった。

もともと、グラスゴーのマッキントッシュやバルセロナのガウディなど世紀転換期の建築には興味があった。それがこの特集により、いっそう「この眼で確かめずにはおかない」という気になった。

翌年から私の「世紀末への旅」が始まった。

それ以来、毎年３週間程度の一人旅をして、現地でその作品に触れ、建築家の生き様に親しんできた。建築家の一生は、一見華やかで、作品はまた華麗である。しかし現実は他の芸術家と同じく、必ずしも成功ばかりではない。そんな「活気」と「悲惨」に満ちた建築家の生涯を建築とともに綴ってみたいと思う。

取材を始めた頃の著者

アールヌーヴォー建築とは

西洋の建築様式をたどってみると、紀元前よりギリシャ・ローマ、初期キリスト教・ビザンチン、ロマネスク、ゴシック、ルネッサンス、歴史主義（ネオ・クラシズム、ネオ・ゴシック、ネオ・ルネッサンス）、アールヌーヴォー、アール・デコ、モダニズムと変化し発展してきた。

そして歴史主義以前とアールヌーヴォー以後では大きな違いがある。ギリシャ・ローマからゴシック・リヴァイヴァルまでは王、皇帝、大司教など時の権力者が建物を建てた。そしてそれは教会だったり、宮殿、城などであった。産業革命などをきっかけに19世紀末になって社会が成熟してくると、市民階級の富める者が建築の発注者となった。その一方で、都市への人口集中に応えるための集合住宅や住宅、商業施設、オフィス、文化・娯楽施設などが多く建てられた。折から、過去の様式より脱却、あるいは分離しようとする運動が起こり、そのエネルギーがアールヌーヴォーへと向かっていったのだった。以前の建物は内部こそ、大理石、金、フレスコ画などで飾られていたが、外観は地味なものが多かった。それに対し、アールヌーヴォーの建物はセラミックで化粧され、とても美しかった。建物のファサードは一種の〝カンバス〟となって、人、神、動物、植物、さらに想像上のドラゴンやガルーダまで動員される。動物はヘビ、カエル、フクロウ、孔雀などが、植物は特につるばらが好まれた。色でいってもあらゆる色が出現したが、特に淡いピンク、淡いパープル、淡いグレーの三色が「世紀末の色」として好まれた。形態は曲線が多用され、円形の窓が出現したり、ゴシックの尖塔アーチの窓は変形されて台形になったりした。

一口に言うとアールヌーヴォー建築とは世紀末の１９００年の前後15年、約30年間に建てられた「西洋の建築」であるが、アールヌーヴォーの形態や特徴を備えた建築は実はアジアにもたくさんある。ブータンやネパールの美しい建築は「広義のアールヌーヴォー」だと私には思える。タイやカンボジアの王宮ですら、そういう眼で見ればそう思えてくる。本書ではそういういくつかの国も取り上げてみた。美しいものにあこがれるのは人類共通の情念だと思う。

各国のアールヌーヴォーの名称

国・地域	名　称	由　来
（総称）	アールヌーヴォー	
イギリス	アーツ・アンド・クラフツ	「芸術と工芸」
その他の英語圏	アールヌーヴォー	「新しい芸術」
フランス語圏	アールヌーヴォー	
ドイツ語圏	ユーゲントシュティル、※表現主義	「若い様式」
オーストリア	ゼツェッシオン	「分離派」
スペイン語圏	モデルニスモ	「近代様式」
イタリア	スティル・リバティ（リバティ・スタイル）	アールヌーヴォーの芸術品を多く扱っていたイギリスの「リバティ商会」から
オランダ	アムステルダム派	
ハンガリー	レヒネル様式、ナショナル・ロマンティシズム	アールヌーヴォー建築を数多く手掛けたレヒネル・エデンの名前から
ロシア	ロシア・モダン、モデルン	「近代的（modern）」
フィンランド、ノルウェー	ユーゲント、ナショナル・ロマンティシズム	

※表現主義は1920年代に現れた建築運動だが「近代芸術運動が混沌のもとに共存している」という考えに基づき、アールヌーヴォーの延長線上にあるとしてここに入れた。

ウィリアム・モリス

1834~1896 William Morris

ウィリアム・モリスの新婚の家、「レッド・ハウス（赤い家）」がナショナルトラストによって買い取られ、修復の後に公開されている。設計は、モリスが建築家を志してオックスフォードのジョージ・エドモンド・ストリートの建築事務所に勤めた時の同僚、フィリップ・ウェッブによる。この家には、モリスが提唱し、やがて全世界に広まっていく「アーツ・アンド・クラフツ運動」の萌芽が見られる。L型の平面を持ち、急勾配の屋根と赤レンガの外壁で覆われた文字通りの「赤い家」は、朝日によって輝き、夕日によって赤く燃えたつ。

「赤い家」はロンドン郊外ベクスリーヒースにある。今でも鉄道で40分位かかるこの家は、ロンドンに通うには遠すぎた。モリスはこの「赤い家」を数年で手放すことになる。内装には、ラファエル前派の親友、ダンテ・ゲイブリエル・ロセッティが協力している。後に建築家をあきらめたモリスが、工芸家となって設立した「モリス・マーシャル・フォークナー商会」の主要な商品、ステンドグラス、家具、壁紙が、実験的に使われている。

モリスが実業に専念するきっかけとなった出来事がある。親友ロセッティと妻ジェインの恋である。これはモリスを苦しめることになるが、彼は離婚の道を選ばず、かえって二人が一緒に居られるようにしてやるのであった。彼はこの苦悩をバネにして、実業家として成功する。そして、ジョン・ラスキンの影響のもと、アーツ・アンド・クラフツを提唱したモリスは、ウィリアム・ホルマン・ハント、ジョン・エヴァレット・ミレイ、ダンテ・ゲイブリエル・ロセッティらと交流し、工芸を芸術として高めていった。１８６６年モリスはヴィクトリア&アルバート美術館のダイニングルームの設計施工を手がける。そこにはモリス得意のステンドグラス、緑色の家具、テキスタイルを利用した草花模様の壁紙がさん然と輝きを放っている。

アーツ・アンド・クラフツ運動は、一般には１８６１年のモリス・マーシャル・フォークナー商会の設立が起点とされているが、１８８７年に生まれた諸芸術のための展覧会協会設立と、翌年開かれたアーツ・アンド・クラフツ展覧会によって、確立されてゆく。そして、古い因習を打破しようとする若い芸術家達の心をとらえ、イギリスから大陸へと広がってゆくのだ。モリスは１８９６年に死去する

レッドハウス　フィリップ・ウェッブ
ベクスリーヒース

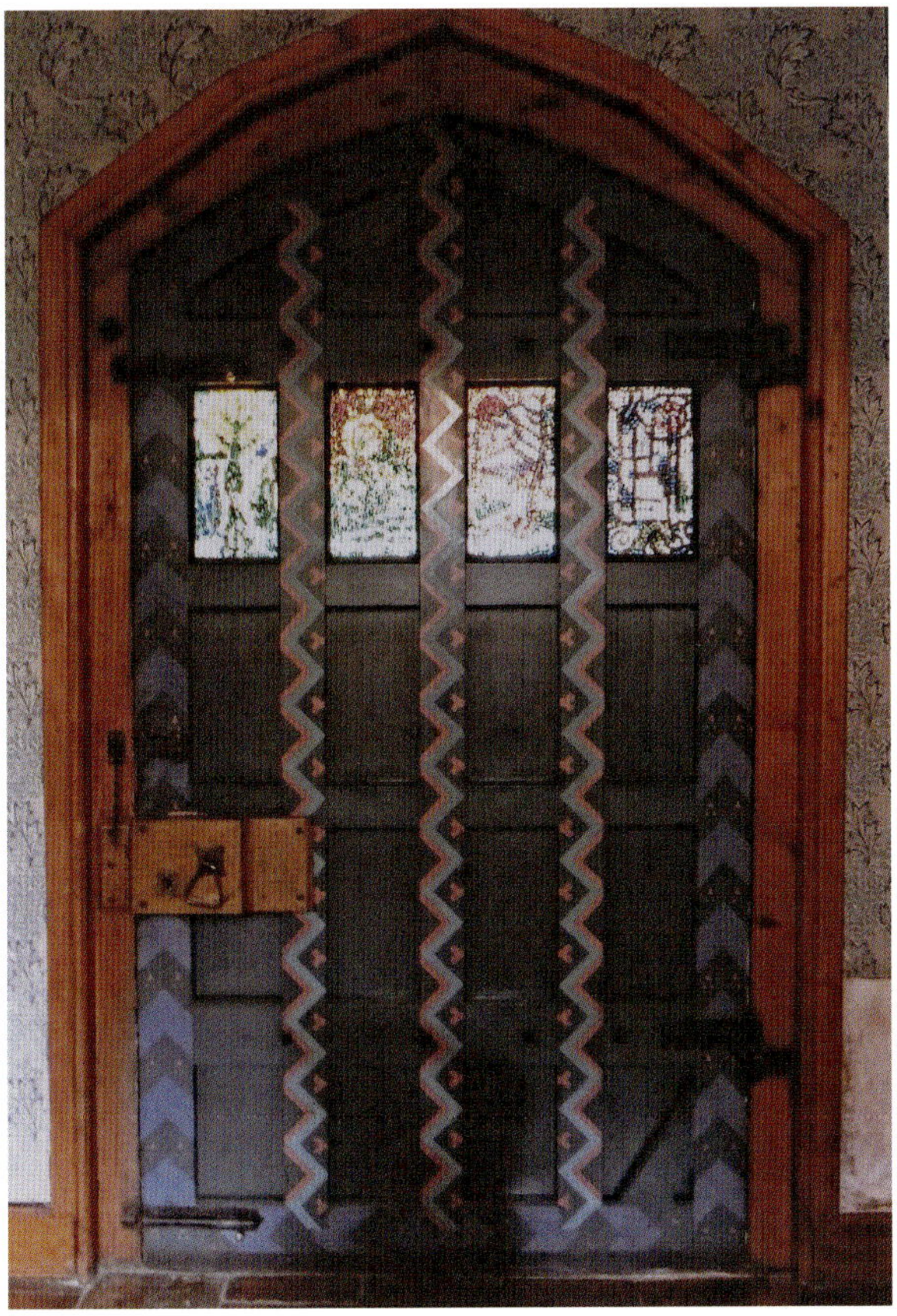

が、その翌年にはウィーンにゼツェッシオン（ウィーン分離派）が結成され、オットー・ワーグナーが登場し、彼の弟子達によってハプスブルグ帝国全体にゼツェッシオン運動が広がってゆく。

一方、フィリップ・ウェッブは「赤い家」以後、カントリーハウスをはじめとし、多くの作品を手がける大建築家となるものの、その後の作品はネオゴシックや新古典系の建築ばかりである。ウェッブ自身は「赤い家」を未熟な処女作と考え「もうそれを二度と見たくない」と言っていたそうである。しかしながら、「赤い家」こそがウェッブの最高傑作であると思うのは、私一人だろうか。

モリス商会　壁紙の原版

グリーン・ダイニングルーム　ヴィクトリア＆アルバート美術館　ロンドン
モリス作と旅行案内にあるが、フィリップ・ウェッブ作との説もある。

レッドハウス西面　ベクスリーヒース

チャールズ・レニー・マッキントッシュ

1868〜1928 Charles Rennie Mackintosh

フランスの建築家ロベール・マレ・シュテファンは、スタジオの戸口に「神にしあらば」と書いていたそうである。ある者に「神だったらどうしようというのか」と聞かれて、彼は「マッキントッシュみたいにデザインしたいよ」と答えたという。

マッキントッシュの代表作を3つ挙げるとすれば、グラスゴー美術学校、ヒルハウス、ウィローティールームであろうか。この3つの作品からマッキントッシュの作風が読み取れる。特徴的なのは、外観における省略と内装における装飾の見事さである。19世紀後半から20世紀初頭に生きたマッキントッシュは、時代的にもバロックとモダニズムの中間点にいた。必然としてそのデザインは、両者の中間的にならざるをえなかった。しかし、当時としては、マッキントッシュのデザインは相当に前衛的であったはずである。ウィローティールームやグラスゴー美術学校のファサードは、アールヌーヴォーの先駆的特徴を示している。インテリアは大変にナイーブである。つるばらをデザインした有名な壁掛けや、鳩色と呼ばれる淡いピンク、淡い紫色、グレーの3色を多用した内装は「よよと泣き崩れるか弱き女」のようである。家具デザインのうまさにアイアンワークの見事さも相まって、うっとりするほどのインテリアである。このインテリアのうまさが、かえってクライアントの目を装飾のみへと向けさせ、建築家としての大成を阻害したとの説もある。

マッキントッシュのデザインには、格子や人物像などに、浮世絵や日本文化の影響が多く見られる。今、その日本でマッキントッシュのデザインを引用した建築が数多く見られるのも、また面白い現象である。

マッキントッシュの作品はイギリスのグラスゴーに集中している。19世紀のグラスゴーは産業革命の成熟の中で、煙草や砂糖、スコッチウイスキー、繊維製品などの貿易が増大し、急激な人口膨張を見た。この「活気と悲惨」の時代にマッキントッシュは生き、そして名声を博したのであるが、第一次世界大戦の勃発とともに、急激に仕事の注文が途絶えてしまう。そして失意の内にグラスゴーを去り、ロンドンに移住した。晩年は多くの天才がそうであるように、精神に変調をきたし、水彩画を描くなどして過ごしている。

ウィローティールーム
グラスゴー

マッキントッシュの人生も、「活気と悲惨」そのものであった。彼の遺した「適度な省略と適度な装飾を施された建築」が、これからの我々の進むべき道のように思えてならない。

ヒルハウス
グラスゴー

グラスゴー美術学校

チャールズ・ハリソン・タウンゼント

1851〜1928 Charles Harrison Townsend

ウィリアム・モリスの提唱によってイギリスに発祥した「アーツ・アンド・クラフツ運動」は、やがて大陸へと波及し、アールヌーヴォーの大きなうねりとなっていく。しかし、アーツ・アンド・クラフツの本家であるイギリスでは、独自の発展をとげる。リチャード・ノーマン・ショウやチャールズ・F・A・ヴォイジー、エドウィン・L・ラッチェンスら、大家の作品は、その多くが大規模なカントリーハウスで、それらはより古典的様式に傾斜していったのだ。

原因は、イギリス貴族の若様達にあった。彼等が従者を連れ何年にもわたってフランスやイタリアを旅行（グランドツアー）し、本物のローマ建築やパラディオの建築を見てきて、それを模倣しようとしたことが影響したと思われる。そんな中で、エドガー・ウッドが「自邸」を、エドガー・プライアーが「ザ・バーン」を、ラッチェンスが「パピヨンホール」を設計した。これらの作品は、いずれも「バタフライプラン」という蝶の羽根の形をした実験的な建築手法によって注目される。

イギリスの建築家で最もアールヌーヴォー的と言われるのは、グラスゴーのチャールズ・レニー・マッキントッシュと、ロンドンのチャールズ・ハリソン・タウンゼントの、二人のチャールズである。マッキントッシュの住宅の外観は、バロニアルスタイルという伝統的な形をとっているが、むしろその天才的なインテリアのセンスによって、世界中に影響を与えた。タウンゼントはその作品ゆえに、最もアールヌーヴォーの本流に近い建築家として評価されている。

彼は法律家の父とポーランドの音楽家の娘との間に生まれ、長じてリヴァプールのウォルター・スコット事務所で働く。その後ロンドンに出て、トーマス・バンクスのパートナーとなり、自らの作品を生み出すことになる。アメリカの建築家ヘンリー・ホブソン・リチャードソンに興味をいだいた彼は、初期の傑作ビショップスゲート・インスティテュートやその後のホワイト・チャペル・アート・ギャラリー、セント・マーチン聖堂などに、リチャードソンにヒントを得た大きなアーチの入口を設けた。このアーチは、タウンゼントのおはことなった。

そのタウンゼントによる最もアールヌーヴォー的な建物

ホワイト・チャペル・アート・ギャラリー
ロンドン

ビショップスゲート・インスティテュート（上左も）
ロンドン

は、ロンドン南部フォレストヒルにあるホーニマン博物館である。茶の輸入で財を成したF・J・ホーニマンは、世界各地を巡って人類学的蒐集をしていたが、その貴重な標本を展示するため博物館を建てることにした。

用意した敷地が南北に長かったため、建物は細長いものとなり、正面には巨大なモザイク画が描かれ、丸味をおびた時計塔を配したたたずまいとなっている。最初の完成から10年後に増築することになり、横にもう一つ建物が付加されて、堂々たる外観となった。

こうしてタウンゼントは、後世でアールヌーヴォーの建築家と認識されることになったが、彼自身はアールヌーヴォーを「装飾の病」と見なして一線を画していた。したがって彼の意を汲めば、アールヌーヴォーはアーツ・アンド・クラフツから派生したが、「元祖アーツ・アンド・クラフツ」は、アーツ・アンド・クラフツ運動そのものとして捉えるべきかもしれない。タウンゼントの日常は宗教的慎ましさに満ちており、その多くの時間を「アート・ワーカーズ・ギルド」の活動に費やし、アーツ・アンド・クラフツの理念を各地に広めていった。

ビショップスゲート・インスティテュート

ホーニマン博物館
ロンドン

ヨーク

アールヌーヴォーにつながるアーツ・アンド・クラフツの発祥の国であるイギリスには、アーツ・アンド・クラフツに分類される建物は多いが、意外にアールヌーヴォーの建築が少ない。大きく言うと、ロンドンとグラスゴーのみである。どうしてだろうか。

伝統を重んじるイギリスの気風か。それとも、17〜18世紀にイタリアやフランスを巡る、グランドツアーが起きたため、ゴシック・リヴァイヴァルやネオクラシズムが流行した影響なのか。モリスの「赤い家」を設計したフィリップ・ウェッブは、古典的傾向の建築家となったし。

1989年にイギリスを訪れた私は、目的地のグラスゴーに向かう旅で、ストラットフォード、エディンバラ、ヨークを訪れた。この旅は23日間で、イギリス、ベルギー、オランダ、ドイツ、ルクセンブルク、フランス、インドを廻った。この頃はアールヌーヴォー建築に魅せられたばかりで、タウンゼント、マッキントッシュ、オルタ、ヴァン・ド・ヴェルド、ヘットガー、ギマールなどの珠玉の作品を初めて目にした旅だった。

グラスゴーからエディンバラを廻ってヨークに一泊したわけだが、どの都市へ行っても私の目はアールヌーヴォーに向けられていた。まだ知識のない私は、気に入った建物の写真を無作為に撮りまくった。

28年経ちその写真を見て、あることに気づいた。写真①の1682年に建てられた建物には、アールヌーヴォーにつながる装飾や窓がある。写真②は同じ頃の建物と思われるが、ステンドグラスの手法で作られた窓、ぶどうらしき装飾、怒れる男の頭部、これが19世紀末に造られていたら、まさにアールヌーヴォー建築とされただろう。私はこの建物を「仮面の家」と名付けた。写真③の建物に至っては店の名前まで「リバティ」。ライタ・ベーラの作品ではないかと思われる程、端正な建物だ。

シェークスピアの生まれた街、ストラットフォード・アポン・エイボンには16世紀に建てられた建物が多いのだが、そこにもこれらに通じる意匠が感じられた。端的に言えば「アールヌーヴォー建築は少なくても、そこに通じる意匠はイギリス中にある」のだ。写真④は今はマクドナルドだが元々は劇場ではなかったかと思われる。

城壁に囲まれた街ヨークは今も美しく息づいている。

①1682年建築

②仮面の家

③リバティ

④マクドナルド

ラファエル前派

　1848年9月、ロンドン。ジョン・エヴァレット・ミレイのアトリエに7人の若者が集まっていた。6人の画家と1人の作家で、その中にミレイはもちろん、ウィリアム・ホルマン・ハント、ダンテ・ゲイブリエル・ロセッティがいた。彼らは「ラファエル前派兄弟団」と名乗った。ラファエル前派とは、ルネサンス期のラファエル以前の中世を見直し、ルネサンスに続くマニエリズム、バロックの芸術から脱却することを目指した芸術運動である。1834年10月、国会議事堂が大火で焼失。翌年再建のための設計競技が行われ、チャールズ・バリーが当選した。2年の設計期間を経て1837年に工事が始まり、1842年2月には上院議場が使用された。議事堂全体の完成は10年後の1852年であった。設計競技に当選したのはチャールズ・バリーだったが、その図面を手伝ったのが、ゴシック建築が得意なA・W・N・ピュージンだった。ピュージンは実施設計でもその多くを担当したという。18世紀半ばのイギリスではゴシック・リヴァイヴァルが流行していた。国会議事堂はその代表格だった。その頃のゴシック・リヴァイヴァルの設計手法では、12世紀~13世紀に流行したゴシックを考古学的に研究し、その比例に基づいてそれを再現する努力が払われた。ピュージンのゴシックに対する知識と情熱はすさまじいもので、完成後、国会議事堂の設計者はバリーかピュージンかという論争が起こったほどであった。

　さて、建築界のゴシック・リヴァイヴァルとは、このようにゴシックの模倣に過ぎなかったが、ラファエル前派はそうではなかった。その理想はラファエルやダ・ヴィンチの模倣ではなく、それ以前の中世騎士のロマンを追究することだったのである。それまでの絵画は、歴史画であったり宗教画であったり、あるいは肖像画が中心であった。当然注文主は国王や貴族、大司教などの権力者であった。

　しかし、ラファエル前派の姿勢は「自分達の描きたいものを描く」

ウィリアム・ホルマン・ハント
「わがイギリスの海岸（迷える羊）」テート・ブリテン

ウィリアム・ホルマン・ハント
「良心の目覚め」
テート・ブリテン

ジョン・ウィリアム・ウォーターハウス
「シャーロットの女」テート・ブリテン

ジョン・エヴァレット・ミレイ
「オフィーリア」テート・ブリテン

だった。注文主なしに描きたいものを描き、展覧会を開いたり、万国博覧会に出展したりして、新たな顧客を得る、近代的な画家の生き方だった。

彼等6人の中でもミレイの腕は抜きんでていた。１８５１年に「マリアーナ」、１８５２年に「オフィーリア」と生涯の傑作を続けて世に送り出す。その作品では画面の全てが細密に描かれ、見る人を魅了したのだった。「第一次ラファエル前派」は5年程で下火になったが、次々と同調する者が現れ「第二次ラファエル前派」が誕生する。ロセッティは親友ウィリアム・モリスの妻ジェーンの連作を描き、ついには結婚する。ウィリアム・ホルマン・ハントは１８５４年「贖罪の山羊」を発表。ミレーは１８５５年と１８６７年のパリ万博に作品を出品する。１８５７年にはエドワード・バーン・ジョーンズが参加し、ラファエル前派展が開かれる。１８７２年ウォーターハウスが参加、既にソロモンやワッツも活躍している。１８７４年にはフランスで第一回印象派展が開かれライバル関係が始まる。１８８０年エドワード・バーン・ジョーンズが「黄金の階段」を完成させる。１８８２年ロセッティ没。１８９６年エドワード・バーン・ジョーンズにひきたてられたオーブリ・ビアズリーが『サヴォイ』創刊号の表紙を描く。わずか24歳であった。

ビアズリーは続いて、エドガー・アラン・ポーの作品の挿絵を描き評判となる。この頃から、ヨーロッパ全域にアールヌーヴォー建築の波が押し寄せてくる。「過去の権威と決別した」アールヌーヴォーの建築家達が、ロマンに満ちた画家集団「ラファエル前派」に影響されたことは想像に難くない。

抜群の人気だったビアズリーは１８９８年わずか26歳でこの世を去る。19世紀の世紀末、さしも隆盛を誇ったラファエル前派の作家達も、次々に世を去り、「アールヌーヴォー」の全盛の中、ラファエル前派は終焉の時を迎えた。

※なお、掲載した絵画は全体の一部分である。

ジョン・エヴァレット・ミレイ
「マリアーナ」
テート・ブリテン

ダンテ・ゲイブリエル・ロセッティ
「最愛の人（花嫁）」
テート・ブリテン

エドワード・バーン・ジョーンズ
「黄金の階段」
テート・ブリテン

ダンテ・ゲイブリエル・ロセッティ
「ダンテの愛」テート・ブリテン

ヴィクトール・オルタ

１８６１〜１９４７ Victor Horta

史上、最も経済的に成功した建築家は、フランスのフランソワ・マンサールとアメリカのジョン・ポーツマンだと言われているが、ヴィクトール・オルタもその1人に加えて良いであろう。

中世都市ゲントに靴職人の子として生まれたオルタは、ブリュッセル美術学校長を経てアカデミー会員に上りつめ、そして男爵にまで叙せられている。19世紀の建築家の常として、歴史様式をマスターすることからスタートしたのは、オルタもまた例外ではなかった。１８８７年ブリュッセルの自然博物館の設計競技に入賞すると、王立アカデミーのトリエンナーレ展コンペでも大賞を獲得するなど、活躍を始める。

しかし、歴史様式に満足できなかったオルタは、１８９３年彼自身の建築言語による住宅、タッセル邸を発表する。これはヴァン・ド・ヴェルドのアールヌーヴォー調の印刷物や設計の追究と同じ頃の作品であり、オルタはこれによってヨーロッパ建築界の先端に躍り出る。

１８９４年のソルヴェー邸、そして１８９６年に完成しベルギー労働党の本部となった民衆会館により、アールヌーヴォーの旗手としての名声を不動のものにした。

イギリスのアーツ・アンド・クラフツ運動に端を発したアールヌーヴォーの波は、19世紀末のヨーロッパを駆け巡り、マッキントッシュ（イギリス）、ギマール（フランス）、ヴァン・ド・ヴェルド（ベルギー）、オットー・ワーグナー、ホフマン、オルブリッヒ（オーストリア）、アウグスト・エンデル（ドイツ）、ダロンコ（イタリア）等の作家を生む。ガウディをここに入れる歴史家もいる。

アールヌーヴォーはその独特の曲線を持ったインテリアと色使いを特徴とするが、最も注目すべきはその外観にある。ここには、シンメトリーな構成、窓の比例、連続性、軽快な手摺、庇、そして鮮やかな装飾など、現代建築を造る上でのテクニックが山と散りばめられているのである。「装飾は罪悪である」と説いたアドルフ・ロース、「レス・イズ・モア（簡素なほど良い）」と言ったミース・ファン・デル・ローエ、それぞれその時代には新鮮に聞こえたはずだ。

ところが現代では、まさにロバート・ヴェンチューリの言うがごとく「レス・イズ・ボア（簡素なほど退屈）」、

オルタ自邸　階段室

つまり現代建築の多くは「退屈」なのである。「装飾を正しく理解するものが、これからの建築界を制する」と考えることは、あながち的はずれでもあるまい。

　ともあれ、鮮やかに幕の開いたアールヌーヴォーの世界も、世紀末から第一次世界大戦までの、たった25年間の命であった。世界の建築はインターナショナル・スタイルと呼ばれる、機能優先の箱型建築へと移っていく。

　オルタの設計した、民衆会館やイノヴァシオン百貨店をはじめとするいくつかの百貨店は、現在取り壊されて跡形も無い。タッセル邸も、その後メキシコ大使館となって内部が改変されてしまった。しかし、わずかに残るオルタ自邸（オルタ博物館）、ヴァン・エートヴェルド邸、ソルヴェー邸などによって、アールヌーヴォーの神髄を知ることができる。

長命だったオルタは後年、鉄筋コンクリートを使い、新しい様式への離脱を図り、ブリュッセル中央駅等の大作を残したが、ブリュッセル文化センターやブリュッセル中央駅等の大作を残したが、充分な回答となってはいない。そして1945年、老建築家オルタは「昨日の旗印は今日の旗印ではない」という独白とともに、彼の膨大な資料を、約80kgの紙くずとして、彼自身の手で処分してしまった。

オルタ自邸
ブリュッセル

ヴァン・エートヴェルド邸

ブリュッセル中央駅
オルタ晩年の作品

世界初のアールヌーヴォー建築（1893）と言われていた
建物（61頁参照）タッセル邸　ブリュッセル

ヴァン・エートヴェルド邸　食堂
ブリュッセル

アンリ・ヴァン・ド・ヴェルド

1863〜1957 Henry Van de Velde

1895年パリの美術商サミュエル・ビングは、自ら経営するギャラリーの内装設計をヴァン・ド・ヴェルドに依頼する。これが有名な「ギャラリー・ド・アールヌーヴォー」で、当時、世紀末のヨーロッパに沸々と湧き起こってきた新しい芸術運動「アールヌーヴォー」の名前の由来となったといわれている。

画家として出発したヴァン・ド・ヴェルドは、イギリスのアーツ・アンド・クラフツ運動に刺激され、美しい妻、マリア・セートと結婚したのを機に建てた「愛の巣」、「ブレーメンヴェルフ」を自身でデザインした。この建物はモリスの「赤い家」の如く、ドアから家具、じゅうたん、カーテンから食器類にいたるまで、すべてが総合芸術としてデザインされていた。この自邸がビングの目に留まり、ヴェルドは仕事を手にした。では彼は、どのようにしてアールヌーヴォーの「申し子」となったのか。若くしてパリに出たヴァン・ド・ヴェルドは、印象派の画家たちと交わり、スーラの影響を受けたといわれている。また、マラルメ、ヴェルレーヌ、ドビュッシーらとも知り合い、ラスキン、モリス、ニーチェに傾倒した。この間培われた芸術上の素養が、その後の放浪とも言える彼の人生において、啓蒙家として、各地で大きな影響を与え続けられる素地となった。

1900年から1901年にかけて、ドイツ各地を講演旅行したヴァン・ド・ヴェルドに対する各地の人々の反響は大きかった。まず、銀行家カール・エルンスト・オストハウスは、フォルクヴァンク美術館（現　オストハウス美術館）の内装と自邸（ホーエン・ホフ）の設計を任せた。

さらに、ザクセン・ワイマール大公は、自らの国に彼を美術顧問として招く。すると、ヴァン・ド・ヴェルドはこのワイマールに工芸学校を設立し、自ら学長となる。続いて芸術高等研究所をラ・カンブルに設立し、10年間学長を務める。第二次大戦後はスイスに渡り、最晩年はベルギーに戻った。まさに波乱に満ちた放浪の人生と言える。

その晩年、常に新しいものを求めてやまないヴァン・ド・ヴェルドの作風から、初期のアールヌーヴォー的色彩は消え、1902年以後は簡素な様式、インターナショナル・スタイルへと収束していく。ブリュッセル近郊のゲントにあるゲント大学図書館はその代表的なものである。

オストハウス邸　ハーゲン

オストハウス邸の椅子

オストハウス邸　「ホーエン・ホフ」
ハーゲン

自邸ブレーメンヴェルフ　ブリュッセル郊外のユックル

オストハウス美術館　ハーゲン

オストハウス美術館
ドア2景

階段沓摺

ゲント大学

オストハウス美術館

ポール・アンカール

１８６１〜１９０１ Paul Hankar

ベルギーの首都ブリュッセルは、19世紀末に他のヨーロッパの大都市と同じく、急激な人口膨張期を迎えていた。１８７０年、時の市長であったアンスバックは、パリのオースマンにならい、城壁を壊して街を整理し、グラン・ブルヴァール（並木のある大通り）を建設した。しかし、その街区の区画割りは他の都市と違って、小区画であった。例えば、レオポルド2世の顧問であったヴァン・エートヴェルドの住宅でさえ、その間口はわずか９ｍであった。

この集合住宅を好まず、一戸建小住宅の原則を貫いた都市計画が、世紀末に起こったアールヌーヴォーの運動に幸いしたのかもしれないのだ。なぜならば、ベルギーのアールヌーヴォーは住宅を主として発達したからである。

ポール・アンカールはパリのギマールやブリュッセルのオルタと同じ時代に活躍したが、やはり得意としたものは住宅であった。

そして当時、パリやナンシーに流行った日本趣味はベルギーにも移入され、アンカールの作風もまた日本の面影を残すものとなった。室内には浮世絵を好んで飾り、窓にはよく格子や縦格子を使った。

彼は１８９７年から１８９８年にかけて多くの住宅を建てた。しかし、脂ののり切った働きざかりの年に突然世を去ってしまう。あとには未完成の「芸術家都市計画案」が遺された。

アンカールもまた、早すぎる死を迎えた建築家の一人であった。

アンカール自邸（1893）
ブリュッセル

シャンベルラーニ邸
ブリュッセル

1986年当時の写真

当時の写真

ジャンセン邸
右側、４階、５階が増築された
ブリュッセル

ギュスターブ・ストローヴァン

1878～1919 Gustave Strauven

ベルギーのアールヌーヴォーは、なんと言ってもヴィクトール・オルタに代表される。そして彼にはアンリ・ヴァン・ド・ヴェルドやポール・アンカールという、同時代に活躍した伴走者がいた。それから少し遅れて、特徴的な二人の建築家が出ている。ポール・コーシーと、このギュスターブ・ストローヴァンである。

ストローヴァンは庭師の息子として生まれた。長じて1896年から3年間、オルタの事務所で働く。丁度その頃は、ソルヴェー邸やヴァン・エートヴェルド邸、「人民の家」などが工事中であり、感性豊かな若者を刺激するのには充分な環境であったろう。

1899年、ストローヴァンは早くも独立して自分の事務所を構える。若き建築家にはそれほど豊かな施主の注文はなかったが、ストローヴァンは彼独特の手法を開発していった。

ブリュッセルに建つサン・シル邸を見るがよい。間口わずか4m足らずの4階建の建物が、どれほど異彩を放っていることか。

石と鉄とレンガで構成されたファサードは円く、そしてうねり、自由な表現はガウディにも通じるものがある。その凹凸の激しさはロココ的でもあり、いわば「ロココ的アールヌーヴォー」とでも言えるのではないだろうか。

ストローヴァンは建築家としては余り多くない数の集合住宅を設計したが、作品の端々にその豊かな才能を垣間見ることができる。しかし、第一次大戦に出征、マルタの戦いで重傷を負い、その傷がもとで、1919年フランスの病院で死去した。

将来が惜しまれる、若すぎる死であった。

サン・シル邸
ブリュッセル

ヴァン・ダイク邸
ブリュッセル

サン・シル邸　ブリュッセル

ポール・コーシー

1875〜1952 Paul Cauchie

建築家として作品が少なくても、ただ一作の傑作によって建築史に名をとどめることがある。イタリアのジュゼッペ・ブレガがそうなのだが、ポール・コーシーもこれに並び称せられる。

コーシーはブリュッセルに隣接するエノー州アトの街に生まれる、ブリュッセルの美術アカデミーに進むと、フレスコ画を学んだ。卒業すると壁面装飾画家として、建物の外装にフレスコ画を描く。最初に彼の名が世に出たのは１９００年、ブリュッセルのマリブラン街の集合住宅に、当時流行していた掻き落としの画法で描いた、フリーズ（物語）「建設の段階」によってであった。１９０５年にはフラン街に自邸を設計、そのファサードを装飾で満たす。建物は間口が狭く奥に長い3階建で、1階のエントランスには特徴的な付柱、2階の2つの窓の間は女神の絵、3階の出窓の上の大きな壁画には7人のミューズが華麗に描かれている。そして内部空間もコーシー独特の色彩で満たされている。

コーシーは装飾画家として、住宅のファサードをフレスコ画で満たすことで、それらが重なりあって一つの「街路の芸術」とすることをめざしていたのだ。

ちなみに、街中の建物の外壁が絵で彩られている街が世界にはあり、なかでもスイスのシュタイン・アム・ライン、ルツェルン、ドイツのオーバーアマガウが有名である。

コーシー自邸　ブリュッセル

PAR NOUS
POUR NOUS

ブリュッセル

ブリュッセルには素敵な建物がたくさんあり、紹介しきれなかったものを追補する。

ローゼンバーグ設計のカーサ・プリベータは本当に美しい。同じ名前の家をもう一人の建築家ファブリベッカーが設計しているのも面白い。

珍しい写真が2枚ある。まず旧オールド・イングランド・百貨店。右が2016年撮影。もう一枚が1986年。30年前は塔が無く、建物は使われていなかった。（2017年現在は楽器博物館）

もう2枚はオルタのヴァン・エートヴェルト邸。1986年当時、老人学校のようなものになっていて、中に入ることができた。写真もOKだったが悲しいほどカメラがボロだった。しかし、現代の技術によって美しく蘇った。

今はクロアチアの大使館になっていて中には入れない。

カーサ・プリベータ　アルベルト・ローゼンバーグ

1986年当時の旧オールド・イングランド百貨店
コーナーの塔が無くなっている

旧オールド・イングランド百貨店（現楽器博物館）
ポール・サントノワ

1986年当時のヴァン・エートヴェルト邸

カーサ・プリベータ
ベンジャミン・レスト・ファブリベッカー

カーサ・プリベータ
アルベルト・ローゼンバーグ

ゲント

ブリュッセルから有名な観光地ブルージュへ行く間に、商都ゲントがある。私もブルージュへ行く途中、アンリ・ヴァン・ド・ヴェルドが設計した大学があるというので、そこへ寄ってみたのだが、ゲントの聖ピータース駅から大学に向かう道すがら、大通りを歩いていて驚いた。大好きなアールヌーヴォーの建物が固まって建っている。それも大抵2軒隣同士くっついていて、もっと凄いのは4軒が隣り合っているのもある。中には3軒というのもあって、完全なモダニズムの建築を除いて、アールヌーヴォーもどきの建物を含めると、ほぼ見渡す限りアールヌーヴォー建築と言っても良いくらいだ。

細部を見ていくと、完成度の高い建物が多く、さすがブリュッセル近郊で裕福な町とあって、余裕で街並を造っていったのだろうという感じがした。ただブリュッセルと違って資料が全くなく、ベルギーの有名建築家の作品集にも全く出てこないので、ここも「無名の建築家が造った街か」と思ったけれど、それにしてはうますぎるという感想を抱いた。恐れ入りました。

（ヴィクトール・オルタはこの街の生まれ）

アールヌーヴォーらしい美しい窓

4軒が隣同士

ヴィラ・エリザベス

アムステルダム派

ヴィラ・エリザベス

アントワープ

世界で取引されるダイヤモンドのほとんどを牛耳っているこの港町は、ベルギー屈指の裕福な町で、市庁舎のあるマルクト広場を囲む建物群は、ブリュッセルのグランプラスとも比肩するほどだ。

この街にもアールヌーヴォーの建物群があるというので行ってみた。ここのアールヌーヴォーは、少し変わっているという印象を受けた。非対称の建物が多く、良く言えば天真爛漫、言葉を変えればやりたい放題、ストローヴァンのサン・シル邸もどきの家があったり、「五大陸の家」などは木造船が建物の角に突き刺さっていたりする。

建物の多くがゴルジェル・オシレー通りにあるのだが、広い道の両側に建つ建物群はバロックあり、ネオゴシックあり、ベルギー風クローステップの破風の家ありという高級住宅街であり、ちょっとふざけすぎたアールヌーヴォーが優等生のクラスに殴りこんだ感がある。

しかし、中にはごくごく真面目にアールヌーヴォーに取り組んだ建物もあり、見飽きない街並と言える。

アヴァンギャルドな窓

アントワープNo.1

非対称の家

サン・シル邸もどきの家

2つのボウ・ウィンド

左右対称の家

エクトール・ギマール

1867～1942 Hector Guimard

世紀末幻想が人々の心をとらえ始めている。ミュシャやロートレックのポスターが復刻され、エミール・ガレやドーム兄弟のガラス器に高い値段がついている。

建築の世界でも、長く続いてきたインターナショナル・スタイル（国際様式）のつまらなさに気づき、ポストモダン・スタイルと呼ばれる新しい様式が生まれてきた。また一方では、アールヌーヴォーやアール・デコ様式が見直されつつある。

19世紀末に生まれたアールヌーヴォー様式におけるイギリスのマッキントッシュやベルギーのオルタと並ぶ、もう一方の旗手がギマールである。

27歳の時、ベルギーに旅したギマールは、オルタに出会い強い影響を受けた。そして、かねてから計画中であった集合住宅を、アールヌーヴォー様式で設計する。この建物はカステル・ベランジェ（狂った館）と呼ばれた。ゴシックや古典様式を見慣れた市民たちにとって、この建物はまさに「狂った館」であったろう。ギマールは市民の理解を得るために、多くの論文を書き、講演会を開き絵葉書まで作り説明せねばならなかった。

ところが、１９００年のパリ万国博の諸施設の多くがアールヌーヴォー様式で造られると、これを契機にアールヌーヴォーは世界的流行を見せるようになる。

ギマールも、メザラ邸、ギマール自邸など多くの住宅作品を残した。そのほとんどが、パリの16区に現存している。

しかし、彼の作品で有名なのは、地下鉄駅である。この駅舎の建設にあたってギマールは工期短縮のため、鉄とガラスによる3つのモデュールを作った。即ち、入口のアーチだけのもの、天蓋のあるもの、そしてドアもある駅舎である。この斬新な工法もあり、彼が設計した駅舎はウィーンにあるオットー・ワーグナーのカールスプラッツ駅と対比され興味深い作品であったが、惜しくもすべてが現存するわけではない。天蓋のあるものはアベス駅、ポルトドーフィヌ駅が今も現役である。

そうして数多くの駅舎を建設し評判を呼ぶが、１９０４年に計画されたオペラ座駅は、保守的なアカデミー派の反対にあい中止される。折しも起こってきた近代建築運動と

地下鉄入口
パレ・ロワイヤル駅（左上）
アベス駅（右上、下）　パリ

根強いアールヌーヴォーへの反動のはさみ打ちで、公共施設の仕事は途絶え、１９１４年第一次世界大戦の勃発により、ついにその息の根が止まった。

かくして、アールヌーヴォー様式は、急速に終焉を迎え、ギマールへの仕事の依頼も減ってくる。晩年のギマールは失意のうちにパリを離れ、ニューヨークでその生涯を終えた。アールヌーヴォーは世紀末に咲いた仇花だったのであろうか。

ギマール自邸
パリ

シナゴーグ（1913）ギマール後期の作品
パリ

カステル・ベランジェ　門と手摺
パリ

地下鉄入口　ポルトドーフィヌ駅
パリ

ジュール・ラヴィロット

1864～1929 Jules Lavirotte

1901年パリ市のファサード賞には奇妙な建物が選ばれた。このアパートの出入口は女性のヴァギナの形をしており、クリトリスの位置に女性の顔がある。仔細に見てゆくと、ヴァギナとファルスの交合の図が見受けられる。外壁は窯変斑文釉炻器《ようへんはんもんゆうせっき》タイルで飾られている。これがラップ大通り29番地の住宅である。

時代はまさに20世紀に入っていた。急激に技術革新の進んだ19世紀のしめくくりとして、1900年のパリ万国博が開かれた。パリ市民は伝統的価値の維持だけでは飽き足らなくなって、新しいものを求めていた。

その市民たちの要求に、ラヴィロットのアールヌーヴォー的デザインはピッタリだった。そしてラヴィロットは3年連続で一等賞を受賞する。

いつの世にもライバルはいるものである。ガウディにはドメネクというライバルがいたように、この当時つとに有名になっていたギマールの最大のライバルが、このラヴィロットであった。ギマールは1900年すでに地下鉄入口を完成して、評判はいやが上にも高まっていた。アールヌーヴォーの旗手としてのギマールの名声にラヴィロットが割って入った形になる。

ギマールは一貫した個性の持ち主で、デザインも一本筋が通っていた。

それにひきかえ、ラヴィロットのそれは、多彩で一見無節操と思われるほどであった。たとえば、ラップ通り公園3番地の住宅はバロック的であり、袋小路のカベにはだまし絵がある。メッシーヌ大通り23番地の建物では外壁に石積みを使用し、すでにアールヌーヴォーから脱却している。しかし、ラヴィロットのピクチャレスク的傾向は変わらずで、ファサードデザインの名手としての面目躍如である。

さて、アールヌーヴォースタイルは、フランスを中心に全ヨーロッパに熱狂的に広がってゆく。

ベルギーのアールヌーヴォー、オーストリアのゼツェッシオン、スペインのモデルニスモ、ドイツのユーゲント・シュティル、イタリアのリバティ様式、そしてそれらの元祖として、イギリスのアーツ・アンド・クラフツがあったのだ。全てが同一の建築言語（曲線性、装飾性、平面性…）によって語られているのである。

ラップ大通り29番地の住宅
パリ

19世紀、世紀末に端を発したアールヌーヴォースタイルは、フランスのナンシー、ユーゴスラビアのリュブリャナ、イタリア、シシリー島のパレルモという田舎町までその版図を広げた。トルコのイスタンブールがその最遠の地と考えられていたが、実際はアルゼンチンのブエノスアイレスであった。

爆発的に流行したアールヌーヴォースタイルだが、その寿命は短かった。第一次世界大戦で完全にその息の根を止められ、わずか25年の命であった（と思われていた）。

大戦後、時代はアール・デコに移り、さらに機能主義的なインターナショナル・スタイルが建築界を席捲することになる。しかし100年経った今、アールヌーヴォースタイルはその歴史的価値を見直された。ラヴィロットが建てたラップ大通り29番地の住宅も化粧直しを終えて、「かけがえのない歴史的建築」としてパリの町に異彩をはなっている。

ラップ大通り29番地の住宅　パリ

セラミックホテル（元は住宅）
パリ

ラップ大通り29番地の住宅（右中）とセラミック
ホテル（右下）に刻まれたラヴィロットの名前
パリ

エミール・アンドレ

1871～1933 Emile Andre

1885年高島得三（北海）はナンシー森林水利学校（現　フランス国立農村工学・河川森林学校）に農務省からの留学生として派遣され、ナンシーの地を踏んだ。翌年彼はガラス工芸家のエミール・ガレと出会う。高島はガレに『植物名彙』という本を贈った。さらに高島は、パリの日本美術商の林忠正を説得して、ナンシーに日本美術品店を開かせた。ガレをはじめナンシーの芸術家達は浮世絵や家具に夢中になり、ジャポニズムを学んだのであった。こうして地方都市ナンシーに、アールヌーヴォーの花が開いた。

彼等は「芸術産業地方連盟」（通称　ナンシー派）を組織し、多彩な活動を始めた。ガレを始め、ガラス器のドーム兄弟、ミューラー兄弟、家具のウジューヌ・ヴァラン、ルイ・マジョレル、ステンドグラスのジャック・グリュベール、アンリ・ベルジュ、ジョセフ・ジャナン、絵画のヴィクトール・プルーヴェなどが、世紀末のナンシーを彩ってゆく。このガレに強く影響されたのが、エミール・アンドレであった。

建築家の息子に生まれたアンドレは、パリに出て建築を学ぶ。パリ時代にジャック・ド・モルガンの中東遠征隊に加わり、エジプト、ペルシャ、インドで発掘、実測調査を行う機会があった。この遠征はエミールのその後の活動に大きな影響を与えた。1901年ナンシーに戻ると、結成されたばかりのナンシー派のメンバーとなる。

最初の作品は、ソーリュプト公園住宅地の全体計画と、そこに建てられたいくつかの住宅であった。それらは植物をモチーフとしたナンシー派の理念をよく表し、以降のナンシー派建築の方向を決定づけた作品であった。

エミールは20世紀初頭から第一次世界大戦の始まる頃まで、数多くの住宅、集合住宅、銀行、商店などを設計し、ナンシー派の中心的建築家となった。彼の代表作はクロード・ル・ローラン通りの家、グリス通りの家、セルジャン・ブランダン街の住宅など数多くあるが、いずれもよく保存されており、アールヌーヴォーの街ナンシーの中でも、特に美しい姿をとどめている。

クロード・ル・ローラン通りの家
ナンシー

FELIX-FAURE通り25番地の家
ナンシー

SERGENT-BLANDAN通りの家
ナンシー

デスブライス通り５番地の家　ナンシー

世界初のアールヌーヴォー建築はなにか

この問いを考える上での第一の謎は、そもそも、建物が「建てられた」というのは、いつの時点を指すのかということだ。一般的に建物の寿命は、完成してから壊されるまでの間と考えられる。しかし、スペインのサグラダ・ファミリアは1883年からガウディが設計を担当しているが、134年経った今でもまだ完成していない。ケルン大聖堂にいたっては工事に600年かかった。さすれば、建物のはじまりとおわりについては、設計が完了した時とか、着工した時など、色々な考え方が出てくることになる。そもそも、ガウディはあまり多くの図面を用意せず着工し、現場で描いたスケッチを基に工事を進めるタイプなので、設計完了を完成とするのも怪しい。

そして二つ目の謎は、アールヌーヴォー建築とは、そもそもなにを起源とするのかということだ。イギリスのジョン・ラスキンの思想をウィリアム・モリスが発展させた、アーツ・アンド・クラフツが発祥というのが定説なので、1860年にモリスが建てた「レッド・ハウス」が世界初であるとも言える。だが、モリスはレッド・ハウスを設計していないし、設計者のフィリップ・ウェッブは以後アールヌーヴォー的作品を全く残していない。つまり、レッド・ハウスはアールヌーヴォー的建築ではあっても「まだアールヌーヴォーに到達していない（プレ・アールヌーヴォー）」とも考えられる。

多くの文献はこの、「世界初のアールヌーヴォー建築はなにか」という問いに対し、1893年ブリュッセルに建てられた、ヴィクトール・オルタ設計のタッセル邸であると答えている。ところが、タッセル邸は1893年の工事開始で、1895年の完成なのである。この考え方でいくと、1893年に完成した同じオルタによるオートリック邸と、ポール・アンカール設計の自邸が、世界初のアールヌーヴォー建築ということになる。

この二つの謎を飛び越えて答えを出した建物がスペインにある。ガウディのライバル、ルイス・ドメネク・イ・モンタネル設計のモンタネ・イ・シモン出版社だ。1880年に完成している。この建物が世界初の本格的アールヌーヴォー建築であろう。

建築史においてスペインの建築はあまりにユニークで、アールヌーヴォー建築の範疇に入れられていなかったフシがあるが、バルセロナにはガウディ設計のグエル別邸（1887年）およびグエル邸（1890年）、ドメネク設計の動物博物館（1888年）、エンリク・サグニエ・イ・ビラベッキア設計のカサス・ロジェ（1888年）と、後世に残る名建築が次々と誕生している。

してみると、アールヌーヴォーの建築運動は、終幕を第一次世界大戦とし、1880年から数えると35年の間となり、従来の定説より13年長くなる勘定だ。もっとも、ハンガリーのアールヌーヴォーやドイツ、オランダの表現主義はまだまだ続いていくのだが。

世界初のアールヌーヴォー建築と推定される
ドメネクのモンタネ・イ・シモン出版社
バルセロナ

アンリ・ソヴァージュ

１８７３～１９３２ Henri Sauvage

フランスの地方都市ナンシーには、アールヌーヴォーの建築物が数多く残されている。有名なものは、ヴァイセンビュルガーの「リオノワ通りの家」、エミール・アンドレの「クロード・ル・ローラン通りの家」、ウジューヌ・ヴァランの「コマンドリーの家」などである。

しかし、とりわけユニークなものは、アンリ・ソヴァージュの手になる「マジョレルの家」であろう。

「アールヌーヴォーの権化」とも言えそうなこの建物は、数々の工夫に満ちあふれている。３階を木造とした急勾配の切妻屋根は建物に変化を与えているし、３階のテラスのフライングバットレスはゴシック風でもある。屋上の煙突も面白い形をしており、ガウディの建物のように、ピクチャレスク的効果を生んでいる。樋や玄関の庇は草木をデザインしたものである。

この複雑にして手際の良い建物が、アンリ・ソヴァージュによって弱冠25歳の時に設計されたとは驚かされる。しかもこれがソヴァージュの建築作品の第一号なのだ。

建主のルイ・マジョレルは、ナンシーで家具や室内装飾の方面で活躍していたが、この若き天才を見つけ出した功績は、アールヌーヴォー史においてはかりしれないものがある。

ソヴァージュはルーアンに実業家の息子として生まれた。15歳でパリに上り、１８９０年にエコール・デ・ボザールに入学すると、そこで建築を学ぶ。この時代、彼は彫刻家のアレクサンドル・シャルパンのアトリエに出入りし、そこでトゥールーズ・ロートレック、ピエール・オーギュスト・ルノワール、アルフォンス・トーデらと親交を結ぶ。

ソヴァージュはエコール・デ・ボザールを１８９５年に中退してしまうが、「マジョレルの家」の設計で頭角を表し、１９００年のパリ万博では女優ロイ・フラーの踊る姿をかたどった「ロイ・フラー劇場」を設計している。

すっかり人気者となったソヴァージュには、住宅や集合住宅の依頼が多かった。その数多い依頼に対しても、ソヴァージュはアールヌーヴォー的装飾を忘れることなく、一つ一つていねいに応えていった。

また、ソヴァージュは労働者階級の集合住宅にも深い関心を寄せ、ベルギーの社会運動家で医師のアンリ・カザリ

マジョレルの家　ナンシー

修復前の玄関

マジョレルの像　修復された玄関

スが主宰する「国際人民芸術協会」に加わったりもしている。

そのためか、パリ市の「低価格衛生集合住宅株式会社」からH・B・M集合住宅（低価格住宅）の設計を委託される。この依頼にも素晴らしい手腕を発揮し、ローコストにもかかわらずコンクリートや鉄骨を大胆に使い、意匠的にも優れた住宅を創り出している。

ソヴァージュの集合住宅は、そのつど話題を呼ぶものが多かった。特にヴァヴァン街の集合住宅（1912～14年）は、階段状の構造をとっており、外壁はセラミックの化粧タイルで仕上げられている。そしてこの住宅は、ソヴァージュが新しい段階へ到達したものと認められており、第一次大戦後にやってくるアール・デコへの予感を感じさせている。

初めての世界的な戦争のあと、世紀末を彩ったアールヌーヴォーの建築家達が挫折してゆく中で、ソヴァージュは引き続きフランス建築界の指導的な立場に留まるのである。

ロイ・フラー劇場　パリ

マジョレルの家　エントランスホール
ナンシー

マジョレルの家　居間の窓

ヴァヴァン街の集合住宅
パリ

リュシアン・ヴァイセンビュルガー

１８６０〜１９２９ Lucien Weissenburgar

「ギョエテとは俺のことかとゲーテ言い」

これは明治時代の有名な川柳であるが、ヴァイセンビュルガーはフランス語で読むと「ヴェッサンビュルジュ」となる。どうもこれでは馴染みにくいので、英語風にヴァイセンビュルガーと呼ばせてもらおう。ヴァイセンビュルガーは生粋のナンシーっ子。彼の生まれた頃のナンシーはどうだったのか。少しふれておこう。

ナンシーは、フランス東北部のロレーヌ地方の都市である。アルザスと並んでロレーヌはドイツとの国境問題をはらんだ地区であった。１８７１年の普仏戦争でフランスはドイツに敗れ、ロレーヌの大半はドイツ領となったが、ナンシーはフランス領に残り、ドイツとの国境は町から25㎞ほどの所におかれた。

一方、アルザスは全てドイツ領となった。この時、住民たちは国籍を自ら選ぶことになり、フランスを選んだ人達は故郷を捨てて、フランス領内へ移住した。ナンシーはこうしてロレーヌ人、アルザス人の多くが集中する土地となり、にわかに人口が増加した。１８６６年には約５万人の町だったものが、１８８１年には７万人となる。そして１９００年には10万人の町となるが、増加率はパリよりもはるかに高かったのである。

もともとナンシーは長い間ロレーヌ公国の首都として栄えていた。今日の街並がつくられたのは18世紀である。スタニラス王のもとナンシーにはロココ文化が花開いた。急激な人口増加、そしてこのロココの装飾感覚が、ナンシーのアールヌーヴォー発展の原動力となったのである。

ヴァイセンビュルガーは１８８０年代に設計活動を開始した。彼のキャリアのなかで特筆すべきことは、１９００年にロワイエ印刷所を設計して話題を呼んだことだろう。

しかし、ヴァイセンビュルガーの得意としたのは、住宅であった。ロワイエ印刷所のすぐあと、１９０１年から１９０２年にかけて、マジョレル邸の設計を手伝っている。これはパリに住むアンリ・ソヴァージュに依頼されての仕事であったが、若きソヴァージュに実務面で貢献したものではないかと思われる。

その後のヴァイセンビュルガーは、マジョレルとも協力して、数々の名作を残している。とりわけベルジュレ邸（リオノワ通りの家）やシャルル５世通りの家、クレメン

ベルジュレ邸
（リオノワ通りの家）
ナンシー

シャルル５世通りの家
ナンシー

ソー大通りの家が傑作とされている。

　はじめの頃、中世風の作品が多かったヴァイセンビュルガーであるが、アールヌーヴォー風に移行してからは、彼の装飾的才能が大いに発揮された。

　エミール・アンドレとヴァイセンビュルガー。この二人がナンシーのアールヌーヴォー建築の双璧である。

クレメンソー大通りの家
ナンシー

ベルジュレ邸（リオノワ通りの家）　ナンシー

クレメンソー大通りの家

オーギュスト・ペレ

1874〜1954 Auguste Perret

「歴史上、近代建築に最も深い影響を与えた建築家は」というと、多くの人がル・コルビュジエの名前を挙げるであろう。それでは、ル・コルビュジエに最も大きな影響を与えた建築家は誰か、というとオーギュスト・ペレということになる。若き日のコルビュジエはペレの事務所に1年半勤めた。この時の経験が、後の鉄筋コンクリート打ち放しを特徴とする、彼の作品となって実ってゆく。

このようにペレは、積極的に鉄筋コンクリートの建築を手掛けた近代建築のパイオニアとして、歴史に名を残している。

ペレの最初の有名な作品は、フランクリン街のアパートである。ペレがまだ29歳の時の作品であるこのアパートは、鉄筋コンクリートの構造をむき出しにした建物で、外観こそ、アールヌーヴォー風の陶器タイルで覆われているが、柱、梁によるラーメン構造を用いた初の鉄筋コンクリート造集合住宅として、重要な作品となっている。

玄関の両脇に「A・Perret」の名前を刻み込んだタイルがはめこまれているのも、ペレの自信のほどを示すようで、嬉しい。

この後、ペレはポンテュ街のガレージ、シャンゼリゼ劇場、公共事業博物館、マリニャーヌ飛行機格納庫、ル・アーブル市庁舎など、重要な作品を次々と発表する。中でも最も代表的傑作は、ル・ランシーのノートル・ダム教会である。この教会はやはり打ち放しコンクリートによって建てられており、天井は薄いシェルコンクリートの弓形で、側廊の明かり取りにはプレキャストコンクリートの窓格子をはめ込んだ、画期的な造りとなっている。この教会は近代建築による教会のモデルとなって、世界中にその模倣作品が生み出された。日本でも、アントニン・レーモンドによって東京女子大学チャペルや、聖路加国際病院のチャペルが、ペレスタイルで建てられている。

代々、石工の家系に生まれ建築請負業の父と子として早くから建築に親しんだペレは、着実に建築家としての地位を築いていき、レジオン・ド・ヌール勲章を受賞、そしてエコール・スペシャル・ダルシテクチュールの教授にも就任し、学士院会員となり、建築家として考えられるほとんどの栄誉を手にした。

ペレの作品は、計画だけに終わったもの40点、実現され

ル・ランシーのノートルダム教会
（写真撮影当時は修復工事中）

たもの90点、合計130点であり、フランク・ロイド・ライトの400点には遠く及ばないものの、ル・コルビュジエの実施作品50数点に比べれば、かなり多い。当時の建築家としてはひときわ幸運に恵まれたうちの一人であったと言えるだろう。

晩年のペレはまさに巨匠であり、作品としても都市計画をはじめ、大規模な作品ばかりであった。しかしながら、後年は初期の創造的な仕事ぶりが陰をひそめ、凡庸な作品が多くなっている。近代建築史から見ると、29歳と33歳の時に設計したフランクリン街のアパートとポンテュ街のガレージ及びその後のノートルダム教会のみによって、歴史と関わっている。

フランクリン街のアパート
パリ

ペレのサイン

フランクリン街のアパートの外壁
パリ

パリ

パリの地下鉄アベス駅の前にある、アナトール・ド・ボド設計のサン・ジャン・ド・モンマルトル教会は、世界初の鉄筋コンクリート造りの教会であり、ギマール設計の2つしか残ってない屋根付地下鉄駅と同時に写真が撮れる珍しいロケーションにある。

パリにある古い百貨店3つのうち、ギャラリー・ラファイエットとプランタンは、今も現役で賑っている。もう1つのボン・マルシェの方は、改変されて見る影も無い。

プランタン　レストランの天井

サン・ジャン・ド・モンマルトル教会
アナトール・ド・ボド
手前はギマール作のアベス駅

ギャラリー・ラファイエット

中央吹抜

ナンシー／メッス

ナンシーのもう一人の建築家シーザー・ペインの作品は、フェリックス・ファール通りに集中していて、とても素敵だが、文献が無く詳しい経歴がわからなかった。

アンリ・ギュットンのビラ・マルゲリータは、現在は塔部が失われているようだが、それでも充分見応えがある。

ルクセンブルクからナンシーに向かう鉄道でフランスに入ってすぐ、メッスの駅で乗り換えた。乗り換えの少しの時間を利用して街に出たが、駅前に大規模な集合住宅があった。そしてメッス駅自体が堂々たるナショナルロマンチシズムの駅舎だった。

Maison 1906.1907.1909　cesar　pain

FELIX-FAURE通りの家

Villa Marguerite Henri Guttn.Josef Horneker

メッス駅

オットー・ワーグナー

１８４１～１９１８ Otto Kloman Wagner

19世紀末のウィーンは、おびただしい人材を輩出した。オットー・ワーグナーをはじめとして、ヨゼフ・ホフマン、ヨゼフ・マリア・オルブリッヒ、アドルフ・ロース、ヨージェ・プレチニックなどの建築家、クリムト、エゴン・シーレ、ココシュカらの画家、さらに、音楽家のグスタフ・マーラーやシェーンベルク、文学ではカール・クラウスやシュニッツラー、ホフマンスタール。そして極めつきは、哲学者のヴィトゲンシュタインと精神分析医のフロイトである。その渦の中心にいたのが、オットー・ワーグナーなのである。

なぜ、この時代に特定の都市に、こんなにもたくさんの才能が花開いたのか。その時代背景を知らずして、オットー・ワーグナーの業績は語れない。

当時のウィーンは、オーストリア・ハンガリー二重帝国の首都として、繁栄の極みにあり、領土からの流入者が絶えなかった。ある資料によると、１８４０年に44万だった人口が、１９００年には１６０万を超えている。

この爆発的な人口を収容するために、時の皇帝フランツ・ヨーゼフは、都市改造に着手する。まず、旧市街を取り囲んでいた城壁を取り除き、リング通りと呼ばれる環状道路を造り、この通りに沿って市庁舎、議事堂、裁判所、ブルグ劇場、オペラハウス、大学などを次々と建ててゆく。さらに市営鉄道が開通し、民間の集合住宅も次々と建築される。そしてこの繁栄は第一次世界大戦頃まで続くのである。

このような大きな時代の流れの中にオットー・ワーグナーは生きた。

19世紀のウィーンはまだバロックの時代であった。公共施設は古典様式、ゴシック、バロック様式で建てられた。オットー・ワーグナーも古典主義的建築家として出発した。しかし１８９０年代に至って、アールヌーヴォーの装飾性と新しい機能主義を結びつけた近代建築家へと変貌を遂げる。ゼツェッシオン（分離派）が設立されたのは１８９７年。このことから、彼の試みは時代に先駆けていたと言える。

オットー・ワーグナーの作品は、数多い。カールスプラッツ駅をはじめとする36の駅舎と、鉄橋など総ての市営鉄道の建築施設、郵便貯金局、カイザーバードの水門監視

アム・シュタインホーフ教会
ウィーン

所、ヌスドルフの水門、アム・シュタインホーフの教会と60の精神病棟、マジョリカハウスに代表される数多くの集合住宅、ワーグナー自身のヴィラⅠ・Ⅱ、アンカーハウス、そしてたくさんの計画案など。まさに世紀末ウィーン建築界の寵児であった。その作品の多くは、特に郵便貯金局などの公共事業は、競技設計によって勝ち取ったものである。

ワーグナーの作品には「おだやかな前衛」といったものが感じられる。カールスプラッツ駅にしろ、アム・シュタインホーフの教会にしろ、伝統から大きく逸脱することなく、かつ新しい時代を予見させる感性を秘めている。これがコンペに強かった理由であろう。

市営鉄道の工事が始まった１８９４年、ワーグナーはオーストリア政府の建築総監に任命され、同時にウィーン交通局の顧問建築家をも兼任することになった。

しかも同じ年、ウィーン造形美術アカデミーのカール・フォン・ハーゼナウワーの死去に伴い後任の教授にも推薦された。

つまり、ワーグナーは名実ともにウィーン建築界の大ボスとなり、実力も兼ね備えた彼のもとには国内外から優秀な弟子たちが集まってきた。その筆頭はチェコ生まれのヨーゼフ・ホフマンである。続いてスロバキア生まれの、ヤン・コチェラ、スロベニア出身のヨージェ・プレチニック。オットー・シェーンタールも入ってきた。この美術アカデミーの主席卒業者は「ローマ大賞」を受賞し、イタリア旅行がプレゼントされるが、彼等は皆その栄誉に浴して建築の先進国を巡って腕を磨いた。

天才、ヨゼフ・マリア・オルブリッヒもその中の一人で、帰国後、ワーグナーの事務所に復帰し、彼を助けた。

この美術アカデミーでは美しい建築を造るためには、まず「図面が美しくなければならない」と考えていたようで、図面集『オットー・ワーグナーと彼の講座』には、みごとなまでに描かれた図面やパースが満載されている。なかでも、オットー・シェーンタールが一番多く、かつうまい。ワーグナー講座の卒業生は１９１人を数え、その半分はウィーン以外の人達で故郷に帰って活躍し、ウィーン・ゼツェッシオンはますます拡がっていった。

ワーグナーは私生活では最初の結婚は破綻したが、18歳年下のルイーゼと結婚してからは順調で、３人の子供にも恵まれた。若い頃、自らが注文主となって、集合住宅を建てて販売していたが、売れ行きが良く実業家としても成功した。

水門監視所
ウィーン

カールスプラッツ駅
ウィーン

そして何よりも、１８９４年にウィーン造形美術アカデミーの教授となってから、１９１８年に没するまで、ずっとその教授職にとどまっていた。アールヌーヴォーの建築家としては珍しい順風満帆の人生であった。

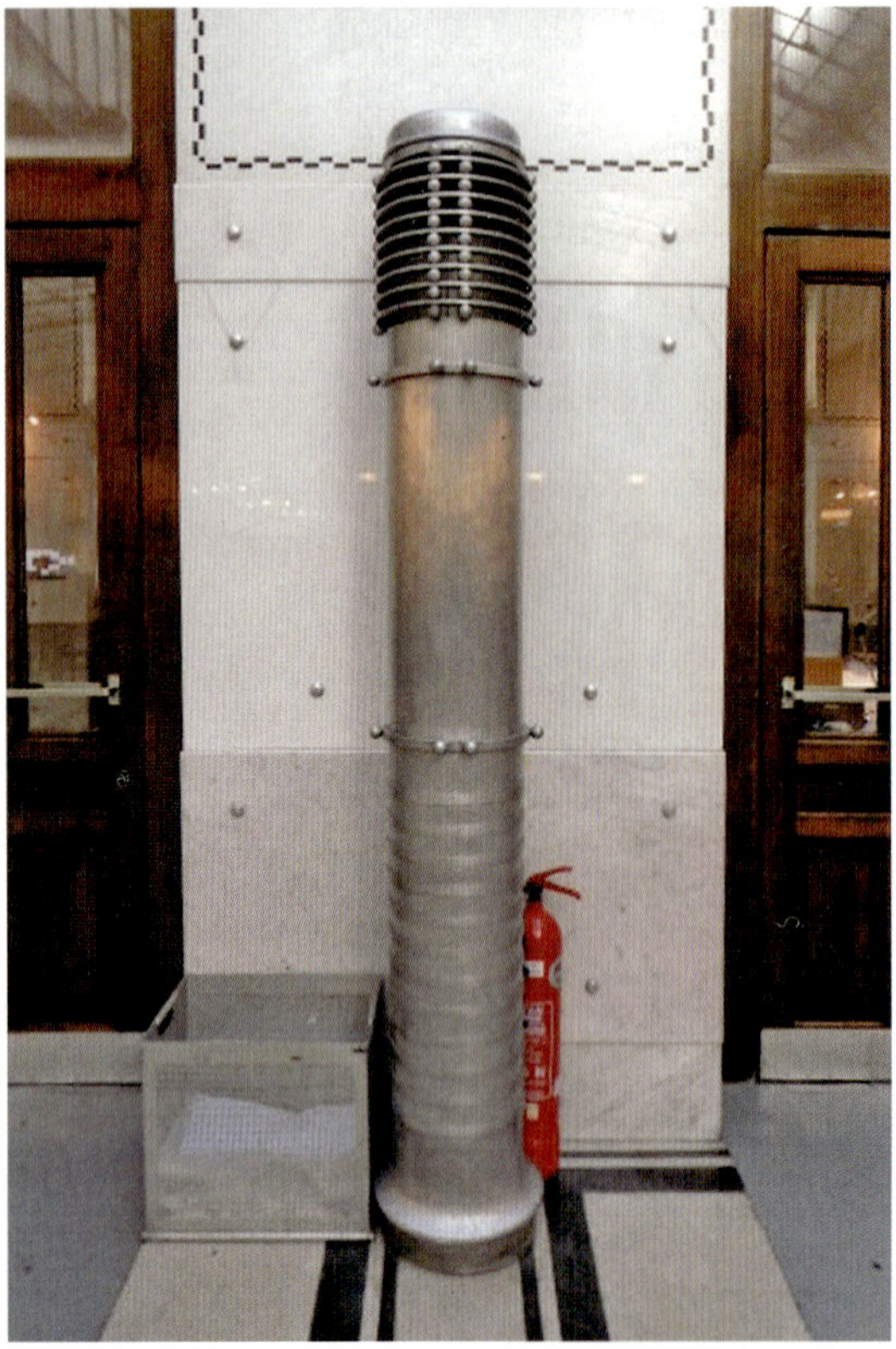
郵便貯金局空調吹出口

ワーグナーのヴィラⅡ

ワーグナーのヴィラⅠ

マジョリカハウス
ウィーン

ヨゼフ・マリア・オルブリッヒ

1867~1908 Joseph Maria Olbrich

19世紀末のドイツには芸術に理解を示した二人のルートヴィヒがいた。バヴァリア国王ルートヴィヒ二世と、ヘッセン大公エルンスト・ルートヴィヒである。ルートヴィヒ二世は音楽家リヒャルト・ワーグナーに、ほとんど恋といってよいほどの愛情を示し、おそらく彼のために、ノイ・シュヴァーン・シュタイン城を建てた。この城の建設は、バヴァリア国の屋台骨をゆるがすほどの出費を強いたが、同じくルートヴィヒ大公の建てたリンダーホフ城と共に、ドイツ屈指の名城として、ロマンチック街道を彩っている。

ルートヴィヒ二世より少し遅れて登場してきたルートヴィヒ大公も、やはり芸術を愛する国王であった。「わがヘッセンの国は花咲き開き、その中に芸術を」と望んだルートヴィヒ大公は、ダルムシュタットに建築家、画家、彫刻家など17人の芸術家を招き、芸術家村を造る。その主要施設としてエルンスト・ルートヴィヒ館、展示館、成婚記念塔、自由学芸の宮殿、そして多くの住宅が建設された。これらの設計のほとんどをオルブリッヒが行った。32歳と若い時である。

これらの作品には、ウィーン・ゼツェッシオンに特有のアールヌーヴォー的特徴である曲線を多用しながらも、後期の作品には直線が認められ、アールヌーヴォーを凌駕したと考えられている。

1923年にダルムシュタットを訪れた堀口捨己はこのコロニーに足を踏み入れて、非常に興奮したと語っている。このコロニーの住宅の中に、ペーター・ベーレンスが画家から建築家に転身する契機となった、ベーレンス自身の設計による自邸が含まれているのも興味深い。

オルブリッヒは早熟の天才であった。ホフマンと同じく、ウィーン美術学校を卒業すると同時にローマ賞を獲得し、イタリアやチュニジアの旅から帰ると、4年間オットー・ワーグナーの事務所で働いている。その間、ホフマンやクリムトらとウィーン・ゼツェッシオンを設立し、1897年には、「分離派展示館」を設計している。30歳の時である。この展示館は哲学者、ルートヴィヒ・ヴィトゲンシュタインの父で工業家のカール・ヴィトゲンシュタインの援助で建てられたものであるが、墓陵のようなそのスタイルと屋根の上に乗っかった真鍮製の月桂樹の円い環

ゼツェッシオン館
地下のベートーヴェン・フリーズの間

ルートヴィヒ大公成婚記念塔
ダルムシュタット

ゼツェッシオン館
ウィーン

は人目をひいた。そしてその玄関や壁にはりついた蛇やとかげの奇抜さにルートヴィヒ大公も目をむいた。

ヨゼフ・ホフマンが86歳まで長生きしたのに比べ、オルブリッヒは短命であった。27歳でデビューし、華々しい活躍のあと、成婚記念塔の完成をもってダルムシュタットに別れを告げた。そして、デュッセルドルフのティーツ百貨店の工事中、白血病により40歳でその短い生涯を閉じた。オルブリッヒは天才にありがちな、栄光と悲惨を味わった。圧倒的な賛美と悲しい最後を。

オルブリッヒが建築家として活動した14年間で完成させた建築物は、40を少し超える程度である。しかし、遺したスケッチや図面は、何と2万8千枚と記録されている。

今、彼の残した分離派展示館は、歴史的建造物保存法により、政府が手厚く保護している。

ティーツ百貨店
オルブリッヒ最後の作品
デュッセルドルフ

大グリュッカート邸
ダルムシュタット

ケレル・ハウス　玄関
ダルムシュタット

大グリュッカート邸
ダルムシュタット

ヨゼフ・ホフマン

1870〜1956 Josef Hoffman

19世紀のウィーンは、刺激に満ちた都市であったにちがいない。オーストリアの領土であったチェコスロバキアやハンガリーからの著しい人口流入があったからだ。それに伴って都市改造が行われた。成功を夢見る若者は皆ウィーンを目指した。ヨゼフ・ホフマンもその一人であった。同じ頃、アドルフ・ヒットラーも画家になるべくウィーンに来て、悶々とした日々を送っていた。

現在のスロバキア領に生まれたホフマンは、上京してウィーン美術学校に学ぶ。卒業の時にローマ賞を獲得して、1年間ローマに留学する。帰国してオットー・ワーグナーのアトリエに入ってからのホフマンの活躍は、目覚ましいものであった。

1897年、同じ建築家のオルブリッヒ、画家のクリムト、工芸家のコーロ・モーザーらと世紀末ウィーン芸術界の起爆剤となった、ウィーン分離派（ゼツェッシオン）を設立した。分離派とは、文字通り過去の様式からの分離を目的とするもので、イギリスのアーツ・アンド・クラフツ運動の影響を強く受けている。毎年2回行われる分離派館での展示会はウィーン中の話題を集め、保守派層に刺激を与えるのに十分な密度を持っていた。

特にホフマンの作品には、マッキントッシュの影響が見られ、後年、「ガダラートル・ホフマン」（「正方形のホフマン」の意）とあだ名されるほど、正方形の格子を多用するが、それはマッキントッシュの最も得意とするものであった。

この頃のホフマンの仕事には住宅や店舗の内装が多い。1903年コーロ・モーザーらとウィーン工房を設立。建築の総合化を目指した。ブリュッセルのストックレー邸は、その代表的傑作である。ストックレーはベルギーの工業家で、この別荘の建設には、金に糸目をつけなかった。設計にあたっての条件はただひとつ、「全てに一流の物を使用すること」であった。

ウィーン工房は、建築の内外装はもとより、家具調度品やガラス工芸に至るまで全ての仕事を手掛けた。そしてその仕事は、陶芸や衣服、織物や貴金属、皮製品や絵はがきの制作へと広がっていく。

では、ブリュッセルの郊外にあるストックレー邸を見てみよう。彼一流の格子の形を多用したシンプルな外観が印

ヴィラ・スキヴァ
ウィーン

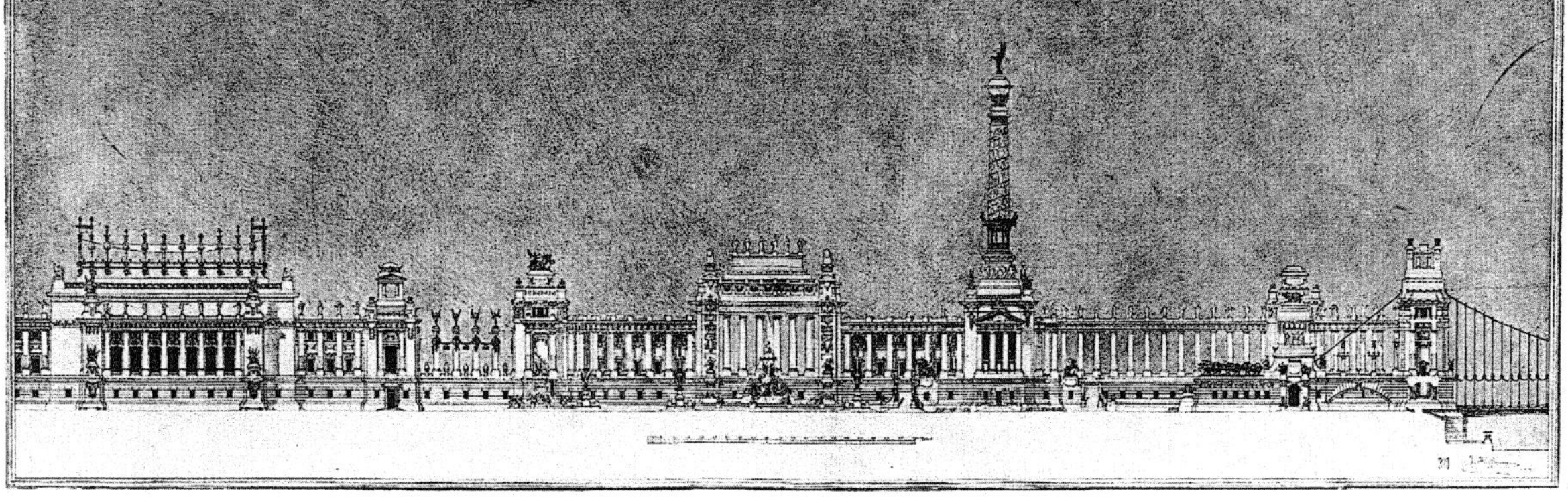

JOSEF HOFFMANN, Forum Orbis Insula Pacis, *Der Architekt I (1895)*

ワーグナー講座での習作　オットー・ワーグナー・シューレより

象的である。やがて来るアール・デコを予見させている。
内装はコーロ・モーザーのガラスモザイクの窓やクリムトのフリーズに飾られた食堂、家具、食器、それから庭園も、すべてが一貫した思想でデザインされている。

このように、統一されたデザインで個性を打ち出すなど、目新しかったホフマンらの活動は、ウィーンにある種の流行をもたらした。「モーザー先生」ことコーロ・モーザーの手による衣服は、今までのスカートと違って、丈が適度に短かったのである。服飾史においても、1910年代は明らかに一大転換点であった。

世紀の転換期に生きたホフマンら、分離派の人々の活動も、第一次世界大戦とその後に来る世界恐慌で、活躍の場を失ってしまう。

しかし、彼等の作品は、過去の様式から近代建築への転換期の胎動を見せながら、奇妙な興奮と安心感を我々に与えて、ヨーロッパの街々にさん然と輝いている。

ストックレー邸　ブリュッセル

ストックレー邸
ブリュッセル

オットー・シェーンタール

1878〜1961 Otto Schönthal

オットー・シェーンタールについては、ウィーンで生まれオットー・ワーグナーの弟子であったこと以外、ほとんど知られていない。また、作品もヴィラ・ヴォイシク以外、知られていない。しかし、何かの建築雑誌で見た記憶はあり、なぜか気になっていた。それから記憶の片隅にあったこの建物に出会ったのは、全くの偶然だった。

ワーグナーにただならぬ興味を感じウィーンに出かけた旅も終わりに近い1986年9月末。ワーグナーのヴィラを見た帰りのタクシーはもう、ヒュッテルドルフの駅間近。ぼんやりと街並みを眺めていた私の眼は突然、一軒の建物に釘付けになった。すぐにタクシーを停め、料金をぶっつけるようにして払い飛び降りる。

夕暮れの太陽を背にしたファサードは、青く沈んで見えた。北向きのそのファサードは、一度も直射日光を受けたことが無いのか。それだけに、軒蛇腹や窓枠、装飾に使われたテラコッタの青さがひたすら眼にしみる。

どこがそれほど気になったのか、改めて通りの反対側から眺めてみる。

シンメトリーの構成、ゼツェッシオンの特徴とも言える外壁の平面性、持ち送りの美しさ、個性ある窓。そうか、この建物の美しさは、窓にあるようだ。両袖に片開きの窓を従えた、中央の大きなハメ殺し窓。手摺の格子もキレイだ。それを囲むようにして、縦長の両開き窓。左右のアーチの下に出入口。中に入りたくて呼び鈴を押すも、留守のようである。玄関から覗き、裏手に回って庭の方からも覗く。やはりドアにはカギ。「もう少し泥棒修業しておけば…」と後悔の念。窓から見れば階段の手摺が段々に、原広司風のボールのような照明器具。インテリアは意外に新しい。ついに中は諦めて、表に戻り、また、ひとしきり眺める。アーア、何て美しいんだろう。

帰国して初めて知る。ハンス・ホラインに勝るとも劣らない、現代ウィーンの建築界の寵児、ボリス・ポートレッカが改装を担当していた。この建物、現在は広告代理店になっている。その日は日曜日で会社は休みだった。中を見られなかったのが心残りである。

それにしても、今も思っている。この規模の現代ヨーロッパ世俗建築の中で、最も美しいファサードを持っているのは、ヴィラ・ヴォイシクではないだろうか、と。

ワーグナー講座での習作　オットー・ワーグナー・シューレより

ヴィラ・ヴォイシク　ウィーン

それから30年経った2016年4月、ウィーンのカールスプラッツ駅でウィーン・ゼツェッシオンの展示会が開かれていた。そこで手に入った『オットー・ワーグナーと彼の講座』は、ワーグナーの弟子たちの図面集であった。驚いた。その全ての図面がうまいのだ。約200頁のその本の中に、シェーンタールの図面も10葉あった。ヨゼフ・ホフマンやヤン・コチェラの図面もある。主として完成図なのだが、例外なく素晴らしい。調べてみると、シェーンタールは1898年から1901年までワーグナーに師事していて、その間にマジョリカハウスと隣のアパートが設計されている。それまでのワーグナーの作風と違うので、どうもシェーンタールの作品だと思われる。少なくとも図面を描いたのは彼ではないか。

シェーンタールは1901年に独立し、翌年早くもヴィラ・ヴォイシクを設計している。そして1910年にエミール・ホッペ、マルセル・カンメラーと共同で事務所を開くまで、カイザーバードの水門、郵便貯金局、アムシュタインホーフの礼拝堂などの設計を手伝っている。

その共同事務所では多くの作品を世に出したが、注目されるものは少ない。後年ウィーン芸術家連盟の会長を務めた。早熟の天才であった。

ヴィラ・ヴォイシク

ヴィラ・ヴォイシク

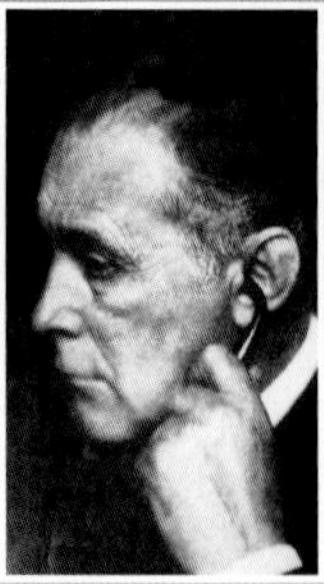

アドルフ・ロース

1870〜1933 Adolf Loos

ほぼ同時代の建築家同士である、アドルフ・ロースとオットー・ワーグナーを比べてみた時、メジャー（正統）を行く者とマイナー（異端）に居直る者との対比を見せつけられるようである。これは級長とイタズラッ子の関係にも似ている。

古典的様式の建築家として出発し、時代に認められ、数多くの作品を発表する中で徐々に作風に変化をつけていったワーグナーに対し、初めから社会と対立し、未来を現在に取り込もうとした不遇の建築家がロースなのである。もっとも、死ぬ数年前、故郷のチェコスロバキア共和国より終身年金を贈られたことを考えると、案外支持者も多く、それなりに認められていたのではないか。

ロースの作品、シュタイナー邸は、世界で最初の鉄筋コンクリート造の住宅だと言われている。プレーンなモルタルの壁に窓が必要な分だけ付いた、「大学生が初めて課題設計に取り組んだ」という風情の建物である。現在Rの屋根が改装されているせいもあり、これがあの有名なシュタイナー邸だとは、何度見ても信じられなかったほどである。『装飾と罪悪』を書いて装飾を非難し、無装飾の近代建築への道を拓いたロースだが、モダニズムの現代建築にあきたらない連中がポストモダンやハイテックスタイルに走る中にあっては、「無装飾は罪悪」と言われかねない状況である。それにしても、ミヒャエル広場のロースハウスやアメリカンバーは、私の眼からみると大変に装飾的に見えるのは面白い現象である。大理石の紋様と鏡がそうさせるのであろうか。

ロースは「骨つぼと便器にはちがいがあり、このちがいによってはじめて、文化の活動領域が生じる」と言っている。級長になりたくて、そしてなれなかったけれど、イタズラをすることによって、皆に少なくとも存在を認めさせたとはいえ、骨つぼと便器のちがいを生涯解ってもらえなかった子が、ロースであろう。彼の書いた2つの論文集の題名が「だれも聞いてくれなかった」と「だがそれでも」であることは、多分に象徴的である。

ミヒャエル広場のロースハウス
ウィーン

クニーシェ服飾店
ウィーン

1986年のアメリカンバー
ウィーン

1997年のアメリカンバー
ウィーン

オリジナルに復元された現在のアメリカンバー
ウィーン

ルートヴィヒ・ヴィトゲンシュタイン

1889〜1951 Ludwig Josef Johan Wittgenstein

「語りえぬものについては、沈黙しなければならない」ルートヴィヒ・ヨーゼフ・ヨハン・ヴィトゲンシュタインは哲学者である。主著『論理哲学論考』におけるこの命題は、二十世紀の哲学の方向を決定したとさえ言われている。

ウィーン生まれの、特別「変わり者」だった哲学者は、生涯に一度だけ住宅を設計したことがある。ウィーン13区クントマン街に建つストロンボロウ邸がそれである。

ストロンボロウ夫人となっていた姉のために、ヴィトゲンシュタインは建築家エンゲルマンと共同してこの建物の設計と監督にあたり、1928年に完成した。それは装飾を排除したごくあっさりした建物で、コンクリートと鉄とガラスで出来ていた。どこか見覚えのあるような建物である。

そう、それはまるでロース先生の建物だ。たしかにヴィトゲンシュタインはアドルフ・ロースに会っている。それは1914年のことらしい。

二人は親交を深め、互いが天才であることを認め合った。ロースの弟子エンゲルマンの伝えるところによれば、ある日、ロースはヴィトゲンシュタインに向かって、「あなたは私だ」とまで言い切ったとのことである。

ストロンボロウ邸はエンゲルマンが基本設計をし、ヴィトゲンシュタインが細部の設計と監督をしたようだ。マンチェスター大学工学部で風の実験から飛行機のジェット推進プロペラの研究までしたことのあるヴィトゲンシュタインにとって、住宅の設計もそれほど難しいことではなかったと思われる。

第一次大戦に志願し、戦場で『論理哲学論考』の草稿を書きためた彼の集中力は、ここでも発揮された。彼は、建物の明るさと厳格さに相応しくないとして、内装にカーペットもシャンデリアもカーテンも、一切許さなかった。

その結果出来上がったのは、明るい壁と天井、暗い床、簡素な裸電球、飾りのない金属製のドアと窓、といった近代建築であった。

ヴィトゲンシュタインはまさに、その著書『論理哲学論考』の精神をストロンボロウ邸に表したのである。

ストロンボロウ邸
ウィーン：上田康成氏撮影

アルマ・マーラー
1879~1964 Alma Maria Mahler

今回はちょっとひと休みして、建築家ではないが、魅力的な一人の女性を紹介することにしよう。

その名はアルマ・マーラー。一般的には音楽家グスタフ・マーラーの妻として知られている。ところがこの女性、世紀転換期のウィーンにあって、数多くの男性を愛し、そして別れた、天才を見つける天才。ウィーンの生きた文化史とも言われる女性なのだ。

風景画家エミール・シンドラーの娘として生まれたアルマは、父の死後、母の再婚に伴い、父の一番弟子であったカール・モルの養女となる。

画家や音楽家の多い芸術的な雰囲気の中で成長したアルマは、自分自身も絵を学びかつ作曲の才能もあり、芸術をよく理解することが出来る女性であった。

美しく成長したアルマに最初に「愛」を教えたのは、画家のクリムトであった。クリムトは当時35歳で画家としての活動の絶頂期にあり、また分離派の総帥としても活躍していた。アルマはこの時期クリムトを通して、建築家のヨゼフ・ホフマンにも出会っている。

クリムトはアルマの継母の反対にもかかわらず、アルマを愛し、一家のイタリア旅行まで追っかけて、二人はヴェネチアのサンマルコ広場の人混みの中で将来を誓い合った。

しかし、継母の反対は強く、この激しい恋は成就しなかった。

そんなアルマが最初に結婚した相手が、音楽家のグスタフ・マーラーであった。二人は１９０２年3月9日に結婚式を挙げている。この時マーラーは41歳。アルマ22歳。すでにウィーン宮廷歌劇場の音楽監督にまで上りつめていたマーラーも初婚であった。

しかし、この19歳違いの結婚は徐々に破局へと向かって進んでゆく。若く美しい妻と体力の衰えかけた夫との意識のズレは、次第に大きくなってゆく。そんな時、27歳の青年建築家がアルマの前に現われた。後にバウハウスを創立したワルター・グロピウスである。

グロピウスの愛もまた激しかった。グロピウスはマーラーに「私はアルマと結婚したい」と迫った。グロピウスはその手紙の返事を待ち切れず、橋の下にひそんでマーラー夫妻を待った。マーラーはこの青年を家へ連れて帰り、アルマと話し合わせた。そして「君の好きにするが良い。腹を決めなさい」と静かに言った。

夫マーラーの苦悩はますます深まり、ついに精神医学者フロイトの診察を受けるまでになる。1912年心身ともに疲れ切った音楽界の巨匠マーラーは死を迎えた。

この頃、アルマからグロピウスにあてた手紙には次のように記されている。

「あなたが裸のままの私の身体の上に横たわって、二人の間を邪魔するものは何もない。もしあるとしてもせいぜい眠りだけ、という日は、いったいいつになったら来るのでしょう。…私は今、私のこの身がすべて完全にあなたのものになる日のためだけに生きているのです」

しかし、アルマとグロピウスが結婚する1915年までの3年間に、実はもう一つの出会いがあった。

マーラーの死から1年後、義父が招いた若き放浪画家オスカー・ココシュカの登場である。義父の家で出会った二人は、たちまち激しい情熱に捉えられる。アルマは、一方ではグロピウスとの愛を深めながらも、7歳年下のココシュカの激しい愛を拒むことが出来なかった。後にココシュカは二人の愛の思い出を「風の花嫁」と題する作品に描いている。それは文字通り「嵐」のような絵であった。


結局、アルマは二つの愛に「結婚」という形にこだわることで決着をつけた。アルマは長い時を共にしたグロピウスの方を選んだのである。あるいは、あまりに自己中心的なココシュカの愛に拒絶反応を示したのかもしれない。アルマは「オスカー・ココシュカは私の生活を充実させたと同時に破壊した」と日記に書いている。ココシュカは猜疑心の強い男で、夜遅く、時にはほとんど明け方近くに彼女に別れを告げてからも、また別の男が彼女の家を訪れるのではないかという不安に苛まれ、しばしば何時間もアルマの家の前に立ち尽くしたという。

1915年8月アルマはグロピウスと結婚した。出会ってから5年。グロピウスはすでに一人前の建築家になっていた。そして翌年、早くも娘のマノンが生まれている。

2回目の結婚で落ちつくと思われたアルマだったが、第一次世界大戦が再び二人の間に割って入った。グロピウスが出征したのである。

長引く戦争の間、1917年11月詩人のフランツ・ヴェルフェルがアルマと運命的な出会いをする。ヴェルフェルは詩人であると同時に音楽的才能とセンスを持っていた。アルマはまたしても、夫以外の男に夢中になってしまう。

そしてグロピウスとアルマは離婚。グロピウスはデッサウに向かいバウハウスを創立することになる。

ヴェルフェルと結婚したアルマは、１９４５年のヴェルフェルの死までの20年ほどを共に過ごした。そして彼女は、そのあと20年近く生き続けるのである。

アルマは生涯日記を書き続けていた。それを「回想録」として発表している。当然、都合の悪い部分は削除されているだろうけれど、これによるとグロピウスの他にも作曲家のアレクサンダー・フォン・ツェムリンスキー、ピアニストのオシップ・ガブリロヴィッチ、詩人で劇作家のゲルハルト・ハウプトマン、生物学者パウル・カンメレルなどが「恋人」として登場する。

波乱万丈の後、アルマは晩年をニューヨークで過ごした。彼女が83歳の時、ニューヨークフィルハーモニーがグスタフ・マーラーの第八交響曲を演奏する機会があった。レナード・バーンスタインが彼女を演奏会に招いたが、さすがの彼女もそのような公の場に出る気力を失っていた。

アルマが世を去ったのは１９６４年12月11日のことであった。まさに天才を見つける天才。ウィーンの生きた文化史と言える生涯であった。

ウィーン／トゥルン

ウィーンの建物はカラフルで楽しいものが多いのだが、視覚的に抜き出ているのはアンカー時計とエンゼル薬局である。アンカー時計は高い所にあって下から見あげる。からくり時計になっていて、時報と同時にウィーンの重要人物が順番に出てくる。エンゼル薬局は二人のエンゼルが薬をささげていて、病気を治してくれる。

ウィーンからプラハに向かう列車で40分ほど走るとトゥルンの街がある。この街はエゴン・シーレの街でもあり、シーレの博物館がある。シーレは駅で生まれて、駅で育った珍しい生育歴を持つ。そのトゥルン駅の近くに「ゲオルグ・ノイマイエル」と書かれた窓の美しい住宅がある。この2つの窓は「世界の美しい窓コンテスト」でも上位に入賞する資格がありそうだ。写真は夕暮れ時で少し地味ではあるが。

エンゼル薬局　ラスケ
ウィーン

アンカー時計
ウィーン

カフェ・ムゼウム

トウルンの住宅
ゲオルグ・ノイマイエル
トウルン

HANS MAYR, Wohn- und Geschäftshaus, *Moderne Bauformen 1903*

ワグナー講座の習作　HANS MAYR

ペーター・ベーレンス

1868~1940 Peter Behrens

ペーター・ベーレンスを単なる建築家だと理解してはならない。彼は画家であり、工業デザイナーであり、ＣＩ（コーポレート・アイデンティティ）の草分けであり、ワルター・グロピウスやミース・ファン・デル・ローエやル・コルビュジエを育てた教育者であり、かつ有能な建築家であった。まず彼は画家としてスタートした。25歳の時、ミュンヘン・ゼツェッシオンに参加。既にその時には活字の字体をデザインしており、工業デザインへの取り組みを始めている。この「二刀流デザイナー」の姿勢は以後も続き、ＡＥＧ（ゼネラル電気会社）の照明器具や扇風機、湯沸器などのデザインへとつながる。

１８９９年ヘッセン大公ルートヴィヒに招かれて、ダルムシュタット芸術家村に赴いたことは、彼にとって一大転機であった。そこでオルブリッヒ達と交わったベーレンスは、初めて建築デザインをする。第一号は自邸であった。オルブリッヒ流に、アールヌーヴォー様式で設計したその家には、天才の片鱗が見られ、美しくかつ力強さにあふれている。装飾を施したブルーの玄関ドアは、見る者の美意識を刺激して止まない。

デュッセルドルフの美術学校校長を4年ほど務めた後、ＡＥＧ社の芸術顧問となってからの活躍は、目覚ましいものがあった。ＡＥＧタービン工場をはじめとする多くの工場の建築設計にとどまらず、彼の才能は同社の電気製品からカタログ、パンフレット、ポスター、そして包装紙のデザインにまで発揮された。今日、統一されたイメージ戦略として、ＣＩが重視されているが、彼は何と80年前からこの仕事に取り組んでいたのである。

有能な建築家は時代とともに変化するものだ。アールヌーヴォー建築家としてスタートしたベーレンスが、１９０９年構造派として完成させたのが、ＡＥＧタービン工場だ。ところが、１９２０年にはドイツ表現派の建物（ヘヒストのＩＧファルベン事務所）を、それから１９３０年にはリンツにあるたばこ公社の倉庫をインターナショナル・スタイル（国際様式）で設計している。

この変化の過程の中で、ワルター・グロピウスやミース・ファン・デル・ローエ、ル・コルビュジエが彼の事務所のアシスタントデザイナーとして働き、後年彼等が、インターナショナル・スタイルの推進者として世界の建築界

ベーレンス自邸　玄関
ダルムシュタット

AEGタービン工場
ベルリン

をリードしていったのは、大変興味深い事実である。

輝かしいＡＥＧ時代のベーレンスの設計思想は、概ね次のようであった。

1．表面的な装飾の否定

2．古い様式や手工芸品の模倣の否定

3．風変わりな形の否定

彼は、なによりプロポーションを最重要視していた。工業デザインの世界で活躍しながらも、このような美学を持ち続けていたのは、アールヌーヴォー建築家としての矜持かもしれない。

１９２２年ベーレンスは、オットー・ワーグナーの後任として、ウィーン芸術アカデミー建築学科の主任教授として迎えられた。天才オルブリッヒの学んだウィーン芸術アカデミーに、しかもオルブリッヒの師であるオットー・ワーグナーの後任として招かれたベーレンスは、ある種の感慨を禁じ得なかったのではなかったか。23年前、ベーレンスがオルブリッヒと出会った時は、建築家としては全くの素人だったのだから。

その後、再びベルリンに帰ったベーレンスは１９４０年２月27日の寒い冬の朝、心臓病で72歳の生涯を閉じた。変化に富んだ人生であった。

ベーレンス自邸　ダルムシュタット

ベーレンス自邸　門

クノ邸　ハーゲン

ブルーノ・タウト
1880～1938 Bruno Taut

ブルーノ・タウトは、桂離宮を世界に紹介した建築家としてよく知られている。

1933年5月2日、タウトはナチスに追われ、シベリア経由で日本に逃れて来た。心身ともに疲れ果てた彼には、桂離宮の素朴な美しさは、癒しに満ちたとても新鮮な美に感じられたに違いない。すっかり日本の美に魅せられたタウトは、汽車の車窓から見える漢字の野立て看板にも感動したと伝えられている。

タウトは建築家であると同時に、ラジカルな著作家でもあった。

建築雑誌『曙光』を発刊したり、ユートピア思想に基づいた画集『アルプス建築』『都市の冠』『都市の解体』『宇宙建築師』などを発表し、第一次大戦から第二次大戦に至る激動の時代に影響を与え続けた。

彼の初期の作品で注目されるものは、ベルリンにある二つの集合住宅である。連なったアーチや、うねるバルコニーを駆使した表現主義的建物であるが、どこかお伽の国のような可愛らしさが残っており、彼のラジカルな言動と対比させてみると面白い。

タウトを有名にしたのは、1913年と1914年に完成した鉄鋼連盟パビリオン、それからドイツ工作連盟「ケルン博」におけるガラスの家である。ともに円形または多角形の平面をもち、上部に向かって収束してゆく上昇指向の強い建築である。ガラスの家はその名の通りほとんどがガラスで造られており、常に「前衛」であろうと努力したタウトの姿勢がうかがわれる。

もう一つ忘れてはならないのは、マクデブルグ市建築課長時代に発表した「色彩宣言」と、その実践である。

「彩色は蛇腹装飾の彫刻のように高価ではない。色彩は生の悦びである」

そう高らかに宣言した彼は、マクデブルグ市内の建物を数々の色彩で彩ってゆく。建物はその後塗り直されたりするなど、結果としては必ずしも成功とは言えなかった「色彩宣言」だが、ポストモダニズム流行の今の時代に再考させられる出来事ではあった。

タウトの最大の作品はベルリンの大ジードルングである。馬蹄形の平面を持つ大ジードルングが完成したのは1930年代の前半であったが、偉大な建築家のタウトと

コットブーゼルダムの集合住宅Ⅱ　ベルリン

いえども、ファシズムの台頭の中で親ソ派とみなされてしまっては、どうしようもなかった。その後はナチスに追われ、ソ連、日本へと渡り、最期は１９３８年の秋、イスタンブールにその骨を埋めることとなった。

ガラスの家（当時の写真）　ケルン

コットブーゼルダムの集合住宅Ⅰ　ベルリン

エリッヒ・メンデルゾーン

1887～1953 Erich Mendelsohn

幻想的な作品の多いドイツ表現派の建築家の中でも、メンデルゾーンの建築は際立った神秘さを見せている。メンデルゾーンの代表作はアインシュタイン塔である。第一次世界大戦従軍中に描き溜めたスケッチをもとに設計されたこの建物は、独創的な科学者アインシュタインの名に恥じない、独特のプロポーションを持っている。

同じく、第一次世界大戦従軍中に構想をまとめたのが、オーストリアの哲学者ヴィトゲンシュタインであったが、当時の戦争は何かのんびりしたところがあったのかもしれない。それとも、戦争の厳しさこそが特殊な発想へと導いたのであろうか。

25歳の時、ミュンヘンで独立開業したメンデルゾーンは、大戦後、ベルリンに移る。知り合いもなく仕事もなかった彼は、従軍中描き溜めたスケッチを集め、自分の才能をアピールするために展覧会を開く。結果としてこの展覧会は大成功し、アインシュタイン塔の仕事を得る。このアインシュタイン塔の完成は、当時の建築界にセンセーションを巻き起こし、その後百貨店や劇場や工場など大規模な仕事を得るための、大きなきっかけとなる。ただ、メンデルゾーンの仕事はほとんどが民間の発注であり、官公庁の仕事はごく少ない。ユダヤ人であるという彼の出自が影響したのであろうか。

メンデルゾーンは鉄とコンクリートを自在に使った建築家であった。大戦後の物資不足にあって、セメントの供給がストップする中で、アインシュタイン塔の塔の部分は、止むを得ずレンガを使ったと言われている。基部の複雑なコンクリート仮枠の工事は船大工にやらせたというが、そういえばアインシュタイン塔はどことなく船のイメージを持っている。

メンデルゾーンのデザインの特徴は、初期の作品によく見られる大胆な曲線にある。しかし、多くの仕事を得るようになってからは水平線を強調したり、窓の彫りを深くすることによってファサードイメージを強調したりする作風に変わっていった。これは、初期の頃のあまりに極端な曲線のデザインが、施工上、非現実的であることを体験したからであろうと思われる。

このようなメンデルゾーンのデザインは、ドイツ表現派の人々に、多くの影響を与えた。またその影響はドイツの

アインシュタイン塔
ポツダム

みに留まらず、日本にまで至っている。昭和初期に建築された近代建築、いわゆるモダン建築に、多くその引用が見られることは興味深い。藤森照信らの『東京建築探偵団』や海野弘のモダン建築に関する紀行文にもしばしば登場するのがこの様式である。

1933年ナチス政府成立とともに、ユダヤ人であるメンデルゾーンは迫害を逃れるためロンドンに亡命、続いてアメリカへと移る。建築活動は続けたが、ベルリン時代ほど強烈な作品は世に生み出せなかった。おそらくは、インターナショナル・スタイル台頭の当時にあっては、彼の作品は、あまりに表現主義的であったため、時代に受け入れられなかったに違いない。

モダニズムに対する反省の動きが出てきた現代に生きていれば、さらに彼の想像力を生かした凄い作品が生まれていただろうと思うのだが。

cinema “Universum” ベルリン

アールヌーヴォーを捜しにゆく

スリランカ

仏教の国スリランカへ行く。

イギリスやオランダとの関係が深く、ヨーロッパ的な建物も多いスリランカだが、アールヌーヴォー建築は、ない。

しかし、未知の名建築家ジェフリー・バワなる人物を発見した。建築を業とする私が、バワの名前を知らなかったとは汗顔の至りだったが、スリランカナンバーワンの建築家を本当に知らなかったのだ。

ジェフリー・バワは1919年コロンボに生まれる。弁護士として活躍していたが、海外旅行中、建築に目覚めロンドンで建築を学ぶ。デビューしたのは38歳。多くのリゾートホテルの設計で名を上げ、60歳で国会議事堂を設計するまでになる。2003年84歳で亡くなるまで国民に愛され続けた。

インド洋に面した街ゴールで、「ジェット・ウィング・ライトハウス」というバワ設計のホテルに泊まった。モダニズムの建築だが居心地が良く、素晴しい建築だった。平面図にあるように約40㎡の部屋がシンプルに、かつドラマチックに設計されていた。バスルームの真ん中にバスがあり、引き戸を開けてバスから窓を見ると、両開きの窓が額縁になって、外の景色が絵画のように見える。

ジェット・ウィング・ライトハウスの玄関前のらせん階段には、スリランカの歴史を描いた見事なレリーフがある。これも「一見の価値」がある。

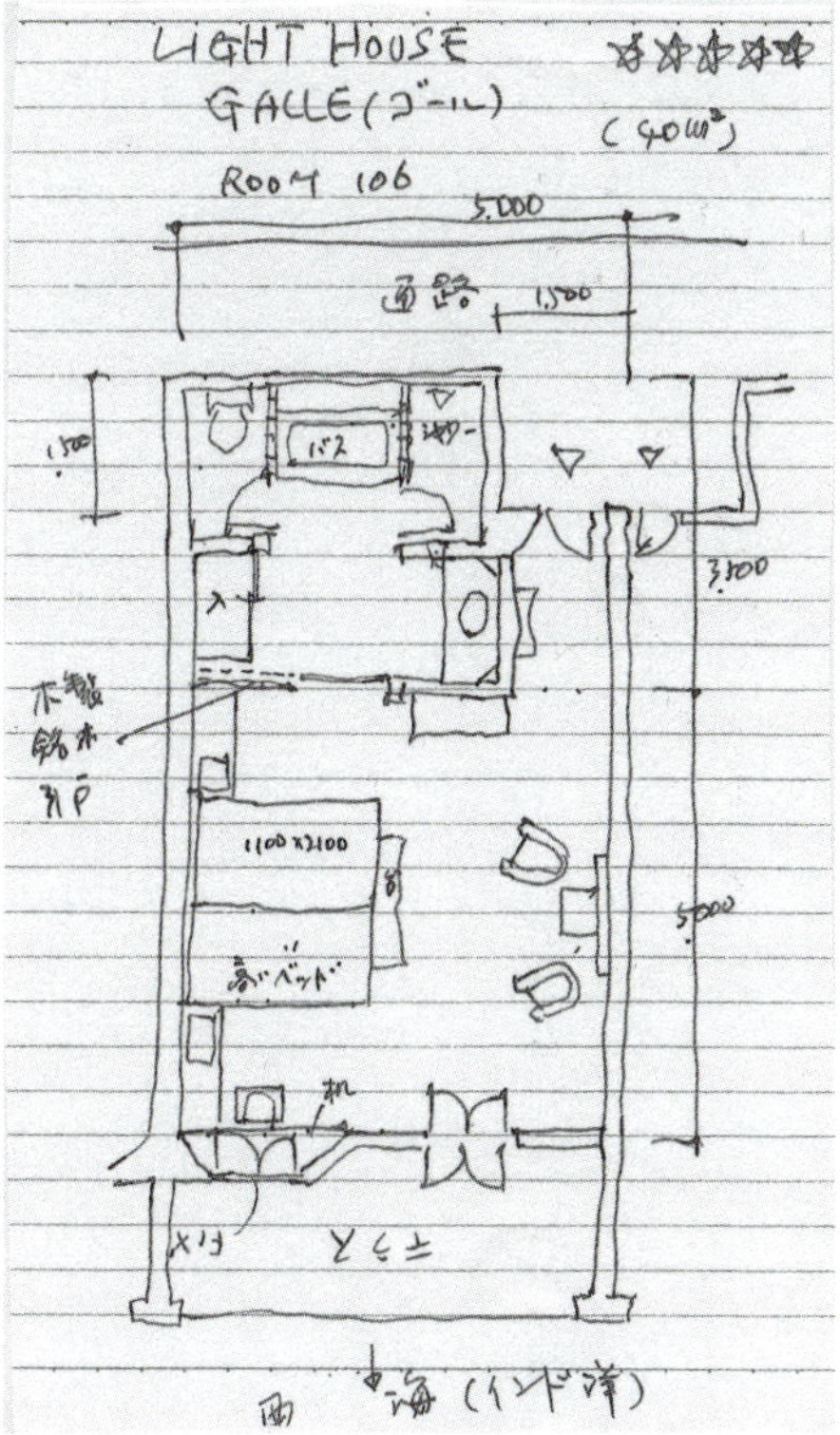

ホテル・ライト・ハウス・ゴール
著者が宿泊した部屋の平面図（日記より）

ジェット・ウィング・ライトハウス「ポルトガル軍の進攻」ラキ・セナナヤケ作
ゴール

フリッツ・ヘーガー
1877～1949 Fritz Höger

チリハウスはドイツ表現主義の建築を語る上で欠かすことの出来ない建物である。この建物のある限り、フリッツ・ヘーガーの名は永久不滅のものとなる。

ハンブルグ中央駅に向かって突き進んでいく巨大な船の形をしたこの建物は、ヘーガーのデザインの特徴をよく表している。外壁全面を取りまく垂直線のリズムは彼独特のものである。上部3層はセットバックしており、S字形にカーブした水平線が強い表現を見せ、まさに表現派的建築となっている。出入口、アーケード、軒などに見られる彫りの深い装飾彫刻は、やはり表現派のものであるが、ディテールをよく見ると、キュビズムやアール・デコに通じるデザインとなっている。隣接する建物、シュプリンケンホフも彼のデザインであるが、こげ茶色のレンガに白い窓の規則的な配列は、北ドイツ表現派の一つの主流となっている。

控え壁の形をした連続する垂直線は、アール・デコのデザインにもとり入れられ、日本でも戦前の商店建築によく使われた。一方でヴィルヘルムスハーフェン市庁舎やホーヘンツォレルン広場の教会（西ベルリン）は、単純な矩形をしており、既にモダニズム的ではあるが、金色に塗られたクリンカータイルを随所にちりばめた外観が妙に美しく、表現主義の末期的成熟を示しているように思えてならない。

ヘーガーは建築家でありながら、スタッフには「棟梁」と呼ばせることを好んだ。元来が職人気質の強いドイツ人、彼もまた職人的生き方をしたかったのだろう。1920年代には数多くの優れた作品を生み出したが、ナチスの時代に入るとほとんど仕事がなくなり、まさに第二次大戦の被害者と言える不遇な晩年であった。

シュプリンケンホフ
ハンブルグ

チリハウス　ハンブルグ

ベルンハルト・ヘットガー
1874~1949 Bernhard Hoetgar

北ドイツ神秘主義の典型的な建築家として、ベルンハルト・ヘットガーの名があげられる。

40歳までは彫刻家だったヘットガーの代表的作品は、ブレーメンにあるベットヒャー通りの建築である。ベットヒャー通りの入口にあるパウラベッカー・モーダーゾーン・ハウスと、奥の方にあるハウス・アトランティスがそれである。

ベットヒャー通りとは、カフェインを除去したコーヒーで大儲けをしたルードウィヒ・ロゼリウスという人物が、ブレーメンのマルクト広場とヴェーザー河を結ぶ小路を、北ドイツ文化の粋を集めた通りにしようと、美術館、銀行、レストラン、クラブ、劇場、図書館、店舗などを並べた「複合文化施設」として再計画した街並みのことである。

初め、設計はルンゲ&スコットランド事務所に依頼された。しかし、その出来栄えに満足できなかったロゼリウスは残りの部分をヘットガーに依頼した。

ヘットガーの二つの作品、パウラベッカー・モーダーゾーン・ハウスは、夭逝した画家の名に因んだものであり、ハウス・アトランティスは当時から有名であったアトランティス大陸の仮説をテーマとした建物である。

ハウス・アトランティスの「天国の間」は、天井が青と白のガラスブロックでおおわれており、不思議な空間を演出している。また、その外観はフリッツ・ラング監督の映画「メトロポリス」からとったらしく、劇中に登場する建物に大変よく似ている。若き建築家堀口捨己は、ヨーロッパ行脚の際、ブレーメンに立ち寄り、この建物を目にした感激を『近代建築の目撃者』（佐々木宏著）の中で語っている。

ではそのヘットガーは建築家になるまで、どう過ごしていたのだろうか。彼は１８７４年ドルトムントに生まれ、デュッセルドルフの芸術アカデミーを卒業後、パリに学ぶ。１９１０年ダルムシュタット芸術家村の教授に招かれ、芸術家コロニーの一員として活躍する。この時代、彼はまだ彫刻家であった。ダルムシュタットの主要な建物のほとんどを設計した天才オルブリッヒは、その2年前に夭逝しており、出会うことはなかった。

40歳になったヘットガーはブレーメンの郊外、ヴォルプ

ベットヒャー通りの家
ブレーメン

パウラベッカー・モーダーゾーン・ハウス
ベットヒャー通り
ブレーメン

ハウスアトランティス旧外観
ブレーメン

スヴェーデに自邸を建て移住する。ここから彼の建築家としての人生が始まった。

　このあたりの経歴は、同じダルムシュタット芸術家コロニーの仲間で、画家から建築家となったペーター・ベーレンスとよく似ている。

　ヘットガーはその後「第2の自邸」「カフェ・ヴォルプスヴェーデ」「TET都市」などを設計し、ナチスドイツに運命をもてあそばれながらも天命を全うした。

　今日でもブレーメンを遠望する丘の上に、彼独特の特異なモニュメント「ニーダーザクセンシュタイン」が立っている。

ニーダーザクセンシュタイン　ヴォルプスヴェーデ

カフェ・ヴォルプスヴェーデ
ヴォルプスヴェーデ

ヘットガー　第二の家
ヴォルプスヴェーデ

ミュンヘン

作家トーマス・マンは「ミュンヘンは輝いていた」という一文を書いている。

19世紀末、バイエルン州の州都である、ミュンヘンは文字通り芸術の都として輝いていた。

1892年ウィーン分離派に先がけて、ミュンヘン分離派（ゼツェッシオン）が結成された。その初代総裁は画家であり建築家でもあったフランツ・フォン・シュトゥックであった。それに呼応するように理想を抱く芸術家達が各国から集まってきた。

作家のトーマス・マン、詩人のリルケ、ハイネ、画家のポール・クレー、カンディンスキー、建築家を目指したペーター・ベーレンスなど。

彼らの多くはまだミュンヘンの郊外であったシュヴァービングに住んだ。シュヴァービングには「美術大学」が建てられ、ミュンヘンよりも早く電灯がついたという。

1897年にミュンヘンで開かれた国際博覧会に彼らの多くが参加した。ミュンヘンは「芸術革新」の理想に燃えた人々の「刺激に満ちた街」となっていったのである。

さて、ミュンヘンのアールヌーヴォーの建築家で一番有名なのは、何といってもアウグスト・エンデルであろう。彼のデザインした「エルヴィラ写真館」は奇妙な建物だった。当時の写真の撮影技術では動いてゆく直射日光は厳禁で、採光は天窓か、北側の窓からとった。したがってスタジオのある2階の通り側のファサードは全て壁になってしまった。

もともとエンデルは絵が不得意だった。「見た物を素早くスケッチすることもできない」と本人が言っている。しかし、転機はやってきた。1895年、パリから刺繍家のオブリストがやってきて、交友関係を結んだのだ。オブリストの刺繍「アルプスすみれ」はまさにアールヌーヴォーそのものだった。エンデルは写真館の外壁を刺繍で飾った。いや刺繍の手法でデザインしたのだった。それを見た人は「竜のようだ」、「雲のようだ」といったり、「波のようだ」、「花のようだ」とそれぞれに批評した。賛否両論が起こり、エンデルは一躍有名になった。

それから何十年かが経った1923年、アドルフ・ヒットラーという人物がナチス党を率いて、武装蜂起した。そのの革命の試みは失敗し、ヒットラーは服役する。そして出

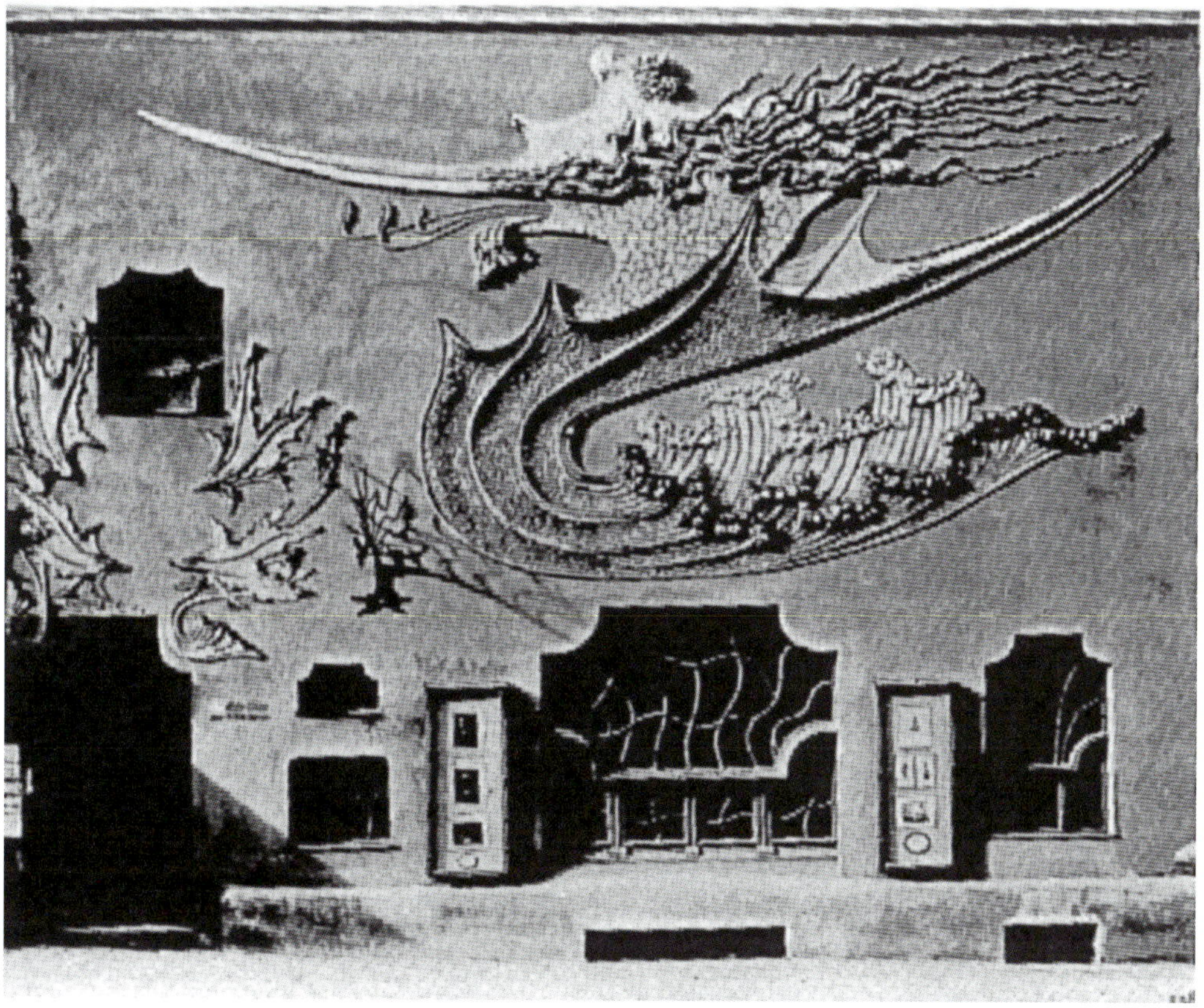

エルヴィラ写真館　アウグスト・エンデル

Jugend Stilhaus Ainmillerstrabe "Heury Holbig, Ernst Haigen"　シュヴァービング

所後再びナチス党を率いて、やがて、ドイツ第三帝国の総統となる（1933年）。若い頃ウィーンで画家になるべく勉強していたヒットラーだけに、彼一流の芸術観を持っていた。ミュンヘン在住の頃のヒットラーは、エルヴィラ写真館を醜悪な建物として見ていたようだ。ヒットラー総統は、このアールヌーヴォーにとって記念碑的作品を退廃芸術として無残にも破壊してしまった。

住宅
Villa Bechtolsheim Martin Dülfer

集合住宅 Wohnhaus Martin Dülfer
シュヴァービング

Wohnhäuser Martin Dülfer

フランツ・シュトゥック

シュトゥックはミュンヘンで「芸術家の王様」と呼ばれていた。

画家であり、アールヌーヴォーの範疇に入る幻想的な、あるいは退廃的な絵を書いた。一方、王室に出入りする肖像画家でもあり、写真が未発達の時代、貴族たちが競ってシュトゥックに肖像画を注文した。したがって彼は裕福であった。

ミュンヘン分離派の会長でもあったシュトゥックは彼自身のために、ヴィラとアトリエを建てた。ヘイルマンとリットマンの設計で外観こそ伝統的様式から脱却していないが、内部は装飾に満ちあふれ彼自身の創作が多数飾られ、妖しげな魅力を発揮している。

現在ヴィラ・シュトゥックは修復され、公開されている。館内ではシュトゥックの手掛けたインテリアや絵画を鑑賞することができる。

シュヴァービングは発展して、ミュンヘンの一部となり、賑やかな街となっている。その中に大規模な集合住宅もたくさん建てられ、アールヌーヴォー様式も多く見られる。

ヴィラ・シュトゥック
フランツ・フォン・シュトゥック
ミュンヘン

MUSEUM VILLA STUCK
フランツ・フォン・シュトゥック　ミュンヘン

バーデン・バーデン／マンハイム

南ドイツにも多くはないがアールヌーヴォー（ユーゲントシュティル）の建物が散見される。

バーデン・バーデンには市庁舎に続く商店街に１９０５年、１９０６年と書かれた可愛らしい建物が存在する。

マンハイムの芸術ホールはフリードリヒ広場に面して堂々たる正面を見せ、規模といい、デザインといい、上位にランクされていい建物だ。

集合住宅　バーデン・バーデン

商店のサイン　バーデン・バーデン

Kunsthalle（芸術ホール）Hermann Billing
マンハイム

ワイマール／エアフルト

ゲーテとシラーとリストの街ワイマール。ワルター・グロピウスによって創設された「バウハウス」もある。歴史的には1919年に民主的憲法である「ワイマール憲法」が制定され、ドイツで最初の共和国が誕生した街でもある。

さて写真①は、はっきりとアールヌーヴォーとは判定できないが、それを意識して建てられたことは明らかだ。下の方は対称形で、中央にボーウィンドウがあり、ライオンの像がつくアーチが目を引く。4階の窓上に一見東洋的な匂いもする女神像があり、この辺りから対称形からはずれていって、最上階で破調を迎える。よく見ていくと、なかなか心憎い設計だ。写真②の銀行のビルは石造で彫刻も施され、フィンランドで流行したナショナル・ロマンティシズム系の建物だ。こちらも中央にボーウィンドウが付き、像は多分、熊だ。

そして1階、2階は対称形、3階から上は破調で、窓の支柱には「怒れる男」の装飾が付く。最上階の破調には由緒正しい半円形の窓があり、アカンサスの葉の装飾まであって、最後は再び「怒れる男」の装飾でしめてある。なかなかにうまい設計だ。

①集合住宅　ワイマール

②銀行　ワイマール

バーンホフ通りの住宅
エアフルト

ヴォルプスヴェーデ

芸術家村として有名な所が、3ヶ所ある。ドイツのダルムシュタット、ハーゲン、そしてブレーメン近郊のヴォルプスヴェーデである。そこに画家のフォーゲラーが自ら設計した住宅がある。シンメトリーのなかなか形の良い建物だ。

フォーゲラー設計の自邸

ヴィースバーデン

ヨーロッパの温泉のある都市には決まってアールヌーヴォーの建物があるようだ。ハンガリーのブダペスト、チェコのカルロヴィヴァリ、マリアーンスケー・ラーザニェ、フランスのヴィシー、ロシアのキスロボーツク、ドイツのバーデン・バーデンなど。フランクフルト近郊のヴィースバーデンにもいくつかのアールヌーヴォー建築があった。写真①は用途不明だが、石造の堂々たる構えで、折衷的でもあるが、塔上の人物像と有翼の背の高い鳥（鷲か）は明らかにアールヌーヴォーのものである。②のパラスホテルの女人像は定番。③は写真がよくないが、窓や装飾、人面などいかにもアールヌーヴォーだ。④は擬アールヌーヴォーとも言えるが、それぞれの窓と控え目の装飾が良い。

なお、オルブリッヒの建物が多く見られるダルムシュタットの芸術家村が30㎞も離れていない至近距離にある。

②パラスホテル

①用途不明

③店舗付住宅

④店舗付住宅

ピエトロ・フェノーリオ

1865~1927 Pietro Fenoglio

アールヌーヴォーの大きなうねりは、イタリアにも強く波及した。とりわけ盛んだったのがミラノ、トリノ、そしてシシリー島のパレルモである。他にもフィレンツェやナポリ、ペサロにも波及、この種の建物が建てられた。

イタリアのアールヌーヴォーは「リバティ様式（リバティ・スタイル）」と呼ばれるが、この名前はアーサー・レイゼンビー・リバティがロンドンに設立した「リバティ商会」によっている。リバティ商会は、テキスタイル（布地）を扱う会社で19世紀末の英国で人気があった。それが家具や銀器も扱うようになり、特にアーチボルト・ノックスの銀器は大人気を博し、商品が増えたリバティ商会は百貨店化していった。彼のデザインはまさにアールヌーヴォーのそれだったのである。この過程で「過去にとらわれない新しいスタイル」が評価され、新しい芸術のことを「リバティ様式」と呼ぶ傾向が出てきた。ただ、フランスではプライドからか、新様式をサムエル・ビングの店の名前にちなんで「アールヌーヴォー」と呼んだ。元々、ドイツやオーストリアではゼツェッシオン（分離派）と呼ばれていたので、イタリアの新様式だけが「リバティ様式」として定着していったようだ。イタリアでこれに分類される建築家にはライモンド・ダロンコ（トリノ）、ジュゼッペ・ソマルーガ（ミラノ）、ジョヴァンニ・ミケラッツィ（フィレンツェ）、ジュゼッペ・ブレガ（ペーザロ）、エルネスト・バジーレ（パレルモ）、そしてピエトロ・フェノーリオ（トリノ）らがいる。

1902年、トリノで開かれた博覧会の主要施設は、公募によってダロンコの案が採用された。従来の形にとらわれない、ダロンコの新しい造形のインパクトは大きかった。このトリノ博覧会の推進者の一人であったのが、ピエトロ・フェノーリオである。

フェノーリオの最盛期はその頃であり、この年に彼は、最高傑作と言われるフランチャ街のアパート、スコット邸、フェノーリオ自邸を同時に完成させている。前者はオルタのベルギー・アールヌーヴォーに近い雰囲気を持ち、後の2つはロココを発展させた様式のものだ。

彼は生涯に、100を超える作品を世に出したが、第一次世界大戦の勃発により、突如、建築を捨て、銀行家に転じてしまった。

フェノーリオ邸
トリノ

スコット邸
トリノ

フェノーリオ邸　トリノ

スコット邸

ジョヴァンニ・ミケラッツィ
1879〜1920 Giovanni Michelazzi

ミケラッツィの作品はほとんどフィレンツェにある。フィレンツェと言えば、ルネサンスの発祥地。街全体がルネサンスの建物で占められている中で、ミケラッツィのリバティ様式の建物は、「超」異彩を放っている。旧市街に隣接するボルゴニサンティ街のギャラリーは間口の狭い5階建。1階、2階がギャラリーで、それ以上は住戸となっている。

5階の窓は楕円形、2階の窓は変則の馬蹄形、その窓には左右に有翼の獅子らしきものが配され、パラペットにも正体不明の有翼獣、その他にも大口をあけて吼えるライオンや月桂樹の冠をかぶり眼光鋭い男の像が2対。これでもかというほどアールヌーヴォーの特徴を詰め込んでいる。

どうしてこうなったのか。

ミケラッツィはローマに生まれた。そして父親についてフィレンツェに移り、フィレンツェ美術アカデミーを卒業し、ジョヴァンニ・パキャレリの事務所で働き始めるが、間もなく自分の事務所を開設する。

彼の略歴を書いた本には、トリエステに学びその後ウィーンのワーグナーのもとで学んだとあるので、事務所開設後にウィーンに出向き、ワーグナーのもとで働いたと思われる。

その頃のワーグナーの周りには、オルブリッヒをはじめホフマン、プレチニックなどゼツェッシオンの錚々たるメンバーがいたので、最新のデザイン技術を身につけられたことは想像に難くない。

フィレンツェに戻ったミケラッツィは、住宅を中心に精力的な設計活動を再開する。フィレンツェには一時的に統一イタリアの首都がおかれたため活気があり、リバティ様式の全イタリア的流行とも相まって、フィレンツェ派として認知されるようになる。

とりわけランプレーデ邸は、有翼の獅子像を両翼に配した住宅で、翌年建てられるボルゴニサンティ街のギャラリーを予見させるたたずまいである。

ミケラッツィの最高傑作はブロッジ・カラチェーニ邸である。この住宅は当時にしては珍しい鉄筋コンクリート造で、2階建ての壁式構造をもつ。窓はアールヌーヴォー特有の曲線を描き、ステンドグラスに彩られている。特筆すべきは内部で、中央の階段室が吹き抜けになっていて、ス

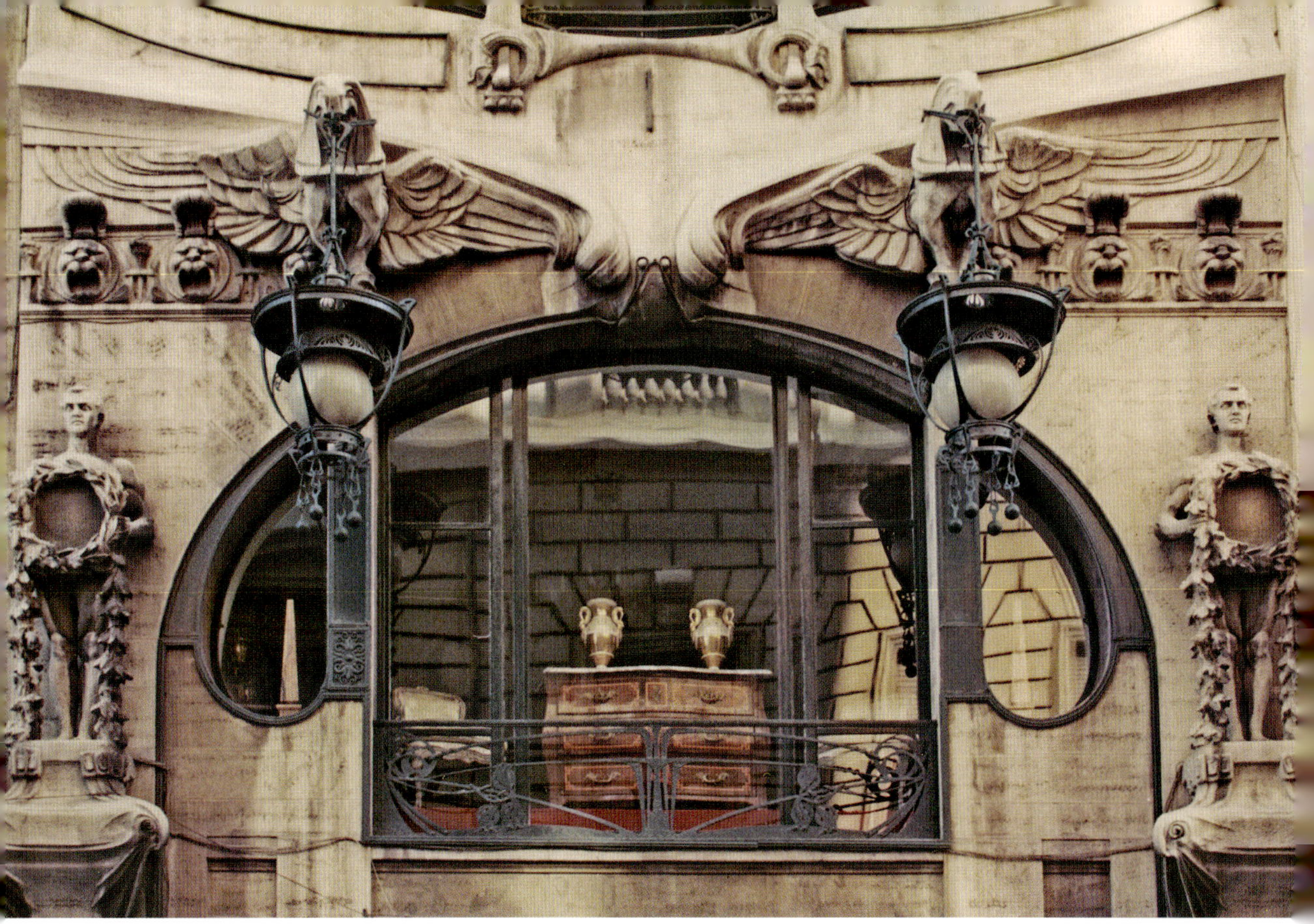

ボルゴニサンティ街の家
フィレンツェ

カイライトには蜘蛛の巣が描かれ、大きな女郎蜘蛛が眼を光らせている。

　天井にはまた、キーニによるフレスコ画が輝き、華やかさを演出する。階段は植物のモチーフによる鋳鉄製で、竜をイメージする手すりがからみついている。まさにイタリア・リバティ・スタイルの結晶といえよう。

　ミケラッツィは1920年、41歳でその短い一生を終えた。アールヌーヴォーと共に生まれ、共に生き、そして死んだ。世紀末に花開き、第一次大戦の勃発と共に衰退したアールヌーヴォーの申し子と言える。

ボルゴニサンティ街の家
フィレンツェ

ブロッジ・カラチェーニ邸
フィレンツェ

ブロッジ・カラチェーニ邸　ホール天井
『CASA VOGUE』より

ランプレーデ邸
フィレンツェ

ジュゼッペ・ソマルーガ

1867～1917 Giuseppe Sommaruga

イタリアのアールヌーヴォーの建築家もユニークな人が多いのだが、そのほとんどが一つの都市のみで活躍した。それに比べて、ソマルーガが設計した建築物は、ローマ、ミラノ、トリエステ、ヴァレーゼなど北イタリアの各地に点在する。これは、それだけ彼の人気が高かった証と言える。

ソマルーガはミラノに生まれた。地元のブレラ美術アカデミーで学び、続いてミラノ工科大学を卒業し、ルイジ・ブロッジの事務所で働く。初期にはローマ、ブエノスアイレスの２つの国会議事堂のコンペなどに応募して腕を磨いた。最大の転機は１９００年に設計を始めたパラッツォ・カスティリオーニの完成で訪れた。この規則的な窓割をもった４階建、石造の端正な建物には、ウィーンのオットー・ワーグナーの影響が見られると言われている。ややルネサンスの趣きのあるこの建物には、玄関の両脇に二人の裸婦像があり、これが「不謹慎」だと非難され、ソマルーガはこれをすぐさま別の建物に移してしまった。この建物以後、ソマルーガのデザインはアールヌーヴォーを極める方向に進み、カスティリオーニ家、ファッカノーニ家などの富裕層に支持され、さらにまたヴァレーゼの鉄道会社やホテル会社から大規模な建築の注文が舞いこんだ。

50年という決して長くはない人生だったが、その後半生は仕事に恵まれ、才能を存分に発揮することが出来た。

１９０４年セントルイスで開催された万国博のイタリア館の設計によってゴールドメダルを受章。ミラノ大聖堂のファサード委員会のメンバーにも選ばれ、建築界に影響を与え続けた。後にリバティ建築研究の第一人者ロッサナ・ボッサーリアは「イタリア・リバティとはソマルーガそのものである」と書いた。

ヴィラ・ロメオ

パラッツオ・カスティリオーニ　ミラノ

パラッツオ・カスティリオーニ

ヴィラ・ロメオ　移転した裸婦像　ミラノ

エルネスト・バジーレ

1857〜1932 Ernesto Basile

バジーレはシシリー島のパレルモに生まれた。父ジョバン・バジーレはパレルモ大学建築科の教授であり、かつパレルモ市の建築監督を兼ねていた。その父にバジーレは英才教育を受ける。長じて世界各地を旅行し新しい潮流にもふれた。

1881年、ローマに移りエンリコ・ブーイの助手となり、講師に昇格してからは国会議事堂のコンペで入賞し、いよいよ建築家として注目されるようになった。1888年ブラジル政府に招かれ、リオ・デ・ジャネイロの都市計画に携わると、翌1891年にはパレルモ全国博の会場設計を行い世界的な建築家となった。同年父親が死去し、事務所を継いでからのバジーレは、パレルモを拠点として世紀末のイタリア・リバティ様式の旗手として、華々しく活動するようになる。

当時パレルモにはフローリオ家やウィタケル家という富豪がいてバジーレのパトロンにもなっている。彼がローマに建てた国会議事堂の下院は、内部にアールヌーヴォーの装飾が施され、政府の建物としては異色の建築となった。主要作品としては他に自邸、フローリオ邸、ファッシーニ

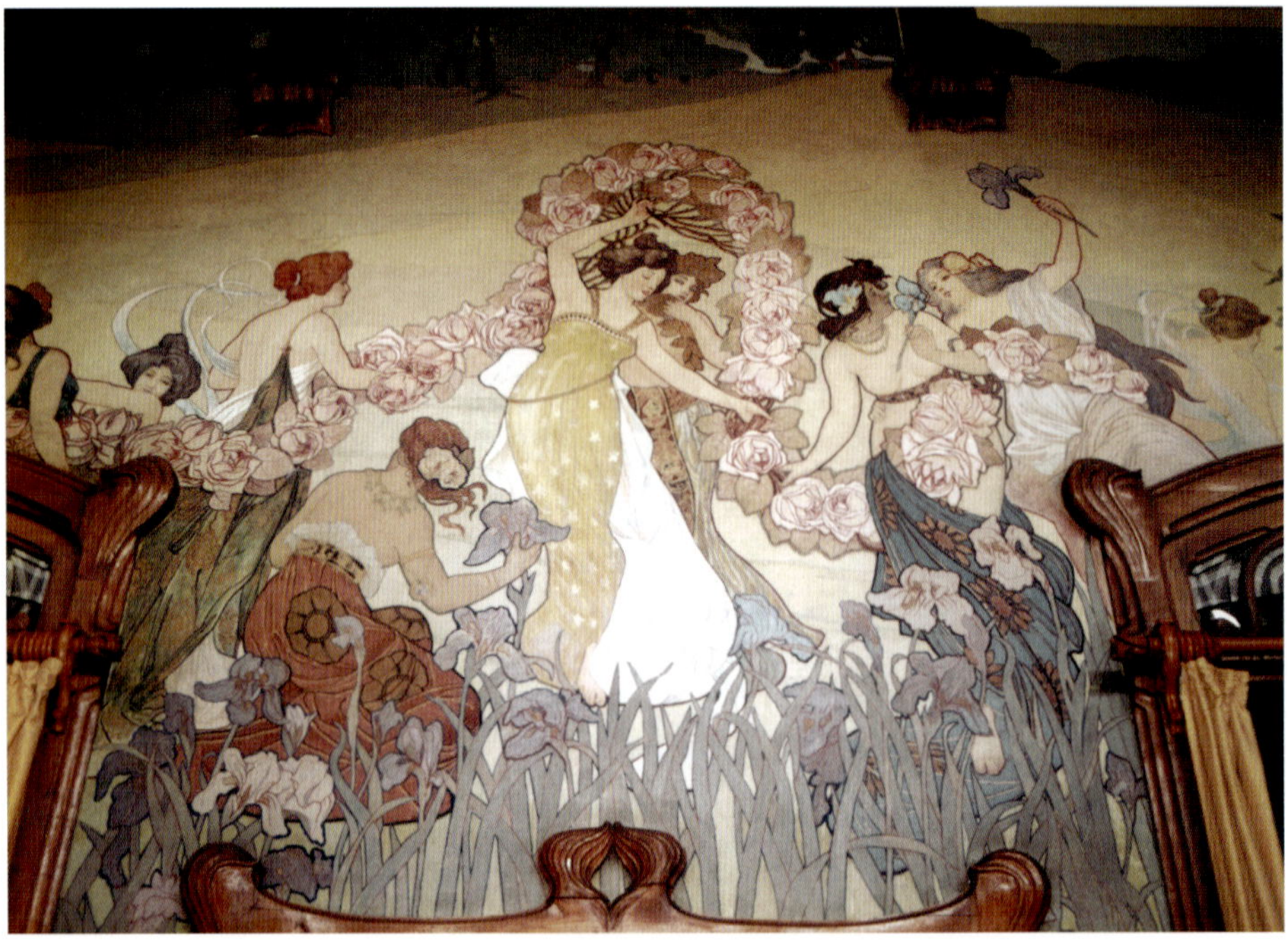

ヴィラ・イジエア　ホールの壁画
パレルモ

グランドホテル　ヴィラ・イジエア
パレルモ

フローリオ邸　パレルモ

邸、リカタ市庁舎、カルタジローネ発電所、グランドホテル・ヴィラ・イジエアなどがある。

グランドホテル・ヴィラ・イジエアはパレルモ市内にある大きなホテルで、宴会場の内装は華麗なアールヌーヴォー様式で満たされている。このホテルはミラノ出身の映画監督ルキノ・ヴィスコンティの常宿となっていて、名作「山猫」の撮影中、スタッフと共にこのホテルに泊まり込んだことでも有名である。筆者も2000年頃このホテルに泊まり感動に浸った。

リカタ市庁舎
リカタ

バジーレ自邸　パレルモ

ジュゼッペ・ブレガ

1877〜1960 Giuseppe Brega

ベルギーのポール・コーシーもそうであるが、このジュゼッペ・ブレガもまた、アールヌーヴォーにおける「一発屋」の人である。

その「一発」の作品は、イタリア東部アドリア海に面したエミリア・ロマーニャ地方の小都市ペーザロにある。海岸に続くプロムナードに建つ、ヴィラ・ルッジェリがそうである。

ブレガはウルビーノ生まれ。1898年にウルビーノ美術学校を卒業し、その年にオレステ・ルッジェリによって設立された実験工房「チェラミカ・ルッジェリ」に入る。このヴィラの建主、オレステ・ルッジェリはもともと製薬業であったが、美術愛好家としても知られていた。ルッジェリはこの工房から、新しい工芸運動を起こそうとしていた。

ジュゼッペ・ブレガはこの工房に陶器デザイナーとして勤務した。そこでの彼の仕事ぶりから、ルッジェリは彼の才能に惚れ込んで、この自邸でありまた実験的住宅でもある家の設計を任せたのである。若いブレガに、運動の実践者として白羽の矢を立てたのであろう。

では建物を見てみよう。正面は、まるで海藻をまとった天女の衣のようなデザインで、それが花々に囲まれている。これが人間の顔に似ているという人もいる。

この華やかなデザインはモルタルの可塑性に注目したブレガが、鉄筋入りのモルタルで造ったもので、表面は漆喰塗である。側面はやや地味になり、背面に至っては三角屋根を持つボーウィンドウがあるだけで、通りがかった人は、これがアールヌーヴォー建築だとは気付かずに通り過ぎてしまうかもしれない。ブレガは組積造2階建のこの小さな住宅の、通りに面する正面部分に装飾エネルギーの全てをつぎ込んだと思われる。

この、装飾の極みとも言える表現は、ナチスによって壊されてしまった今は無きミュンヘンのエルヴィラ写真館に通じるものであると、私には感じられる。

ブレガは建主の期待に充分に応えた。1902年から建設に5年かけたこの住宅は、イタリア・アールヌーヴォー建築「リバティ・スタイル」の代表作の一つとして、今も輝いている。残念ながらブレガの他の作品もその後の人生も、ほとんどが後世に伝わっていない。

ヴィラ・ルッジェリ
ペーザロ

ヴィラ・ルッジェリ
ペーザロ

ヴィラ・ルッジェリ

ジュリオ・ウリッセ・アラタ

1881~1962 Giulio Ulisse Arata

イタリアは「北高南低」と言われてきた。つまり、北の方は産業が早くから発達し、経済的に豊かで、必然的にその恩恵を享けて芸術も昇華した。その代表的な都市がフィレンツェであり、ミラノであった。

ミラノは伝統的に貴族の街である。貴族達は永い間に結婚を通じて「人種改良」を続けてきた。そして強い男と美しい女となるよう、血統を磨いてきたのだ。私がメーキャップ参加したミラノロータリークラブの例会メンバーは、全員背が高く、美男であった。有名な映画監督であるルキノ・ヴィスコンティの容姿を見てもそれがわかる。彼はミラノの代表的な貴族の出身である。

そんなミラノのヴェネティア大通りに、ジュゼッペ・ソマルーガの設計したパラッツォ・カスティリオーニが完成したのは、１９０３年のことだった。この建物は完成早々、市民の非難の的となった。正面玄関の一対の裸婦像が「あまりにも淫らだ」というのだ。ソマルーガはそれを、あっという間に彼のもう一つの作品の方に移してしまった。いきなりケチがついてしまったが、パラッツォ・カスティリオーニは外壁が花崗岩で覆われていながらも規則的な窓が軽快であり、適度な装飾とも相まって、ミラノの新様式として評判となった。

この時、アラタは22歳であった。彼は１９０９年にミラノのブレラ国立美術アカデミーを卒業し、そのまま自分の設計事務所を開いているので、おそらく、パラッツォ・カスティリオーニに影響を受け建築家を志したと推測される。

そのアラタにチャンスがめぐってきたのは2年後だった。パラッツォ・ベッリ・メレガリの設計依頼があったのだ。その敷地はパラッツォ・カスティリオーニから街区をわずかに一つ隔てた角地にあった。アラタはパラッツォ・カスティリオーニを意識して、外壁を石で囲ったが、古典様式やルネサンス様式も盛り込み、子供や獅子頭をあちこちに配置し、柱頭はカラフルなモザイクで飾った。設計図には、実際には造られなかったが、一組の裸婦像までもが用意されていた。

この建物に決定的にインパクトを与えているのは、玄関ホールのアール・デコ的ステンドグラスの前にある、E・ウィルスによる婦人の頭部彫刻である。小さな羽根を持った若い婦人の頭部。何かを訴えかけるように口を開いてい

パラッツオ・ベッリ・メレガリ　ミラノ

て、今にも翔んでいきそうである。この彫刻を見た多くの人が、忘れられない思い出として、記憶に刻んでいくことだろう。

彼の建築物は、作品としてはあまり多くが残されていないようだが、現存するいくつかの建物はいずれも、外観は重厚、内部は華やかにしてミスティックな造りだという。

1912年に彼は友人のサンテリアと新しい芸術グループ「ヌアヴォテンデンツェ」を結成した。この運動はサンテリアの「未来的パース」によって世界中に影響を与えた。

パラッツォ・ベッリ・メレガリ
ミラノ

パラッツォ・ベッリ・メレガリ

トリノ

フェノーリオのヴィラ・スコットを訪ねて歩いてゆく途中に綺麗な住宅があった。「1900年」という銘板がある。通りの角に建つ大きな、かつ変形した設計だった。肝心のヴィラ・スコットは樹木が大きくなりすぎて、3連の窓以外ほとんど見えなかった。同じようにフェノーリオ邸のそばに、いかにもフェノーリオ風味の家があった。トリノはライモンド・ダロンコの出身地だが、彼はイタリア各地やトルコで活躍したので、故郷には自邸しか残さなかった。フェノーリオ、ダロンコ以外にも良い建築家がいたことがわかる。

CASTEGGIO通りの家

パルミエリ街のアパート
グッソーニ

フェノーリオ風味の家

集合住宅

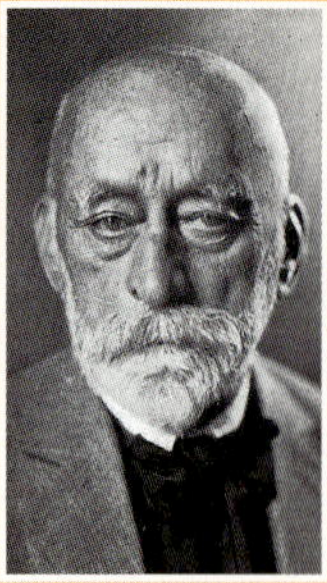

ヘンドリックス・ペトルス・ベルラーヘ

１８５６〜１９３４ Hendrik Petrus Berlage

ベルラーヘはアムステルダム派の嚆矢だと考えられている。主だったアムステルダム派建築家の活躍した年代と主要作品の完成年度を調べるとそれがわかる。（下段表参照）年度を追って見ていくと、アムステルダム派の主要人物がベルラーヘに影響されながら成長していく過程が見て取れる。

オランダは、地理的にドイツとベルギーに挟まれた国である。そのせいか、アムステルダム派の建築は、特異なプロポーションを持っているものが多い。

しかしながらベルラーヘの作品は、至ってオーソドックスである。これは彼のロマネスクへの傾倒を意味するものである。若い頃に薫陶を受けた師、カイペルスの影響もあるかもしれない。１８８９年に完成したカイペルス設計のアムステルダム中央駅は、堂々としたシンメトリーの正面を持ち、アムステルダムの街を睥睨しているが、これと対峙する形で、ベルラーヘの最も有名な作品、株式取引所が建っている。大きな建物である。ベルラーヘはこの建物の設計を41歳の時、設計競技で勝ち取った。当時のアムステルダムは、建築物の外壁仕上げをレンガに限定していた。

ベルラーヘ（78歳）	1856年〜1934年	株式取引所 ダイヤモンド労働者会館	1898〜1903 1899〜1900
メイ（71歳）	1878年〜1949年	海運ビル	1911〜1916
クラメル（80歳）	1881年〜1961年	ダヘラートの集合住宅	1922
クレルク（39歳）	1884年〜1923年	アイヘンハールの集合住宅	1918〜1919

アムステルダム株式取引所
アムステルダム

外壁コーナー　勇士の像

ベルラーへの銘板

そのため、株式取引所も例外ではなく、外壁は石とレンガで構成されている。厳格なレンガのイギリス積みと、規則正しい窓による外観は安定している。しかし、この建物の大きな特徴は、大ホールのアトリウムにある。

大きなガラスの天窓を持つアトリウムは、そのロマネスク的外観からは想像もつかない。鉄骨の梁を採用することによって荷重を軽くし、水平力は鉄骨のタイバーで処理している。ゴシック建築は水平力をフライングバットレスで処理したが、このタイバーによる処理は軽快で大層合理的にみえる。現代のアメリカで全盛である、アトリウム建築の元祖がここにある。

もっとも、天窓による採光は、この建物では印象的であるとはいえ、ベルラーへの「専売特許」というわけではない。有史以来の建築家が努力してきたことで、本格的トップライトの元祖としては18世紀イギリスの建築家ジョン・ソーンであろう。また、この株式取引所は、似たような内部構造を持つオットー・ワーグナーの郵便貯金局よりも数年早い完成である。

ベルラーへは78歳で没するまで、その作品、数多くの著作、講演によってオランダ建築界に大きな影響を与え続けた。まさに巨匠の人生であった。

アムステルダム株式取引所
アムステルダム

ダイヤモンド労働者会館
アムステルダム

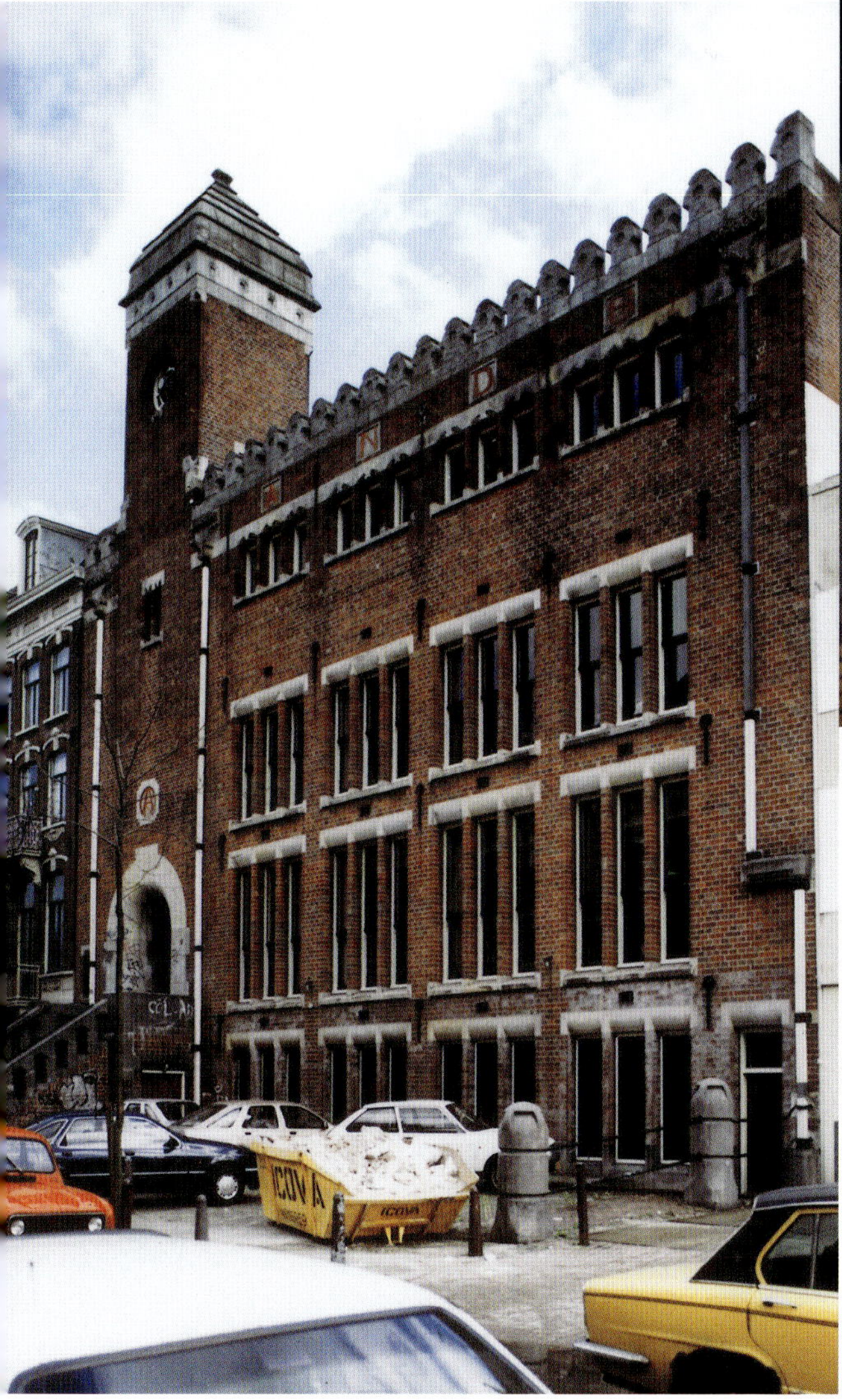

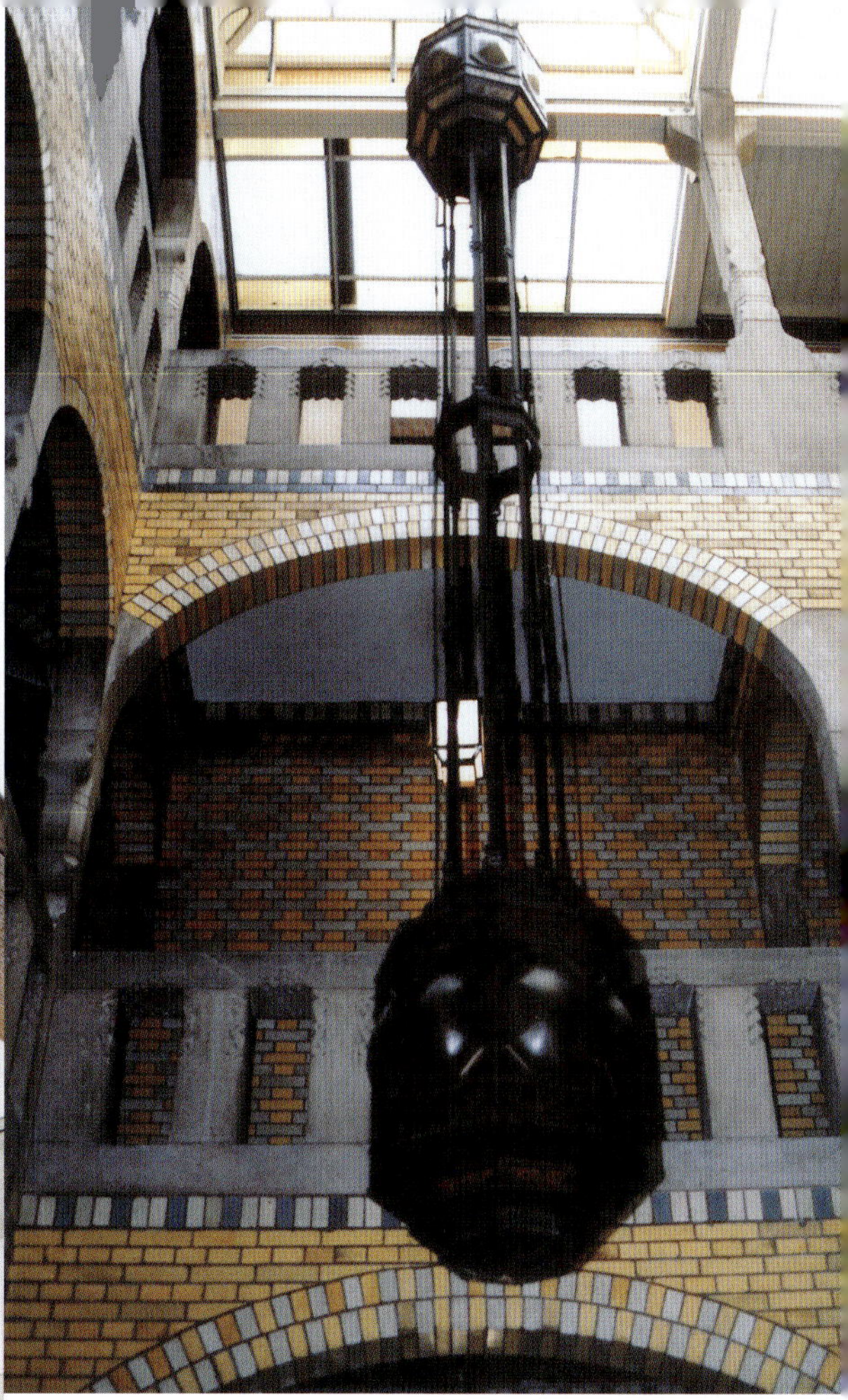

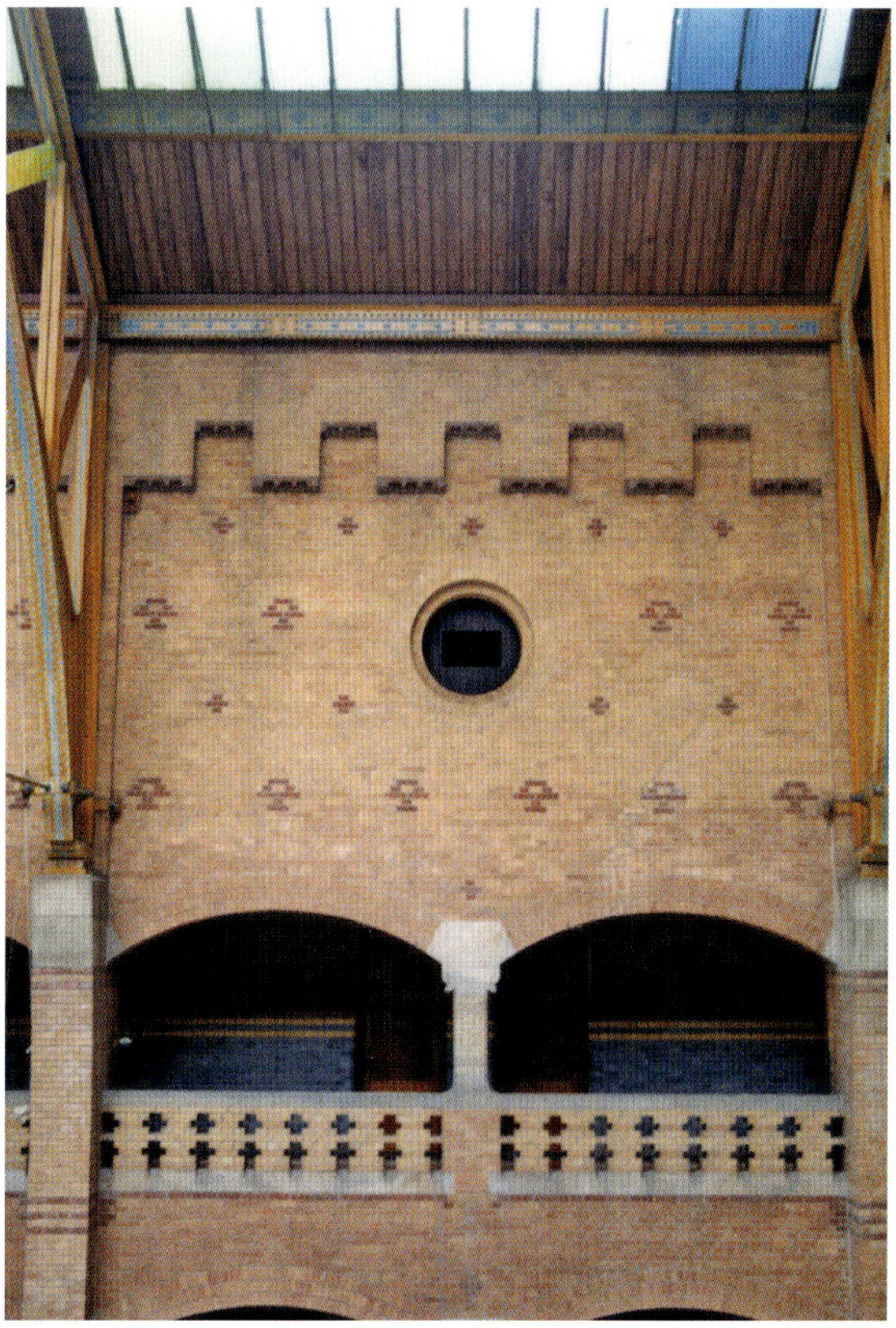

アムステルダム株式取引所　ホール内壁

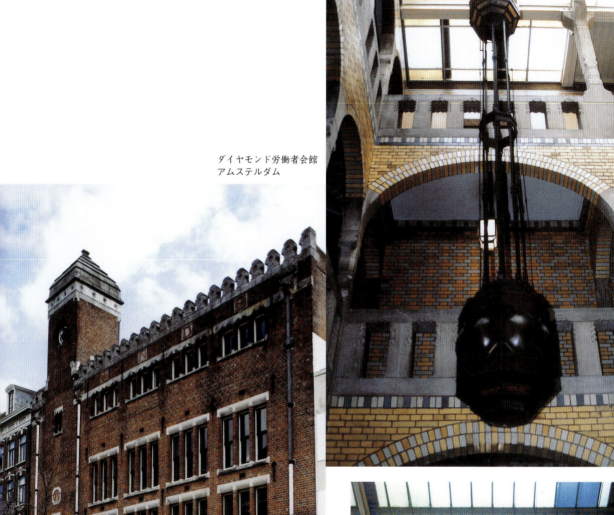

ウィレム・クロムハウト

1864~1940 Willem Kromhout

旅をすると常に運、不運がついてまわる。運が悪いとなかなか目的の建物に出会えない。

パリのモンマルトルにあるアナトール・ド・ボドのサン・ジャン・ド・モンマルトル教会は、わざわざ訪ねて行ったにもかかわらず、アベス駅で降りる所を通り越してしまい隣の駅で降りてしまったため、お目にかかれなかった。ウィーンのエンゲル薬局はラスケの代表的作品であるが、２回のウィーン訪問でいずれも１００ｍ以内の所を通過しながら出会えずにいる。（両方共後に出会えた。）

その意味で、クロムハウトが設計したアメリカンホテルとは縁があったと言える。

アムステルダム駅前のホテル案内所で紹介されたマースホテルへ向かっていた私は、全く驚いた。言われた電車の停留所のすぐ前が、お目当てのアメリカンホテルであり、その隣が私の泊まるマースホテルだったのだ。その時、アムステルダムはイベントの最中であり、ホテルは満室状態。私の部屋は安くもないのに窓が無かった。ためしにアメリカンホテルのフロントで空室を尋ねてみたが、部屋代は３倍かつ、一週間先まで予約満杯とのことで、いさぎよくあきらめた。

運は、アムステルダムでもう一度訪れた。

ファン・デル・メイの海運ビルに酔いしれて写真をとりまくっていた私は、半ば放心状態で、いつの間にか道路の真ん中まで出ていた。車の轟音で我に返った私は、私めがけて疾走してくる二台の車に気が付いた。10ｍも離れていない距離にバス、そして少し遅れて乗用車。乗用車は離れているが、スピードが早い。一瞬の判断で近いバスの側に跳んだ。乗用車もバスも少しもスピードをゆるめずに走り抜けた。

バスが駆け抜けて行った時、私との距離は10㎝もなかったように思う。ラッキーだった。「これからは余生だ」と、その晩しみじみと思ったことだった。

ところで、クロムハウトは努力型の建築家であった。ロッテルダムに生まれたクロムハウトは、ハーグの美術工芸学校に学ぶが、次いでウェーストラの工房で働きながらアカデミーの夜間講座に通う。それからJ・J・ウィンディンのもとで働くと、またその傍らでアントワープ・アカデミーの夜間講座に学んだ。こうした努力の甲斐あって、

アメリカンホテル　アムステルダム

1890年に独立した彼は、美術工芸学校の夜間講座で教えるようになる。

彼は建築雑誌『アルキテクトゥラ』の熱心なファンでもあったが、やがて自身が副編集長となり、1905年にはついに編集長になった。クロムハウトの建築家としての力は、編集や評論を通じて一層磨かれてゆくのだが、彼のゴシック好みは変わらなかった。

オランダ建築界にあっては、大建築家カイペルスのあとを継ぐ者としてベルラーへとクロムハウトの名が挙げられるが、表現主義的硬さの見られるベルラーへに対して、アメリカンホテルを見ると、クロムハウトには軟らかさと豊満さが見られる。この豊かさが、後のファン・デル・メイやクレルク、クラメルに大きく影響している。

クロムハウトは多くの計画案を残し、また博覧会のパヴィリオンなども設計したが、意外なほど実在する作品は少ない。その中で、このアメリカンホテルは代表的作品である。

けだし（ここまでに触れた数名もそうであったが）、代表的作品がたった一つであればこそ、建築家としての名を残すのだと言えるのかもしれない。

アメリカンホテル

アメリカンホテル

ヨハン・メルヒオール・ファン・デル・メイ

1878～1949 Johann Melchior Van der Meij

アントニ・ガウディをはじめとする、「カタルーニャ・モデルニスモ」の建築運動は、アールヌーヴォー芸術運動の一環だとする考え方が、今では一般的である。

しかし、それを一足早い表現主義の運動であると捉えなおした場合、どうなるだろうか。マッキントッシュやオルタのアールヌーヴォーよりも、ドイツ表現派やアムステルダム派の方に、そこに通ずる意匠が見受けられるのではないか。そういう目でアムステルダム海運ビルを見ると、なかなか面白い。

外観には表現派的力強さが溢れ、垂直線を強調するネオゴシックの特徴をも備えている。アムステルダム派らしく、外壁はベルラーへ譲りのレンガ積みで、骨組は鉄筋コンクリート造りである。屋上あたりの納まりは、直線的でキュビズムに通じる印象がある。外壁には随所に海をあらわす彫像が配置されている。それに負けず劣らず、錬鉄のメタルワークによる装飾もちりばめられている。これは、天逝した天才、クレルクの作である。同じアムステルダム派のクラメルも協力している。

メイ、クレルク、クラメル、いずれもカイペルス（アムステルダム中央駅の設計者）の事務所で研鑽を積んだ俊英である。設計時、メイが30代、クレルクとクラメルは20代という若さだった。

メイは、デルフトハイブンの生まれ。カイペルスの事務所に勤めながら、ウィーリンク工業学校で建築を学んだ。アムステルダム美術アカデミーのローマ大賞を獲得した後、市建設局に勤務し、美化委員会のメンバーにもなった。彼自身の作品は少ないが、代表作のアムステルダム海運ビルは、運河のほとりにあってさながら出港を待つヴァイキング船の如く、その特異な姿をとどめている。

アムステルダム海運ビル

アムステルダム海運ビル

アムステルダム海運ビル

ミハエル・デ・クレルク
1884〜1923 Michel de Klerk

もう少し長生きすれば、さらに凄い建築を生みだしたであろうと、夭逝が惜しまれる建築家が何人かいる。その双璧が、オーストリアのオルブリッヒと、このクレルクであろう。オルブリッヒが40歳、クレルクが39歳の若さで亡くなっている。

クレルクは小学校を卒業するとすぐカイペルスの事務所に勤めた。仕事のかたわら夜学へ通って建築を学んだ、苦労人であった。その頃、カイペルスの事務所にはファン・デル・メイがいた。この縁でクレルクはメイのアムステルダム海運ビルの設計を手伝っている。大建築家カイペルスの元に学んだことは、クレルクにとって幸せだった。身近でベルラーへの建物も見ることが出来た。

1910年スカンディナヴィアへ旅行し、帰国すると独立、本格的な設計活動に入る。この旅行で描いた多くのスケッチが、その後のクレルクの活動にとって大きな財産となった。

夭折の天才、クレルクの代表作は、エイヘンハールト集合住宅である。クレルクはこの建物で若い建築家らしい数多くの実験を試みている。正面の高い塔はこの集合住宅のシンボルであるが、これはコペンハーゲンのパレスホテルを引用したものと言われている。

ベルラーへ譲りの数多くのレンガのバリエーション、縦貼り、横貼り、斜め貼り、焼きすぎ。それからレンガのモニュメント、数種類の瓦、さまざまな形の窓、扉、出窓。コーナーは丸みを帯び、レンガは時に人の顔になったりもする。

この造形はまさに、アムステルダム表現主義の「顔」であり、クレルクはこの一作で近代建築史に不朽の名をとどめている。かえすがえすも、惜しい人であった。

エイヘンハールト集合住宅　第３ブロック　※クレルクの作品集には「Housing at spaarndammerbuurt」とある
アムステルダム

エイヘンハールト集合住宅　第１ブロック
アムステルダム

エイヘンハールト集合住宅　第３ブロック
アムステルダム

エイヘンハールト集合住宅　第3ブロック
アムステルダム

エイヘンハールト集合住宅
第3ブロック
アムステルダム

ピッテル・ロードウェイク・クラメル

1881〜1961 Pieter Lodewijk Kramer

アムステルダム派の建築運動は、ドイツ表現派と同質のものであることが、このクラメル作のデ・ダヘラート集合住宅を見るとよくわかる。

力強いマッスの表現、曲面を多用した素朴なレンガ壁、白い窓枠、など、など、など……。

1900年代はじめのアムステルダムでは、多くの集合住宅が建設された。その源泉となったのが「共同組合方式」であり、この建物の施主もデ・ダヘラート建築共同組合である。

この時期、アムステルダム市美化委員会の方針として、外壁にレンガ以外の素材を使うことは認められなかった。同時代にオランダ全体では「デ・ステイル」の建築運動が進んでおり、ユトレヒトやハーグといった大都市では、すでにモダニズム建築が多く建てられていたことも考え合わせると、随分と興味深いことである。

クラメルは、アムステルダム表現主義の機関誌『ウェンデインヘン』お抱えの、主要な建築家の一人であった。カイペルスの事務所にクレルクと共に勤め、ファン・デル・メイの海運ビル設計にも参加している。海運ビル設計において、アイアンワークがクラメルの担当だと言われている。

その他主要作品としては、デ・ダヘラート集合住宅のほかにデン・ヘルデルの船員組合などがあり、1917年には市建設局のデザイン顧問として、運河にかかる数百の橋も設計した。

デ・ダヘラート集合住宅

クレルクとの協作と言われているデ・ダヘラート集合住宅
アムステルダム

デ・ダヘラート集合住宅　アムステルダム

ヨハン・ルドヴィクス・マテウス・ラウエリクス

1864～1932 Johannes Ludovicus Mathieu Lauweriks

ハーゲンの大富豪、カール・エルンスト・オストハウスは、ヘッセン大公が造ったダルムシュタット芸術家村に触発され、ハーゲンにフォルクヴァンク美術館を建設した。しかし、建設中にアンリ・ヴァン・ド・ヴェルドを知り、内装の設計を依頼する。かくして、外観はネオ・ルネッサンス、内装はアールヌーヴォーという類を見ない美術館が完成した。続いて、ハーゲン近郊に広大な土地を買い、そこに自宅と住宅団地を建てようと計画した。ダルムシュタットと同じ考え方である。その当時、オストハウスはペーター・ベーレンスとも知り合いで、悩んだ末に、敷地を3分割し、自宅の設計をヴァン・ド・ヴェルドに、残りの区画をベーレンスとベーレンスの紹介したラウエリクスに任せることにした。

ベーレンスはハーゲン市長のクノ邸及び数軒の建物を設計した。ラウエリクスは敷地を6分割し、6軒の住宅を設計した。さらにオストハウスの義弟のシュタイン邸も設計。いずれの建物もラウエリクスの持論である、モジュールに基づく「迷宮理論」を実践したものであった。

ラウエリクスの父は、オランダの大建築家カイペルスの事務所のチーフであり、ラウエリクスは少年時代をカイペルスの自宅の中で過ごした。そのためか「建築的」に早熟で、16歳で早くもカイペルスのフェリヌスエ芸術学校で教鞭をとった。以後、ラウエリクスは自らの勉学と教授職の「二刀流」を同時並行し、それは長く続いた。

ラウエリクスが実作した建築物はハーゲンのたった7軒の住宅のみであったが、その後もいくつかの学校の教壇に立つ傍らで、『リンク』誌、『ヴェンディンヘン』誌などを創刊した。彼は「神智学」を信奉し、ラウエリクスから影響を受けた芸術家は数多くいた。

アム・シュティルンバント通りの住宅
ハーゲン郊外

アム・シュティルンバント通りの住宅
ハーゲン郊外

アム・シュティルンバント通りの住宅

アムステルダム

オランダのアールヌーヴォーは主としてアムステルダム派による建物で表現主義的な設計だが、それ以外にデン・ハーグやユトレヒトにも存在する。

トゥスヒンスキー劇場　H.L.de Jong

劇場　装飾はクレルク風

ユトレヒト保険会社
「スタール」

２軒の集合住宅

ユトレヒト

ユトレヒトに近いロッテルダムは工業都市で、第二次世界大戦により徹底的に破壊されたが、ユトレヒトは文化都市で、あまり被害を受けなかったようだ。そのせいか街を歩くと楽しくなるほど良い建物がある。

店舗付集合住宅

ユトレヒト中央郵便局

集合住宅

商店・個人邸

集合住宅

デン・ハーグ

2007年3月午後4時、スキポール空港に到着、その足で電車に飛び乗りデン・ハーグに向かい、午後5時には駅にいた。駅からホテルのありそうな方向に歩いていくと、オランダ到着後1時間ちょっとで、早くも綺麗なアールヌーヴォー建築に出逢う。写真を撮って反対側を見るとそこにも、少し離れた方にもまたある。という訳で、決して軽くはないリュックサックを背負ったまま始まってしまった探検、お腹が空く午後7時まで、デン・ハーグの街を歩きに歩いた。ふと見つけたホテルにチェックイン、左足の様子がおかしいので靴を脱いでみると、親指の爪がはがれていた。足を止める間もなく見て回ったハーグの街だが、本来の目的は、マウリッツハイス美術館にある、フェルメールの「真珠の首飾りの少女」と「デルフトの眺望」であった。ハーグにこれほどまでの数のアールヌーヴォー建築があるとは思わなかった。このあと、ベルギーのアントワープに向かうつもりでいたが、歩けばまたアールヌーヴォーにあたる。結局、次の日も朝8時から4時間半探索、その数44軒であった。ただし、素性がわかったのはデ・ウォルフのクル菓子店のみ。無名の建築であるのが気にならないほど、どれも素晴らしい。どういうわけか、ほとんどがベルギーのブリュッセル風である。オランダでは首都アムステルダムで、先に紹介したベルラーへやクレルク、メイによる美しい作品を見たが、それらはアムステルダム派のレンガを多用した建物だった。ところが、ここハーグはブリュッセル風。ガラスが大きく使われていて、もう一歩進化した感じの建物が多い。

地図を見て、なるほど、理由が判った。ハーグはアムステルダムとブリュッセルの中間にあり、ブリュッセルまで2時間とかからない位置にあるのだ。それに、連邦議会があるため、政治的・経済的にもブリュッセルとの結びつきが強い。44軒という数は、その後訪れたベルギーのアントワープよりも多く、アールヌーヴォーによる国境線が別に引けそうである。

オランディアマガジン社

クル菓子店　デ・ウォルフ

店舗付住宅

壁面レリーフ

商店入口

雑貨店

レストラン

百貨店

アントニ・ガウディ・イ・コルネ

1852～1926 Antonio Placido Guillermo Gaudi y Cornet

大建築家には、共通点がいくつかあると思われる。

まず一番目は、無名からスタートすることである。しごく当然のことなのだが、若い頃の未成熟でハングリーで、しかも夢多き時代を持つ事は、以後の大成に重要である。「初心忘るべからず」とはこのことであろう。

二番目には、伝統的手法による建築で一応の成功を収めることである。これがいわゆる、「基礎」をしっかりと固める時期である。

そして、最も重要なことは、伝統的手法から脱却して、自己の手法を編み出すことである。これは、時代を先取りする、実験的手法であることが多いため、時にスキャンダルに発展する。実はこの「スキャンダルの質」が建築家の値打ちを決定する。

このような諸条件は、建築家に限らず芸術全体に言えることで、例えば音楽のモーツアルトやマーラー、絵画のクリムトやピカソを見ても明らかである。

ガウディも御多聞にもれずこの道を通った。初期の作品ヴィセンス邸やカプリチョ邸はイスラム色が強い。これは、かつて600年にわたってイスラム帝国に支配された名残であると思われる。スペインの建築は大なり小なりイスラムの影響を受けているのだ。これが

「ピレネーを越えるとそこはアフリカである」

と言われる由縁である。

それにしても、ガウディの才能は学生時代から光っていたようだ。バルセロナ県立建築専門学校の卒業設計は「大学講堂」であったが、その時の学長エリーアス・ロージェントは「自分は建築士の称号を一人の天才に与えようとしているのか、一人の気狂いに与えようとしているのかわからない」と語っている。

そんなガウディにとって、グエル伯爵との出会いは、運命的と言えるものであった。

この裕福でかつ理解ある実業家は、ガウディの気のおもむくまま、自邸や別邸、グエル公園、地下聖堂等の建築を任せた。グエル伯爵を、ガウディ自身は次のように回想している。

「彼こそ本当のセニョールです。本当のセニョールというのは、優れた感性、優れたマナー、優れた地位の持ち主のことで、なにもかもが優れているため羨望を知らず、ま

サグラダ・ファミリア　ご誕生の門　撮影1988年
バルセロナ

た何人も彼を困らせようと思わず、さらに取りまきの人々の才能を好意を持って見る人であるのです」

このような幸せな出会いによって、ガウディは自己の才能を遺憾なく発揮し、やがて代表作となるサグラダ・ファミリアの設計へ専念することになる。

ガウディが生涯を費やしてつくった、バルセロナに建つサグラダ・ファミリアの8本の塔は、敬服に値する光景である。彼の死後60年経って未だ造り続けられている、建築家や石工がほとんど無給で建築に携わっているといった事実は、とりもなおさず、ガウディの思いが今に生きている証だと言えるのではないだろうか。

美衣、美食にあけくれた壮年時代に比べ、晩年のガウディは聖者そのものであった。74歳で電車にはねられて死んだ時は、乞食の行き倒れとして処理されたほどである。

自然を師として生きたガウディの生き様は、我々に勇気と啓示を与えてくれる。

ガウディの最期の言葉は、死ぬ前日に、石工に向かって言った、「ヴィセンテよ、明日は早くおいでよ、うんときれいなものを創ろうじゃないか」であった。

アールヌーヴォー建築についての文を書き始めて、はや30年。2015年8月、3度目のサグラダ・ファミリア訪問で驚いたことがあった。身廊が完成し、「栄光の門」も完成間近であった。身廊見学の観光客は長蛇の列。一日一万人は入場しているようで、見学料は一人2千円取るので年間70億円ほどの収入があるようだ。着工以来の資金難も今は昔。ガウディ没後100年にあたる2026年の完成を目指しているという。

ガウディの造った「ご誕生の門」は石造だったが、「受難の門」はプレキャストコンクリート製、「栄光の門」は何と鉄筋コンクリートで造られていた。

完成間近、嬉しいような寂しいような。この建物は「造り続けられることに意義があるのでは」という気がする。ガウディさんが生きていたら何と言うだろう。

サクラダ・ファミリア

グエル邸内部
バルセロナ

カサ・バトリョ
バルセロナ

ペジェスガルド邸　バルセロナ

カサ・ミラの屋上煙突
バルセロナ

カサ・ヴィセンス
バルセロナ

ルイス・ドメネク・イ・モンタネル

1850～1923 Lluis Domenech i Montaner

ルイス・ドメネクはガウディより2年早く生まれ、かつ3年早く死んだ。

二人とも、生涯のほとんどをバルセロナで過ごしたため、作品の多くはバルセロナにある。お互いに終生のライバルと言ってよいだろう。

こんな話がある。

ある建築学校の教授の祝賀会が催され、ドメネクがスピーチを行った。内容は次のようなものであった。

「今の若い建築家は古典の様式の勉強もしないで、新しい形態をむやみやたらに使いたがる傾向がある」

しかし、ドメネクはバルセロナ市内に歯車型の持ち送りのついた建物を建てたばかりであった。（１８８０年）

その新奇さと彼の論説が一致しないことに首をかしげたガウディが反撃した。

「貴方が建てたばかりの家の持ち送りは何様式なのか教えていただけますか」

このようにドメネクは、新奇な形態を好んだ。世上ではサグラダ・ファミリアやグエル公園、カサ・ミラの屋上などを見て、ガウディの新奇さが喧伝されているが、いやいや、ドメネクも負けてはいない。いや派手さの点ではガウディをしのいでいるのではないかと思われる。

サン・パウ病院は、イスラム的装飾性の強い建物である。細部を見ると猿、人、とかげ、ヘビ、カエル、コウモリ、フクロウなど怪奇な動物の宝庫である。入院するとかえって精神に異常をきたすのではないだろうかと思うほどに。

カタルーニャ音楽堂に至っては、これはもう遊興三昧と言うべきもので、舞台の袖に馬が飛び出していたりする。「カタルーニャロココ」と名付けたい。

そんなドメネクは面白い人生を歩んだ。１８７３年マドリッド建築学校を卒業。25歳で、早くも故郷バルセロナの建築学校の校長となり、カタルーニャモデルニスモの中心的存在となる。１９１４年に政治家になり建築設計をやめてしまうのだが、校長の職には20年間とどまっている。その間、計画の始まったサン・パウ病院の責任者に任じられたり、先鋭的なカタルーニャ地域主義同盟の会長になったりもしている。

ミロ、ダリ、ピカソという特異な3人の画家を育んだカ

サン・パウ病院
バルセロナ

フクロウ

ガーゴイル

タルーニャの風土は、建築の世界でもドメネクやガウディという天才を生んだ。

今日、当時のライバル関係そのままに、ガウディが設計したサグラダ・ファミリアの対角線上ほぼ2kmの位置に、ドメネクのサン・パウ病院が建っている。両者とも世界遺産になっている。

カタルーニャ音楽堂　バルセロナ

カタルーニャ音楽堂の柱頭飾り

カタルーニャ音楽堂

カサ・モレラ　不和の街区の一つ

1880年完成。世界初のアールヌーヴォー建築と思われる
改修されたモンタネ・イ・シモン出版社　バルセロナ

ジョゼップ・プーチ・イ・カダファルク

1867〜1956 Josep Puig i Cadafalch

バルセロナオリンピックを機会にカタロニアの州都、バルセロナへの関心が高まった。バルセロナと言えば、ミロ、ダリ、ピカソなどの画家や、チェロのカザルスなどが有名であるが、近年ではなんといってもガウディであろう。旅行案内書には必ずといっていいほど、サグラダ・ファミリアやグエル公園が載っている。

しかし、天才・ガウディも偶発的に生まれたものではない。特色あるカタロニアの風土が、結果としてガウディの天才性を磨いたと言えるだろう。

そのガウディに二人のライバルがあった。一人は先述のルイス・ドメネク。そしてもう一人がカダファルクである。

カダファルクはマタロに生まれ、バルセロナ、次いでマドリッドで建築を学ぶ。1891年、早くも独立するとバルセロナを中心として活躍し始めた。

まだ中世主義的建築から抜け切っていない当時、カダファルクは当然の如くネオゴシック的立場を取った。彼の一生は中世建築の研究に費やされた。一般に、ゴシック建築の設計と言えば「中世のゴシック建築を考古学的正確さで再現する」ことである。彼は考古学者としてもよく知られているからこそ、その堅実な仕事振りがうかがえるのである。

カダファルクは89歳まで長生きしたのだが、その間、建築家にとどまらず、教育者としても名を成し、さらにカタロニア主義者として政治にも携わり、カタロニア初の自治政府の首長ともなっている。当時はマルチな才能の持ち主が多かったのだろうか。

そんな異才・カダファルクと天才・ガウディのライバル振りを示す好材料がある。

グラチカ通りにあるカサ・アマトリエルとカサ・バトリョがそれである。両者は隣りあって建っている。

まず、アマトリエルの持ち主がカダファルクに改装を依頼した。カダファルクは、装飾的技巧を充分に発揮して、段状の破風を持つファサードを見事に完成させた。

これに対し、内心面白くないバトリョ氏は、ガウディに隣を圧倒するような建物になるよう、これまた自邸の改装の設計を依頼した。ガウディはまず、1階分増築して隣より高くした。そして、ここぞとばかりドラゴンをデザイン

カサ・プンシェス　破風飾
バルセロナ

カサ・プンシェス「とげの家」
バルセロナ

カサ・プンシェス　装飾に満ちている
バルセロナ

の主役に起用してその期待に応えたのだった。それからもこの二つの建物の間には不思議なライバル関係があった。85年後に、カサ・バトリョが先に改装すれば、負けじとアマトリエルも改装するという具合だ。

しかし、天才ガウディといえども、異才二人からライバル視されたとあれば、その心中やいかに。

ある日のこと、ドメネクがガウディにでくわし、こう言ったという。「一日中天才ぶりを発揮するのは大変疲れることでしょうね」

これに対し、ガウディは次のように答えた。

「仲間の羨望に耐えることの方がもっと疲れるよ」

カサ・バトリョ、カサ・アマトリエルの建つブロックの南の端にドメネクの設計したカサ・リエオ・モレラが建っている。今日、このグラチカ通りは、「不和の街区」と呼ばれている。

ガウディ、ドメネク、カダファルク。三つ巴の戦いはこれからも楽しく続くことだろう。

バロン・カドラス邸　バルセロナ

カサ・ブンシェス　バルセロナ

バロン・カドラス邸
バルセロナ

カサ・アマトリエル
バルセロナ

ジュゼッペ・マリア・ジュジョール・イ・ジベルト
1879～1949 Josep Maria Jujol i Gibert

バルセロナのガウディは相変わらずの超人気で、観光客が彼の設計した建築物に押し寄せている。内陣が完成したサグラダ・ファミリア、カサ・バトリョ、カサ・ミラ、グエル邸が有料で公開されている。

切符売場の窓口はサグラダ・ファミリアが4箇所、カサ・バトリョが3箇所、あと2つは2箇所である。この数からもサグラダ・ファミリアの人気が窺い知れるが、それも朝から夜まで長蛇の列で、1日に1万人も入場する。入場料を一人2千円近く取るので一日の収入2000万円、1年で約70億円。これだけ収入があるとガウディの死後100年にあたる2026年に完成するのは間違いないと思われる。

この人気ぶりは、もちろんガウディ建築の独創性にあるのだが、その陰でガウディを支えたジュジョールの評価も、秘かに高まっている。ジュジョールは色彩感覚に秀れ、ガウディ建築においてはカサ・バトリョのドラゴンのタイル、カサ・ミラの鋳鉄製の手摺、グエル公園のうねるベンチの破砕タイルなど、主に装飾を担当した。

ガウディは造形に優れた建築家だったが、色彩面ではジュジョールに譲るところが多く、ガウディをして「ジュジョールよ。君の好きなようにやりたまえ」と言わしめたという。バルセロナ近郊の町タラゴナで生まれたジュジョールは、バルセロナの建築学校を出たあと、ガリナのもとで働き、1904年からはガウディの助手となる。最初の仕事はパルマ・デ・マリョルカ聖堂の修復工事であった。

全盛期のガウディのもとで才能を発揮したジュジョールはサグラダ・ファミリアの仕事も手伝っていた。1926年ガウディの死とともに独立、同年、バルセロナ近郊の小さな町サン・ジョアン・デスピの町専属の建築家となった。

ジュジョールは住宅を中心に多くの作品を残している。代表作ラ・クレウ館（「卵の家」）はサン・ジョアン・デスピ駅に隣接する特徴的な建物である。またもう一つの傑作、マシア・ネグラもこの町にあり、現在市議会によって修復の後、公開されている。白と黄色の外観に内部階段、そして群青色の天井には、ジュジョールの才能である色彩感覚が存分に発揮されている。

さらに、アルス・パリャレゾスの村にある、ジュジョー

マシア・ネグラ　祭壇天井

ラ・クレウ館　サン・ジョアン・デスピ

マシア・ネグラ　階段室天井

ルが20年にわたって廃品を使って修復したカサ・ボファルイは、前のぶどう畑に入ると緊張感のある美しい外観が見える。

アルス・パリャレゾスから車で30分のビスタベーリャにある、サグラットコル教会は彼の代表作「ラ・クレウ館」と双璧をなすもので、サグラダ・ファミリアとはまた異質の幾何学的な外観を示している。

一方、1911年に手がけたバルセロナのフェラン通りにある「カサ・マニャック」は、その名の通り凄まじく奇抜なもので、市民を巻きこんだ大スキャンダルを引き起こす建物となってしまった。ジュジョールにしてみれば会心の作だったけれども、市民の批判をあびてしまった。

「もし、カサ・マニャックのように自分の才能をフルに発揮した作品を造り続けたら、今後仕事が来なくなってしまうかもしれない」とジュジョールは考えたという。まさに装飾の天才であった。

マシア・ネグラ　サン・ジョアン・デスピ

カサ・ボファルイ
アルス・パリャレゾス

バルセロナ／サン・ジョアン・デスピ

バルセロナの街を歩くと、通りの建物のほぼ全てが「ガウディ風」に思われて、作品を紹介し始めたらキリが無い。ここでは特徴的なものを挙げてみる。

ヨーロッパの街は街路樹が多く植えてあり、それが大きくなって写真の邪魔になることが多い。したがって葉の落ちる冬を狙うことも多いが、残念なのは日が短いことだ。

近年、そういう「自然のご機嫌」によって見え方が変わることに気がついた建物もあった。以前は茂って目隠していた木がないということがある。２０１６年時点、パリにあるギマールが設計したカステルベランジェと、バルセロナのカドラス男爵邸の前の木が伐ってあった。ここに挙げた2軒の家は、幸いに見所が木の上にある。とはいえ、（木には気の毒だが）全景を楽しむには、すっきりしているに越したことはない。

サン・ジョアン・デスピ駅前の家はジュジョールの卵の家の横にあってちょっと面白かったので載せてみた。

カサ・デラ・パパリィヨナ　ジョゼップ・グラネ・プラト　バルセロナ

カサ・コマラット　サルバドール・バレリ・ププルーリィ　バルセロナ

サン・ジョアン・デスピ　駅前の家　作者不詳

カサ・フィゲラス旧邸　アントニ・ロス・グェリィ　バルセロナ

リスボン

「ここに地果て、海始まる」、最果ての国、ポルトガル、隣の国スペインのバルセロナとは比較にならないが、首都リスボンに見逃せないアールヌーヴォー建築がある。テアトロ・ポリテアス劇場はとても美しい。ホテル・インターナショナルも細部を見ていくとアールヌーヴォーの手法だ。商店の入口などにも見るべきものがある。

そしてこの街で特徴的なのは、外壁に陶器タイルを使用した建物が多いことだ。リスボン近郊にカルダス・ダ・ライーニャという小さな街があり、そこには陶器博物館があるくらい、陶器の生産が盛んだ。使われているタイルはコバルトで焼かれた、日本では「染付」と呼ばれる青色の陶器が多いのだが、とてもカラフルなものもある。メキシコシティで見かけた建物とよく似ている。現在も「ボルダロ」という製品が作られていて、野菜や動物そっくりの焼物が人気だ。

さらに忘れてならないのが、リスボン市街の北の方にある「グルベンキアン美術館」だ。そこの第9室におびただしい数のルネ・ラリックの作品が展示されている。その魅力に満ちた装飾品を一つ一つ眺めていれば、しばし時の流れを忘れてしまうほど至福の時を過ごすことができる。

さらに、さらに、まだ行ったことは無いが、ポルトの南70km位のところにアヴェイロという街があり、そこに多くのアールヌーヴォー建築があり、ご丁寧に「アールヌーヴォー美術館」まであるという。ネットで見るとブルーの外観でとても美しい。この街は最近ツアーにも組み込まれていて、人気だそうだ。是非行ってみたい所だ。

陶器タイルのレリーフ

ホテル・インターナショナル

陶器タイル貼の集合住宅

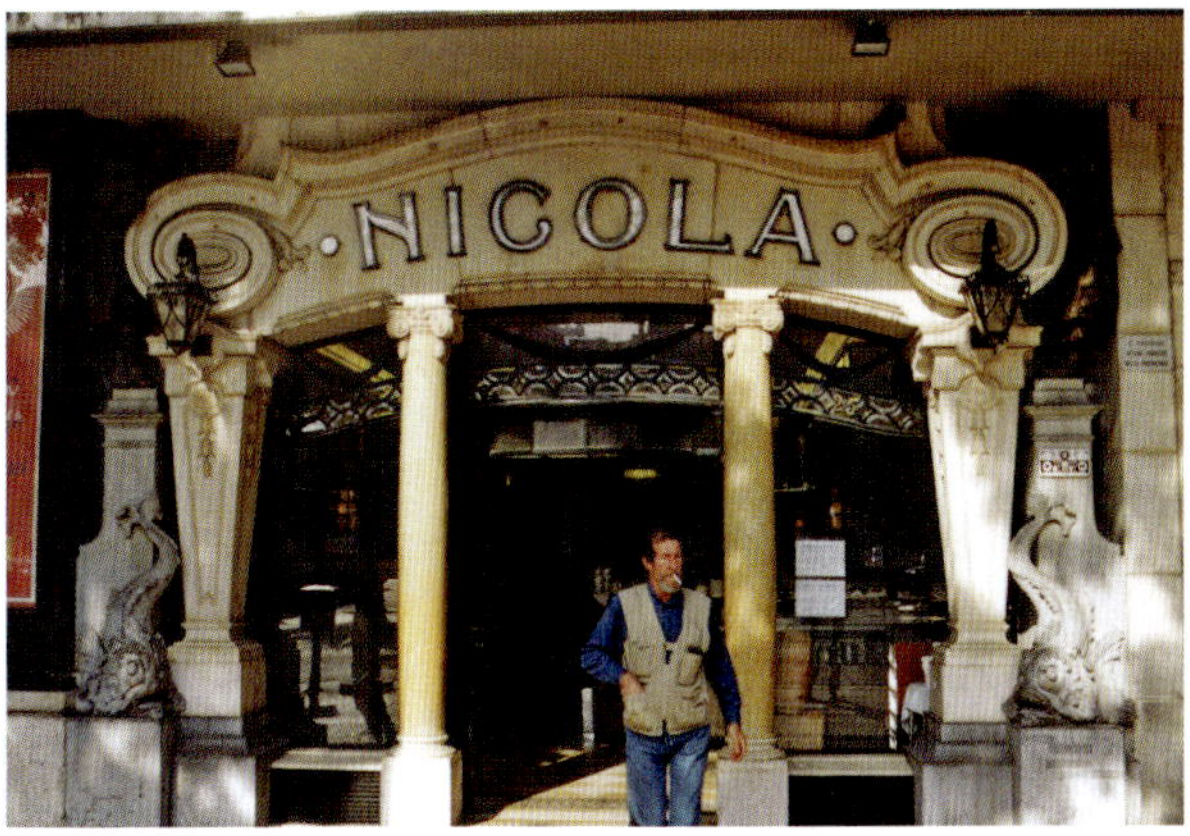

商店入口

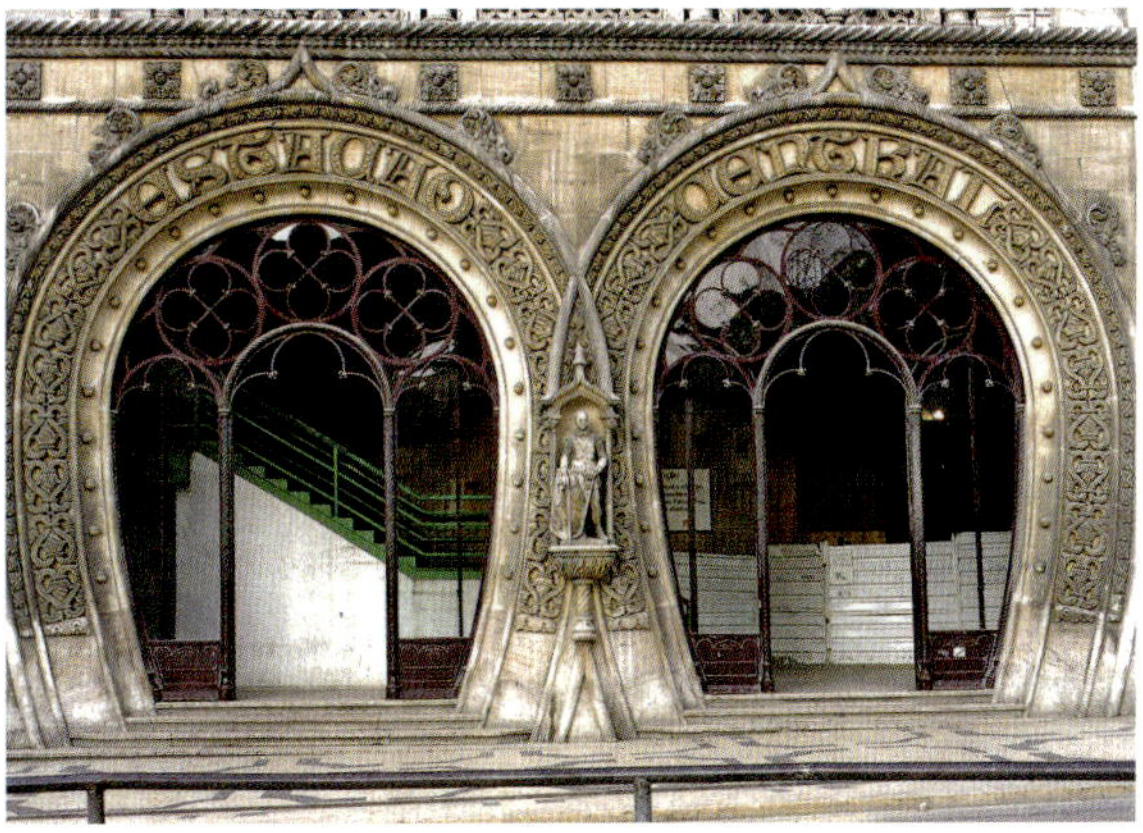

リスボン・ロッシオ駅　ジョゼ・ルイス・モンティエロ

テアトロ・ポリテアス（劇場）

陶器タイル貼の集合住宅

ルクセンブルク

ベルギーの首都ブリュッセル、フランスのアルザス・ロレーヌの中心都市ナンシー、いずれ劣らぬアールヌーヴォーの街なのだが、その中間にルクセンブルクがある。鉄道で旅行するとどちらから出ても必ずルクセンブルクを通る。この小さな国の小さな首都にもアールヌーヴォー建築が存在する。

私は偶然、オルタ美術館で『ユーゲント・シュティル・イン・ルクセンブルク大公国』という美しい本を手に入れたので、行ってみた。ナンバーワンの建築はゲーテ通りに面する芸術学校の構内にある、ヴィラ・クリビオであろう。黄色の印象的な外観を持つこの家の施主はシーザー・クリビオ、建築家はジャン・ピエールである。構内の案内板には「オーストリアのヨゼフ・マリア・オルブリッヒの了解のもとに…」と説明がある。オルブリッヒが何かしら関係しているらしい。

そのほかの建築は残念ながら建築家不明。かなり完成度が高いものがあるが、ナンシー風とブリュッセル風とデザインが分かれていて混在するのがとても面白い。それらの建物は市内のあちこちに点在する。

ヴィラ・クリビオ　ゲーテ通り

ヴィラ・クリビオ　ゲーテ通り

マイケルウェルター通り　ナンシー風の家

ゲーテ通りの家

ヴィラ・クリビオ

メゾン・リンクcure通り　ナンシー風

メゾン・リンクの窓
ステンドグラス

場所不明　ナンシー風

ル・コルビュジエ（シャルル・エドゥアール・ジャンヌレ）

1887〜1965 Le Corbusier (Charles Edouard Jeanneret)

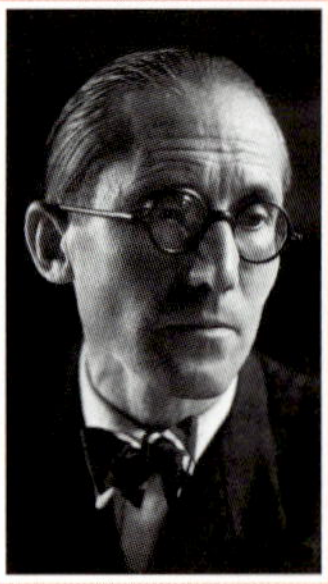

ル・コルビュジエ、ミース・ファン・デール・ローエ、フランク・ロイド・ライト。この3人が世界の近代建築を切り開いた三大巨匠であることは、建築に携わる人なら誰でも知っている。中でも筆頭格のコルビュジエは、「モダニズムの巨匠」と言われており、主な活躍の場がフランスであったため、フランス人だと思われている。しかし、彼はスイス生まれである。

　1887年フランス国境に近い地方都市ラ・ショー・ド・フォンに生まれ育った彼は本名をシャルル・エドゥアール・ジャンヌレという。故郷で建築を学んだあとパリに出て、1930年、フランスに帰化したのである。ラ・ショー・ド・フォンは田舎町ではあるがスイスの主産業である時計の工場が多く、時計の聖地となっている。

　ジャンヌレは13歳でラ・ショー・ド・フォン装飾美術学校に入学。在学中にトリノの装飾美術展において、時計の彫金で入賞している。デザイン技術に早熟であったジャンヌレの才能を見抜き、装飾美術学校の校長シャルル・レプトニエが、地元のファレ邸の設計を依頼したのが、建築家としてのデビューであった。

　この作品は、ラ・ショー・ド・フォンにあるジャンヌレが初期に設計した6軒の住宅の中で、最高傑作である。ラ・ショー・ド・フォンのジュウ渓谷の南の斜面、その上の方に敷地はある。半地下の石造の上に木造の2階屋があり、道路から入ることができる玄関は2階にある。この作品は1905年に完成した。

　アールヌーヴォー的装飾が施された外観は、ウィーンのオルブリッヒの影響とも言われている。内部の手摺もやはりアールヌーヴォー的で美しい。

　その後、パリに出てオーギュスト・ペレの事務所に1908年から1909年まで勤める。この事務所はペレ自作のフランクリン街のアパートの中にあった。さらにベルリンに赴き、当時の有名建築家ペーター・ベーレンスのもとで5カ月間、ミース・ファン・デル・ローエとワルター・グロピウスと共に、机を並べて働いた。まさに歴史の偶然と言えるだろう。1911年ジャンヌレはラ・ショー・ド・フォンに戻ると、装飾美術学校で教鞭をとりながら、独立して自らも設計を始める。

　ジャンヌレの事務所の前には「鉄筋コンクリートの建物

ファレ邸　ラ・ショー・ド・フォン

出来ます」と書いてあったそうだ。この時点で建築物を通して今に伝えられる彼の個性は、すでに確立していたのだ。

そうして1915年ラ・ショー・ド・フォンでの最後の作品シュウォッブ邸が完成する。ジャンヌレにとって、初めての鉄筋コンクリート造りの住宅だった。

1917年ジャンヌレは故郷を離れて再びパリに出ると、「産業技術研究所」を設立した。その後幾たびかの建築的変遷を経て、世界のコルビュジエとなっていく。

コルビュジエは旧来の建築の常識を捨て「自由な平面、水平連続窓、ピロティ、ルーフガーデン、自由なファサード」という近代建築の五原則を打ち立て、鉄筋コンクリートによってそれを実現した。若い頃美術を学んだコルビュジエが「装飾」をあっさりと捨て「近代建築」を完成させたのは、彼がまさに「装飾」を学んだから、と言えるのではないか。

いささか逆説的ではあるが……。

ファレ邸　ラ・ショー・ド・フォン

シュウォッブ邸　ラ・ショー・ド・フォン

ファレ邸　ラ・ショー・ド・フォン

ルドルフ・シュタイナー

1861～1925 Rudolf Steiner

ヨーロッパには、なかなかユニークな建物を造ったアマチュア建築家が何人かいる。フランスでは、石ころや貝殻を拾い集めてパレ・イデー（理想宮）を造った郵便配達夫フェルディナン・シュヴァル。同じくタイルやガラス片を使ってピカシェット（ピカソもどき）を造った墓守夫レイモン・イシドール。オーストリアには、アドルフ・ロースばりの姉の家を設計した哲学者、ルートヴィヒ・ヴィトゲンシュタイン。同じくフンダートバッサー・ハウス（１００の木の家）を設計した画家フンダートバッサー。

しかしながら、ルドルフ・シュタイナーほど本格的な建築を残したアマチュアは他にいないであろう。彼はもともと建築家ではないし、彼の造ったものは、第一ゲーテヌアム、第二ゲーテヌアム及び若干の付属施設に過ぎない。ところが、それらの作品によって堂々、ドイツ表現派の中心的建築家とみなされているのであるから驚きだ。

シュタイナーの歩んだ道はこうだ。彼はゲーテの研究者であり、哲学者、科学者であるとともに、人智学を駆使した神秘的教育者でもあり、７歳の時に初めての霊感に打たれたといわれている。ウィーン工科大学で詩人のゲーテを知り、やがて科学者としてのゲーテに興味を持ち、その人生を実践したものと思われる。ゲーテソサエティーのメインセンターとも言うべきゲーテヌアムはスイスのバーゼルに近いドルナッハに建設された。１９２２年に完成した第一ゲーテヌアムは木造であった。２つのドームを持つオーディトリアムで、ここで神秘劇を中心とした研究や教育が行われたが、不幸にして２年後の元旦の早朝に焼失してしまった。

シュタイナーの協同者達は再び立ち上がり、今度はコンクリートで第二ゲーテヌアムを造った。１９２３年に起工した第二ゲーテヌアムはシュタイナーの死後３年経った１９２８年に竣工。それはコンクリートの可塑性を利用した彫刻的な形を持ち、まさにドイツ表現派的だと考えられ、「神秘的ドイツ建築」の象徴となっている。

第二ゲーテヌアムの周りには、住宅など大小16の建築が建てられ、神秘的な風景をいや増している。

「建築は語り始めるであろう。建築は現代の我々が気付かずにいる、ある言葉で語るであろう」

シュタイナーの残した言葉である。

第二ゲーテヌアム
バーゼル

第二ゲーテヌアム　暖房機械設備棟
バーゼル

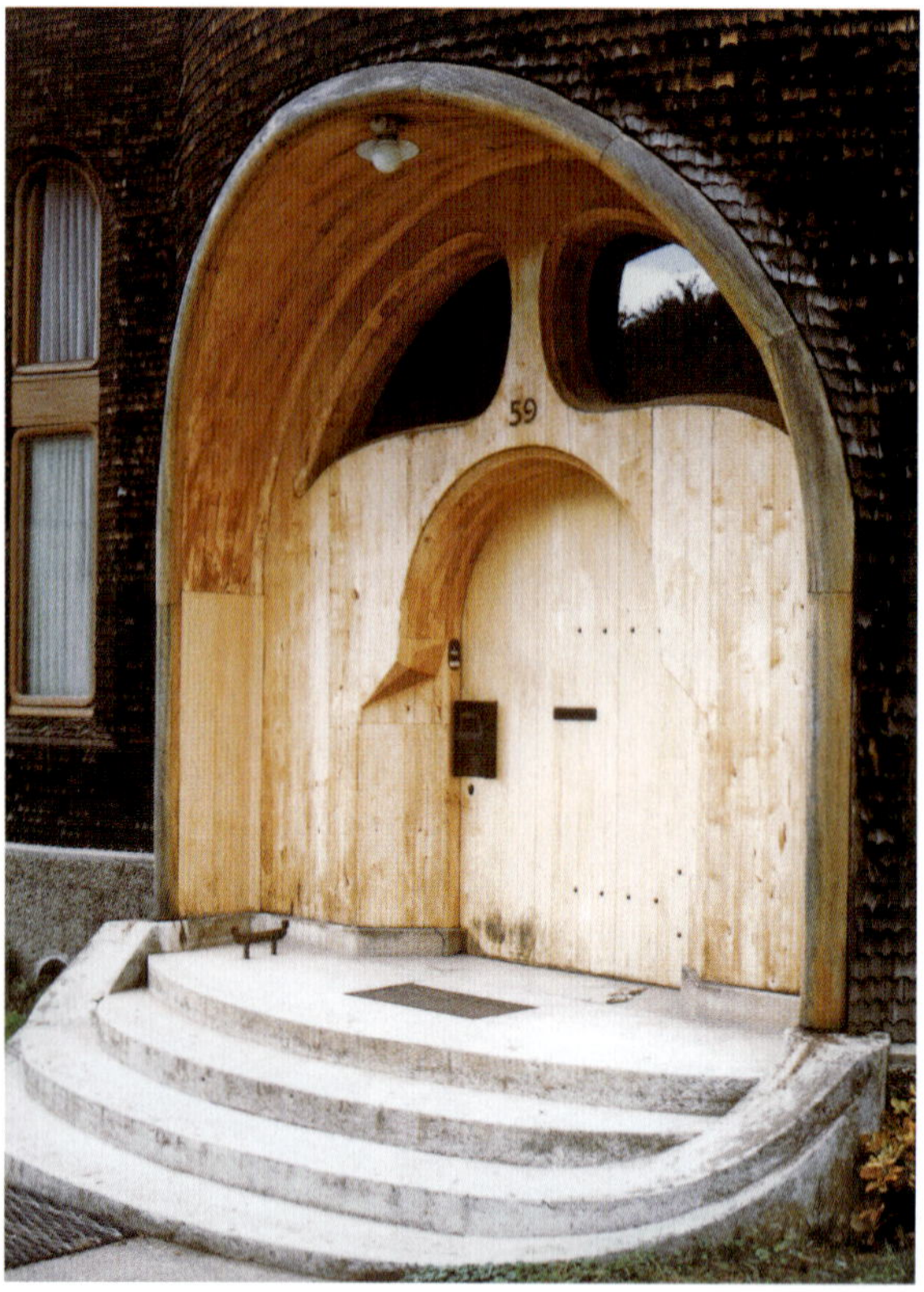

第二ゲーテヌアム　クラブハウス　バーゼル

アールヌーヴォーを捜しにゆく

ブルネイ

ブルネイは巨大な島ボルネオ島の北部、マレーシア領に抱かれた小さな国。人口約38万人の王国である。

首都バンダル・スリ・ブガワンの前の湾は石油、天然ガスの宝庫で、こうした資源による貿易で国の収益の大半を賄っている。そのほとんどを買っているのが、日本だ。財政が豊かで、国民の90％以上が公務員だという。給料は安いが、医療費、教育費が無料なので、暮らしやすいそうだ。

アールヌーヴォーにはあまり期待せずに出かけたが、案の定、目立ったものは無かった。それでもちょっと、「匂う」集合住宅や店舗付住宅が見かけられた。

「アールヌーヴォーだらけ」の町も楽しいが、「無い」ということを確認することも大切だ。「ここから先は無い」という、アールヌーヴォーの影響圏を見定めるための大切な情報となるからだ。

そして、この国で特筆すべきは、大規模な海上集落があることだ。約3万人が海の上で暮らす。電気、水道完備。トイレは水洗。交通機関はボート。学校やモスクも水上にある。写真にも写っている木造の道は公道で県道だそうだ。国はすでに陸上に公営住宅を用意しているが、住民は水上の方が居心地が良く、移住を希望する人は少ないらしい。

それもそのはず、家からそのまま釣りができるのだから。

集合住宅

水上集落

商店付近住宅

店舗付住宅

バーゼル

バーゼルはスイス、フランス、ドイツの三つの国の境目にある。そして、バーゼル駅は、スイス国鉄とフランス国鉄が一つの駅を共有している珍しい駅だ。

旧市街の中心、ライン川にほど近い場所にバーゼル市庁舎がある。この市庁舎は1501年に建てられたが、400年経って改修され、1901年に完成した。赤砂岩の外壁が美しい建物で、この改修の際、鐘塔が付加された。全体としてはゴシックの風味が残されているが、外観の至る所にアールヌーヴォーの手法が使われている。外壁の多くの部分にフレスコ画が施され、それはアールヌーヴォーそのものだ。細部を見れば見る程美しい建物だ。

他にも2軒ほどアールヌーヴォーっぽい建物があった。なお近郊にドルナッハの街があり、ルドルフ・シュタイナー設計のゲーテヌアムとその附属施設がある。

バーゼル市庁舎　1901

バーゼル市庁舎

商業施設

バーゼル市庁舎内部

レヒネル・エデン

1845〜1914　Lechner Ödön

ハンガリーは東洋系のマジャール人が建てた国で、ヨーロッパには珍しく、日本や中国のように姓が先に来る。つまり、レヒネルは姓、エデンは名である。

そしてハンガリーは、世界最多のアールヌーヴォー建築の存在する国である。稀覯書『世紀転換期のマジャール建築』には、ブダペストだけで989ものアールヌーヴォー建築が写真とともに記載されている。さらに、①ケチケメート、②デブレッチェン、③セゲド、④ティルグムレシュ、⑤オラデア、⑥ティミショアラ、⑦アラドなど地方都市の建築を合わせるとこの倍の数になり、その多くが現存している（④⑤⑥⑦は旧ハンガリー）。

なぜそれほど多くのアールヌーヴォー建築がハンガリーに生まれたか。

1867年オーストリア・ハンガリー二重帝国が生まれ、ブダペストはその一方の首都として発展する。1896年のハンガリー建国千年祭を機に、都市としての機能整備が盛んに行われた。

時あたかもパリやブリュッセル、ウィーンなどでアールヌーヴォー建築の全盛時代。特にウィーンではオットー・ワーグナーとその弟子達による分離派（過去の芸術との決別）の運動が世界に影響を与えていた。かくして、その当時に新築されたハンガリー建築はほとんどがアールヌーヴォーの建築となった。こうした全盛期、キラ星の如く輝いているハンガリーの建築家達の中でもナンバーワンと評されるのがレヒネルである。

レヒネルは1845年生まれ。ブダペストの工芸学校に学んだあと、ベルリンの建築アカデミーに2年間留学。帰国してブダペストに設計事務所を開設、初期の作風はネオ・ルネッサンスだった。6年後思うところあって、パリに出向きクレマン・パランの事務所に勤務する。さらに1889年にイギリスへ旅行、ここでインドを中心とするオリエント芸術に触発される。

帰国したレヒネルは、ハンガリーの伝統工芸を取り入れた設計を行うようになり、次第に有名になっていく。1891年レヒネルはケチケメート市庁舎のコンペ一等に当選した。数年後に完成したこの建物は光沢のある屋根タイル、色とりどりのファサード、カラフルな内装など、後のレヒネルの建築を予言するようなものであった。

シペキ邸　ブダペスト

そしてついに工芸美術館の設計コンペに当選し、レヒネル様式が確立する。この建物はコンペ二等だったが、一等がいないためレヒネルに設計が任されたのであった。外観はゴシックとルネサンスをレヒネル流に発展させたもので、ジョルナイ工房によるセラミックが屋根や内装にふんだんに使われている。この様式は、地学研究所に引き継がれ、郵便貯金局において完成の域に達する。それはつまり、レヒネル様式の完成だった。

レヒネルは公共施設にとどまらず、ブラチスラヴァのセント・エルジェーベト教会、ブダペストのシペキ邸や数多くの集合住宅など秀れた建築を生み出していった。

後継者も多く、「国民的ハンガリー様式の創造」を目指すレヒネルのもとには、共同経営者のパールトシュ・ジュラ、弟子としてライタ・ベーラ、コモル&ヤコブ、ヴァーゴー兄弟、バウムガルテン・シャーンドルなど優秀な建築家が集まり彼を助けた。

若い頃その理想の実現に苦しんでいる最中、アールヌーヴォーに出会った。「芸術家にとってアールヌーヴォーは新鮮なそよ風のようでした。私はきっと風に吹かれすぎたのでしょう」と後に語っている。

地学研究所　ブダペスト

工芸美術館　ブダペスト

地学研究所屋上

郵便貯金局　ブダペスト

セント・エルジェーベト教会　ブラチスラヴァ

郵便貯金局屋上

郵便貯金局受付ホール

ケチケメート市庁舎
ケチケメート

ライタ・ベーラ

1873~1920 Lajta Béla

「ライタを語らずにハンガリーの建築は語れない」と言われている。1899年レヒネル・エデンのもとで設計を始めてまもなく、シュミードルの墓廟を設計した。これがレヒネルの代表作の一つとなるが、実際はライタの設計であることはよく知られている。このように、レヒネル様式の装飾性を素直に受けとめ、レヒネルに協力したのがライタであった。

5年後、自らの事務所を設立するとブダペストに盲人学校、ユダヤ人病院と大作を発表する。この二つの建物は当時大流行したレヒネル様式から脱却して、若い頃ヨーロッパ各地を旅行した時から感じていた「ナショナル・ロマンティシズム」に通ずる、装飾をはぎ取って外壁には石を使うという民族主義的な建築であった。

さらに1909年にはキャバレー・パリジャンを完成させた。時代は、レヒネル的なアールヌーヴォー建築に飽きてアールヌーヴォーが衰退期に入り始めた頃で、この建物は完全なアール・デコと言える建物になっている。

ブリュッセルのビクトール・オルタが、アールヌーヴォーの波が衰退し悩んだように、レヒネルにも同じ思いがあったようで、時代とともに建築も進化させようというライタの建築への姿勢は、師であるレヒネルにも大いに影響を与えた。ライタの進化はそれにとどまらない。1911年に設計したエルジェーベトヴァーロシュ銀行とロージャヴルジイビルは、一切の装飾をはぎ取ったモダニズム建築になっている。このライタの作風の変化は、建築における「装飾と機能の共存」という根本的な命題を提議しており、モダニズムの嚆矢と言われるウィーンのアドルフ・ロースとしばしば対比される。

ライタは1886年にブダペスト工科大学を卒業するとそのままヨーロッパ各地を旅行し、イタリア、フランスにとどまらず、ベルリンやロンドンの建築を見たが、その感動を自らの才能に昇華させたといえよう。

また、彼のもとには若い建築家が多く集まり、賑やかだったという。時代の風を柔軟に建築へと写し取ったライタのことであるから、その才能の如く、分け隔てのない人だったのだろう。

このようにハンガリーの建築界に刺激を与え続けたライタは、第一次世界大戦の終了まもなく、走り続けた47歳の短い生涯を終えた。

盲人学校　ブダペスト

ユダヤ人病院　ブダペスト

マロニヤイ邸　ブダペスト

キャバレー・パリジャン
ブダペスト

コモル・マルツェル

１８６８～１９４４ Komor Marcell

ヤコブ・デジュー

１８６４～１９３２ Jakab Deszö

文字通りハンガリー建築界のスーパースター。とにかくコンペティション（競技設計）に強かった。

１９０６年のトゥルグ・ムレシュ（ルーマニア）の市庁舎、それに続く文化宮（１９１０年）、スボティツァ（セルビア）の市庁舎（１９０６年）と巨大建築の仕事は全てコンペで勝ちとった。それもそのはず、コンペに強いレヒネル・エデンのもとで「応用美術館」、「地学研究所」と話題の大作をいくつも手伝っているのだ。

コモルとヤコブはブダペスト工科大学を卒業。４歳年下のコモルの方が２年早く卒業した。二人とも、民間の設計事務所を経てブダペスト市の建築課で働いている。１８９７年共同で設計事務所を設立すると、華々しいこの二人の設計活動は１９１８年まで続いた。

初期の二人の作品はレヒネル様式であった。１９０１年のスボティツァのシナゴーグは焼き練瓦の輪郭線を強調したもの。ケチケメートのイパロシュ・オトン（産業の家）は曲線を多用し、色スタッコ、色タイルを使った派手なスタイルで、ケチケメートの建物はこのタイプが多い。

１９０７年のオラデアのパトリオティロール街の集合住宅もこのタイプ。同年、同じオラデアの「黒い鷲」は最大の民間建築。この建物はホテル、劇場、会議室、レストラン、商店、アーケードを備えた複合施設である。統一広場に面する北面が正面で、真中にアーケードがあり、両側が商店になっている。クリシュル・レペデ川に面する東面がホテル側で横に長く、川面に写して見ると、建物が朝日に映えてとても美しい。

スボティツァもケチケメートもオラデアもユダヤ人が多い街で、彼等が手がけた建物はこれらの町の有力な実業家から依頼されたものだった。

レヒネル様式でスタートした二人だが、徐々にトランシルバニアの民族様式に興味を覚え、作風が変わった。すなわち、左右対称形をやめて、片側一方に高い塔を建てるようになった。これは古来のトランシルバニアの伝統様式そのものである。

レヒネル様式にやや飽きがき始めたこの時代に幸運にもトゥルグ・ムレシュ、スボティツァの二つの市庁舎の設計を勝ち取ったのである。

そして、トゥルグ・ムレシュの文化宮をめぐっては、少

市庁舎メインホール

スボティツァ市庁舎
スボティツァ　セルビア

しばかりドラマがある。

市長のジェルジ・ベルナーディは市庁舎やギムナジウムの建設に続いて、さらに充実した公共施設を計画した。そこには美術館、図書館、工芸学校などが納められ、新しいトゥルグ・ムレシュの文化を発展させようとの目論見があった。設計は当然、競技設計となったが、首席となったのは市長お気に入りのコモルとヤコブだった。

コモルとヤコブはこの建物を当時まだ珍しかったコンクリートで造ることにした。新しい文化宮は高い塔のある市庁舎を目立たせるように高さや外観の派手さを抑え、それでも装飾は忘れずに設計し、地方都市トゥルグ・ムレシュに新名所を誕生させたのだった。文化宮の敷地は市庁舎の隣にあり、広場に向かって二つの大きな建物が同一の設計者によって建てられたのである。

二人の関係は20年に及び、コモルはヤコブが手を引いたあともヤコブの息子と仕事を続けた。

二人の大きな業績は当時のユダヤ人社会との良好なつながりによってなされたものとも言えるだろう。

文化宮　トゥルグ・ムレシュ

市庁舎（左）と文化宮
トゥルグ・ムレシュ　ルーマニア

市庁舎

黒鷲ホテル　オラデア

イパロシュ・オトン
ケチケメート

黒鷲ホテル

シナゴーグ　スボティツァ

ヘゲデーシュ・アールミン
1869～1945 Hegedús Armin

ヘゲデーシュは1891年ブダペスト工科大学を卒業。続いて、ドイツとイタリアへ留学、伝統的な様式建築を学ぶと、1896年にはヘンリク・ベームと共同で設計事務所を設立する。

当初は折衷主義的な様式で住宅などを造っていたが、1900年頃から作風がアールヌーヴォー風に変わってくる。これは当時ブダペストに完成したレヒネル・エデンの工芸美術館や地学研究所に影響されたものと思われる。

ヘゲデーシュが最初に注目されたのは、ブダペストで1906年に完成させたトルコ銀行によってであった。三連のボーウィンドの大きなガラス窓に、20年後に現れてくるアール・デコの先取りとも言える外観を持ち、最上階の破風にはミクシャ・ロート作の巨大な女神像のモザイク画が施されている。この絵によってトルコ銀行ビルはアールヌーヴォー建築として認められている。

さらに、ヘゲデーシュの最高傑作と言われるのはゲッレールト温泉・ホテルである。

ハンガリーはトルコに占領された時期がある。当時すでにブダペストには温泉があちこちに湧いており、トルコ風浴場が数多く建設された。トルコ人が去ったあと、ゲッレールトの丘の麓にあったこの温泉は曲折を経て1895年にブダペスト市の所有となった。

1904年この温泉を大規模な市民向けの施設にするため、設計競技がなされ、ヘゲデーシュが当選した。ただ、ホテルを備えた大規模な施設であるため、アルテュール・シュベンティエーン、イシドル・シュタークを加えて3人で設計することになった。

この施設は敷地の面積が1・3ヘクタールもあり、主建築にはドナウ川に面したホテルの入口があり、ゲッレールトの丘に面して温泉の入口、さらに丘の後方にプールや庭園が配置される、広大な施設であった。ホテルと温泉はギャラリーによって接続され、市民はこのギャラリーから温泉に入った。当時としては、大規模なホテルと温泉の組合せは海外でも珍しかったため評判となり、ゲッレールト温泉は一躍ハンガリー名物となった。

建物の内部には凄まじいまでの装飾がなされており、当時のアールヌーヴォーの粋を集めた装飾技術がふんだんに使われた。タイル、モザイク、フレスコ画、ステンドグラ

ホテル・ゲッレールト　ホテル側正面　ブダペスト

ホテル・ゲッレールト　温泉側正面

ス、真鍮など美しい材料が覇を競っている。なお温泉・ホテルの建設は設計開始5年後の着工から、さらに8年かかって完成を見た。

共同で事務所を経営したベーム・ヘンリクは、クロアチアのチャコヴィッツに単独で「商業カジノ」などを設計することもあったが、盟友へゲデーシュとのコンビは終生絶えることはなかった。

ゲッレールト温泉　ブダペスト

トルコ銀行（下の写真）右の建物はジョナス・ジーグモンド設計
ブダペスト

小学校　ELemi Iskola　ブダペスト

バウムガルテン・シャーンドル

1864〜1928 Baumgarten Sándor

ウィーンのオットー・ワーグナーと並んで東ヨーロッパのアールヌーヴォーの旗手であったレヒネル・エデンは、良きパートナーに恵まれた。

まず挙げられるのは、事務所開設以来、右腕となったバールトシュ・ジュラである。1896年にジュラが去ったあと、事務所に入ったのがコモルとヤコブ、ライタ・ベーラ、そしてこのバウムガルテン・シャーンドルである。

シャーンドルは1888年ブダペスト工科大学を卒業したあと、ドイツ、イタリア、フランスで修行する。故国に戻ったあと、レヒネルのライバルといわれたブダペスト工科大学教授のハウスマンの事務所で働く。ハウスマンは歴史主義一辺倒の建築家であった。それから1899年にレヒネルの事務所に移ると、レヒネルの傑作、郵便貯金局設計の助手を務める。

「お菓子の家」とも呼ばれるレヒネルのアールヌーヴォースタイルを自らのものとして、独立後エルジェーベト女子学院、さらに隣接する盲学校をレヒネルスタイルで設計する。この二つの建物は、焼成レンガで縁取りをし、シャーンドルはその囲まれた中に装飾を施した。

そして、シャーンドルに幸運が訪れる。文化庁のチーフエンジニア、ベルツェク・ジグモンドとの出会いである。ジグモンドは学校の近代化を推進しており、前記2つの学校を手がけたシャーンドルにハンガリー中の学校のデザインを任せた。二人が相携えて作った学校は20年間で約300校といわれている。理想的な学校建築を造るために、シャーンドルはその一校一校を丁寧に設計した。第一次大戦後、生涯打ち込む仕事に恵まれたシャーンドルは稀代の幸運児と言う他はない。

エルジェーベト女子学院　ブタペスト

エルジェーベト女子学院

盲人学校　ブダペスト

マールクシュ・ゲーザ

1872～1912 Márkus Géza

ブダペストの東南約70㎞にあるケチケメートはアールヌーヴォーの街だ。街の中心に建つ一際大きいピンク色の建物がレヒネル・エデン設計の市庁舎だ。

　レヒネルはバールトシュ・ジュラと組んで、1872年以来アラド市庁舎、セゲド市庁舎、ペーチ市庁舎とコンペで勝ち続けていた。これらの建物はいずれもバロック様式で設計されていた。

　ケチケメート市庁舎は1890年にコンペが催され、ここでもレヒネルが当選した。特筆すべきはレヒネルが従来の壁を打ち破って、アールヌーヴォー様式を採用したことである。以後レヒネルは工芸美術館（1891年）、地学研究所（1896年）、郵便貯金局（1899年）とコンペに勝ち、アールヌーヴォーを極めていくのだが、1896年に完成したこの市庁舎がケチケメートの若い建築家のハートを刺激したのは想像に難くない。

　そして人口10万人に満たないこの地方都市に、次々とアールヌーヴォー様式の建物が完成する。白い壁が美しいコモル＆ヤコブ設計の「イパロシュ・オトン」、音楽家コダーイを記念したコダーイ音楽研究所など、世界のどこに出しても恥ずかしくないアールヌーヴォー建築の数々。出色なのが、マールクシュの設計したラコーツィ大通りに面する商業カジノである。

　地元のユダヤ人が多く集まるので、完成当時は「ユダヤ人カジノ」と呼ばれていた。1914年に完成したこの建物、私が初めて見た時は経年変化で薄汚れていたが、現在は美しく修復され、ケチケメートギャラリーとして公開されている。そして地元の人は「装飾宮殿」と呼んでいる。

　市庁舎が完成した時、マールクシュは25歳だった。彼の経歴はあまりよく知られていないが、レヒネル様式に強烈に影響されながら、外国で腕を磨いたらしい。そしてケチケメートの経済界の大物ツィフラによって依頼されたこの建物を、ペーチのジョルナイ工房のセラミックによって華のモチーフで彩った。白い壁いっぱいに抽象化された赤、黄、紫、ピンクなどの花々が施されたのだ。屋根は全くのレヒネル様式。内部もまた華麗。レヒネル様式の中に数組の黒い孔雀が向かい合って立っている。

　装飾の天才とも言えるマールクシュだが、この商業カジノ以外にはウーイヴィデークの集合住宅ぐらいしか作品が

商業カジノ
ケチケメート

知られていない。残された「劇場」案を見ると、図面にもかかわらず、溢れんばかりのマールクシュの才能が、そこに見て取れる。

42歳という若さで夭折したことが惜しまれる。もう少し長生きしてくれたら、ケチケメートの街はもっと美しく彩られただろうに。

商業カジノ２階ホール

商業カジノ

マジャール・エーデ
1877〜1912 Magyar Ede

東欧の都市でアールヌーヴォーの建築の多い所を挙げてみると、ウィーン、プラハ、ブダペストの3都市に続いてルーマニアのオラデア、ティミショアラ、アラド、トゥルグ・ムレシュ、セルビアのスボティツァ、ハンガリーのデブレッチェン、ケチケメート、そして南部のセゲドである。そのセゲドの街にとてもとても可愛らしい、そして最もアールヌーヴォーらしい建物がある。

「レウク・パレス」。もともとは集合住宅であったが、現在は銀行の支店になっている。キャベツ畑みたいとも言われるが、モチーフは菖蒲あるいはあやめである。破風の装飾も、壁飾も、バルコニーの手摺も内部階段の手摺も全てあやめである。真っ白い漆喰壁に紫色のあやめの花が可愛らしい。

「女学生」のような、こんな建物を建てたマジャール・エーデとはどんな人だろう。この建物を紹介する小冊子で見ると、つぶらな瞳にエルキュール・ポアロのような髭をたくわえたなかなかのイケメンである。彼も御多聞にもれずブダペスト工科大学を卒業後、ウィーン、ベルリン、ミュンヘンと外国に留学した。ウィーンではまさにオットー・ワーグナーが活躍していた頃だ。その頃の経験がこの建物に生かされているのだろう。コーナーに出入口を持つという建物の理想的解答がここにある。

少し離れた所にあるシャッファー・パレスもマジャールの設計。こちらは背の高い5階建てで、レウク・パレスの2年前に出来た分だけ、堅苦しくて権威的に見える。

マジャールは34歳で夭折するが、作品は30軒もある。マジャール人とはハンガリー人のこと。

名前の如く「マジャール、ええで！」と叫びたい。

レウク・パレス
セゲド

レウク・パレス
セゲド

アンガーマイヤーアパート
セゲド

メンデ・バレール
1886〜1918 Mende Valer

ハンガリーの小さな町、ピンコックに生まれたバレールは、長じてブダペスト工科大学に学ぶ。在学中よりハンガリーの民族建築を学び、それをナショナル・ロマンティシズムにまで昇華させたコーシュ・カーロイらによる建築家グループ、「フィアタロク（青年）」のメンバーとなり、エルデーイ地方、なかでもカロタセグとセーケイフュルドに魅せられ研究を続ける。その風貌はいかにも秀才風で、作家のフランツ・カフカを彷彿とさせる。

早熟の天才は24歳にして早くもケチケメートの中心でカルヴィン派のギムナジウム・法学校と福音派教会のアパートの設計に携わることになった。二つとも大きな建物で、学生時代からの研究を生かして、前者はナショナル・ロマンティシズムで、後者は端正なアールヌーヴォー様式で設計した。この二つの建物は、派手派手のレヒネル式アールヌーヴォーの多いケチケメートで、今も礼儀正しく起立したように立っている。

バレールは32歳というその短い人生の中で、オラデアにも秀作を残している。

三角破風の家はコモル&ヤコブの黒い鷲ホテルの隣に建ち、ナジバラド（オラデア）農業銀行はヴァーゴーのロチェハウスの隣に仲良く建っている。

それにしても惜しまれる早逝だった。

カルヴィン派のギムナジウムと法学校　現コダーイ音楽研究所
ケチケメート

雪化粧をしたカルヴィン派のギムナジウムと法学校
ケチケメート

福音派教会のアパート　ケチケメート

ヤーンボル・ラヨシュ
1869〜1955 Jánbor Lajos

ラヨシュはブダペストを中心に活動した建築家だが、恐ろしく多作の建築家だった。

その作品は多くの都市にある。私が目にしたのはデブレッツチェンの大通りにある市庁舎とルーマニアのバヤ・マレにあるイストヴァン・キラリー・ホテルである。いずれも大作で完成度が高い。ホテルの方は今は営業していなくて中は見られなかったが、自由広場に面して、堂々たる正面を見せていた。

デブレッチェンの市庁舎は受付の女の人が親切に中を案内してくれた。議会のホールはとても美しかった。

1900年頃のハンガリーはオーストリア・ハンガリー二重帝国の時代で、その領土はスロバキア、ルーマニアの北半分、旧ユーゴスラヴィアの北3分の1に及び、有名な地方都市がたくさんある。

その多くの都市にラヨシュの作品があり、相当政治力のある建築家だったようだ。

86歳と当時の人にしては長寿だった。その経歴はあまりわからないが、時代に受け入れられた著名な建築家であったことは想像に難くない。

デブレッチェン市庁舎　ハンガリー

デブレッチェン市庁舎議場
ハンガリー

イストヴァン・キラリー・ホテル正面　バヤ・マレ　ルーマニア

イストヴァン・キラリー・
ホテル側面

ボルゾ・ヨーゼフ

1875～1952　Borsos József

ハンガリーの東端デブレッチェンは、14世紀に起こった宗教革命でカトリック教会が閉鎖され、カルヴァン派の信者のみ居住が許された珍しい町で、１８４８年～４９年の独立戦争では、短い間だが首都になった。駅からカルヴァン派の大教会に到る大通り、ピアツ通りは道幅も広く、緑豊かでその両側にアールヌーヴォーとバロック建築が並ぶ。そこで忘れられない体験をした。

大通りから横に入った角地に明らかにアールヌーヴォーのアパートらしきものがあった。その玄関が素晴しく美しい。多くの人が出入りしている。中には掃除のおばさんもたくさんいた。いつもの調子でパチパチと写真を撮っていると守衛らしき人が血相を変えて詰め寄ってきた。「パスポートを出せ」海外では偽警官が多く、下手に見せて取られたらエライことになる。したがって私は、「持っていない」と言った。そこからが大変だった。刑事だという長身のハンサムな男が出てきて、「ここは警察だ、君は不法侵入者だ。一体君は何者か」ときた。これはヤバイとパスポートを出し、拙い英語で、「私は日本の建築家でアールヌーヴォーの建物を捜して世界中を回っている。決して怪しい者ではない」それから色々と聞かれ、刑事は姿を消した。待つこと30分、刑事が帰ってきた。「ＯＫ。君は帰ってよい。グッドラック」

どうもコンピューターの要注意人物を確認していたらしい。ＩＳが暴れている昨今なので、念入りに調べられていたようだ。

建物の写真を撮っていると警察だったり大使館だったりして、拘束されることは度々あるが、今度のは長かった。たっぷり1時間は絞られた。お詫びをしてカメラのモニターを見せて内部を撮った写真を消したが、もう一台のカメラの方は無傷で助かった。玄関の美しさとも相まって、私にとって忘れられない建物になった。

デブレッチェン警察
ハンガリー

アールカイ・アラダール

1868～1932　Arkay Aladar

コーシュ・カーロイに先立つこと15年、アールカイはルーマニアのティミショアラに生まれた。6歳からはブダペストで育ち、1886年ブダペスト工科大学に入学。卒業後は多くの建築家がそうであったように、ヨーロッパ各地へ出向き見聞を広める。特にパリでは絵画に興味を示し、建築家と画家の二本立てで修業する。帰国後、ブダペスト工科大学の教授で古典様式の権威であったハウスマンの事務所で働く。その時期、ハウスマンは王宮の設計をしており、アールカイは助手として手助けをした。

　1894年からはハウスマンのもとを離れ、義父であるカリナ・モールの事務所で働く。1900年に自らの事務所を持ったアールカイは当時大人気を博していたレヒネル・エデンの様式に傾倒し、ハボハイ邸を設計した。この建物は写真で見るとブダペストを代表するアールヌーヴォー建築なのだが、その後何度も改修されたことで、装飾が取り除かれてしまい、往時を偲ぶすべもない。

　その後、フィンランドのエリエール・サーリネンやラルシュ・ソンクがナショナル・ロマンティシズムの素朴で造形的な建物を発表しはじめると、その傾向はハンガリーにも伝わり、アールカイの故郷ルーマニア・トランシルバニア地方の伝統的な建築とも相まって、作風は一変した。

　特に新開発されたゴーリキー通りに建つ、カルヴァン派改革派協会の設計には、それまでに蓄えた建築と絵画の技術を思うさまにぶつけた。構造には新技術である鉄筋コンクリートを採用し、大空間を自在に創造することが出来た。

　この教会はフィンランドのタンペレ大聖堂（ラルシュ・ソンクの設計）と後世において類似点が多いと言われ、ハンガリーのナショナル・ロマンティシズム風の建築となっているが、正面入口上の陶器の装飾はアールカイの構想したもので、まるで美術館のように信者をいざなっている。

　15年後、同じ故郷で生まれたコーシュ・カーロイがブダペスト工科大学に進んだこと、レヒネル的アールヌーヴォーから故国トランシルバニアの建築を取り入れた作風に変化したこと、マルチな能力を発揮したことなど、ティミショアラに生まれた二人が15年の時を隔ててブダペストに影響を与え続けたことに、因縁のようなものを感じるのである。

カルヴィン派教会
ブダペスト

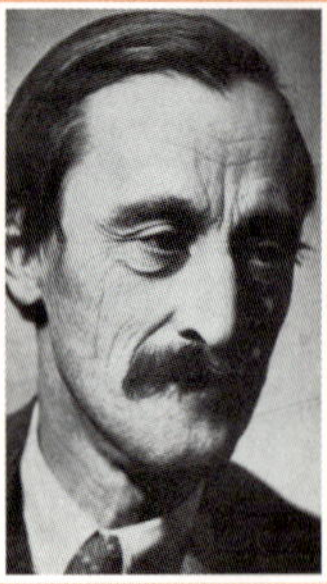

コーシュ・カーロイ

1883〜1977　Kós Károly

第二次大戦後に生まれたルーマニア共産党政権が崩壊するきっかけとなった１９８９年の東欧革命は、ルーマニア北部のティミショアラから始まった。その１００年あまり前の１８８３年に、コーシュ・カーロイはティミショアラに生まれた。今日ティミショアラの町を歩くと、そこは集合住宅をはじめとしたアールヌーヴォー建築のとても多い、ルーマニア有数の町であることに気づく。

コーシュは理論家だった。ブダペスト工科大学の学生の頃から故郷トランシルバニア（ルーマニア）の民族芸術に興味を抱き、友人達と芸術論を闘わせた。卒業と同時に「フィアタロク（青年）」という名のグループを結成する。

コーシュはそこで様々な建築デザイン、プロジェクトなどの論考を発表した。そして友人ズルメッキ・デジューと共に設計事務所を開設し、コーシュの活躍が始まる。コーシュの設計のベースには、収集したトランシルバニアの中世からの民族芸術がちりばめられている。その例が１９０８年に設計されたブダペスト市立動物園である。いろいろな動物を収容する園舎に、トランシルバニアの民家の形式を取り入れたのである。その園舎は外から見ると、まるで人間のための木造住宅であった。

また大型の動物を収容する園舎や客を迎えるゲートの建物は、打って変わってアーチ型のコンクリート造りでその内部は美しい装飾に満ちている。そして玄関やパラペットには動物をモチーフにした愛くるしい怪獣が人々を迎えている。遊び心一杯なのであった。

コーシュの理論の実践はブダペストで始まったが、故郷のルーマニアにも多くの作品を残した。

ブダペストには動物園の他にベティーフ広場の労働者用集合住宅、改革派教会などがあり、ルーマニアではセーケイ民族博物館、山間の住宅などが有名である。

ハプスブルグ家領のオーストリア・ハンガリー二重帝国の首都ウィーンにはオットー・ワーグナーのもとへ多くの建築を志す若者が集まり、19世紀のアールヌーヴォーの建築界をリードした。

もう一方の首都ブダペストにはレヒネル・エデンがいて、これまた多くの若者がブダペストに集まった。しかし、ハンガリー、ルーマニアのアールヌーヴォー建築は質、量ともにウィーンを凌ぐものがある。栄華を誇ったハ

ブダペスト市立動物園　Dr.ノイシュロスの作品　共作

冬

夏

プスブルグ帝国は1916年、第一次世界大戦の終了とともに消滅し、オーストリアとハンガリーに分かれた。

この頃コーシュは、故郷ルーマニアのクルージ・ナポカに移り1977年に亡くなるまでこの地に住んだ。建築家以外に、家具や記念碑、本などのデザインや出版社の経営と記者、さらには芸術協会の発起人、小説家、教師になり教科書を書いたり、おまけに代議士までやったという。94年に及ぶ長い人生を超マルチ人間として生き、休むことがなかった。

ブダペスト市立動物園

ヴェケルレ住宅団地
ブダペスト

ピルヒ・アンドール

生没年不詳　Pilhi Andor

地元ペーチにいて、ジョルナイ製品を使って成功した建築家が、ピルヒ・アンドールだ。アンドールの詳しい経歴はわからないが、ある資料によると、ペーチで開かれた博覧会のナショナルパビリオンをいくつも設計しているという。建設当時の写真で見ると、いかにもアールヌーヴォー風の外観を持ち、魅力的な建物なのだが、残念なことにどれも現存しない。唯一、彼の設計で今に残る建物がペーチの中心部に建つホテル・パラティヌス・シティセンター（1915年完成）だ。

真ん中に通路があり両翼が客室になっているこのホテル、エントランスからホールに入ると、さまざまな意匠が折衷された派手な内装が眼に飛び込む。左側にフロントがあり、右側に大階段、天井はステンドグラスで踊り場にジョルナイの大きな壺がある。1階のレストランもまた凝っていて、天井は木組の持送り、壁にモザイクタイルで作られた孔雀のレリーフがある。

このホテルは近年改修されて、ペーチのナンバーワンホテルとして今も現役でフル稼働している。

また、市役所の隣にジョルナイのタイルやセラミックをふんだんに使った噴水も設計した。たいへん見応えのある噴水だが、冬期は凍結防止のため板で囲われて見ることができない。数にすればわずかではあるが、これらの建築物は、ピルヒもまたジョルナイの「広告塔」であったことを、今に伝えるかのようである。

レストランのモザイクタイルの孔雀

ホテル・パラティヌス・シティセンター
ペーチ

ホール

階段

レストラン

ジョルナイ工房

首都ブダペストからインターシティで南へ下ること3時間、クロアチアとの国境に近い所にペーチの街はある。人口約15万人。ハンガリー第5の都市であるペーチは、14世紀に国内初の大学が創設され、以来学問や商業の中心として栄えてきた。

また、この街はジョルナイ工房の街とも言える。1865年ジョルナイ・ヴィルモシュが兄より陶器工場を引き継いでから、華やかなジョルナイの歴史が始まった。

1873年ジョルナイは早くもウィーン万博に出品、続いて1878年のパリ万博にも出品し、大好評を博した。この頃の主なジョルナイの作品は陶器であったが、それは日本の伊万里焼に範をとった、古典的なものであった。当時古伊万里はヨーロッパの貴族に大ウケで、価格も高かった。ヨーロッパの人達にとって、同じヨーロッパ人が日本製に負けない作品を作り得たことに、さぞ拍手喝采したことだろう。

ジョルナイ工房の快進撃は止まらない。

1890年には耐霜建築用タイルを発明。1893年には技師ヴァルダがエオシン琺瑯という釉薬（うわぐすり）を開発したことで劇的な発展を遂げる。このジョルナイ工房の製品を積極的に使用して、大成功したのがブダペストのレヒネル・エデンだった。

レヒネルとジョルナイ工房の初めての出会いは1882年に工事が始まったセゲドの市庁舎だった。この市庁舎はコンペで設計者が決められ、レヒネルが当選し、建築家としての彼が出世の階段を登る礎となった建物でもある。レヒネルはこの市庁舎の屋根に、ジョルナイ社の釉薬付の瓦を全面的に用いた。建物自体はネオバロック様式だったが評判が良く、国から表彰されるほどだった。

そして、「これぞハンガリーのアールヌーヴォー」と言われるレヒネル流の様式を確立したのが、1893年から4年の工期で造った、ブダペストの応用美術館だった。レヒネルは屋根はもとより内装にもエオシン釉薬の陶器をふんだんに使った。玄関にある鶏のとさかのような黄色の手摺について、時の皇帝フランツ・ヨゼフは「この卵の黄身のようなものは何かね」と尋ねたという。

応用美術館をはじめとし、地学研究所、郵便貯金局とつづく三部作により、レヒネルの名声はいよいよ高まり、これによってジョルナイ工房の製品も国の内外に広まっていった。ところが、ジョルナイ工房の立役者ジョルナイ・ヴィルモシュが1900年に亡くなると、ジョルナイ社は徐々に衰退に向かう。そして社会主義の時代になり会社が国有化されると、その輝きを失ってしまう。

最近になってジョルナイが再び民営化され、広大な工場が整備されると生産が再開、場内にいくつかの博物館もオープンして、ジョルナイはその陶磁器のごとき往年の輝きを、また取り戻しつつある。

「ハンガリーのアールヌーヴォー建築はジョルナイのセラミック抜きでは始まらなかった」と言ってもよいくらいだ。アールヌーヴォーの分野における建築以外の工芸品で最も秀れたものを挙げよと言われたら、多くの人がフランスのエミール・ガレのガラス工芸を挙げるだろう。ことほどさようにガレのガラス器は有名で、テレビ東京の人気番組「なんでも鑑定団」にも度々登場し、1個200万円から400万円の値がつけられている。それに比肩するのがジョルナイの製品だ。

ジョルナイの工場群である「ジョルナイクオーター」に行くと、黄金期1870年~1910年の陶磁器コレクションを見ることができる。ギュギ・ラーズロー博士のコレ

ギュギ・コレクション　ペーチ　ハンガリー

クションなので「ギュギ・コレクション」という。2階には草創期からの工場や職人の写真とともにジョルナイの壺や皿、置物、壁飾りなどたくさんの興味深い製品が並んでいる。それはそれで魅力的なのだが、さらに壮観で見事までに美しいのは、地下にあるアールヌーヴォーのコレクションである。その数約200点。初めはガレの作品かと思ってしまった程完成度が高い。しかも、ガレと違うのはそれらが明らかに磁器であるということだ。植物や動物をモチーフにした壷類はガレと同じだが、ガレ以上に怪しい発色があって、息がつまりそうだった。

ジョルナイにこれほど素晴らしいアールヌーヴォー磁器があるとは知らなかった。ごく一部の本で見たことはあるが、ジョルナイ自身が出しているカタログにもあまり頁が割かれていない。制作年代を見ると1899年から1902年までのものが多い。この年代から察するに、多分1900年のパリ万博に出されたものだと思われる。

この凄いコレクションを見て私は、思わず叫び出しそうになった。それにしても、これだけの文化遺産をほぼ退蔵に等しい状態にしておくとは、ジョルナイの人達は社会主義の時代を経たために、傑作の価値を見過ごしているのではないか。作品群はペーチにあるジョルナイ博物館とこのギュギ・コレクションに展示されているが、ジョルナイのカタログにはアールヌーヴォーの主だった作品は「アール・デコ・ガレリア」にあると書いてある。実はこれ、まさにこのギュギ・コレクションの地下にある、アールヌーヴォーギャラリーのことなのだ。このジョルナイの作品群、研究が進めばガレもドーム兄弟も、そしてティファニーをも凌ぐような存在になるかもしれない。

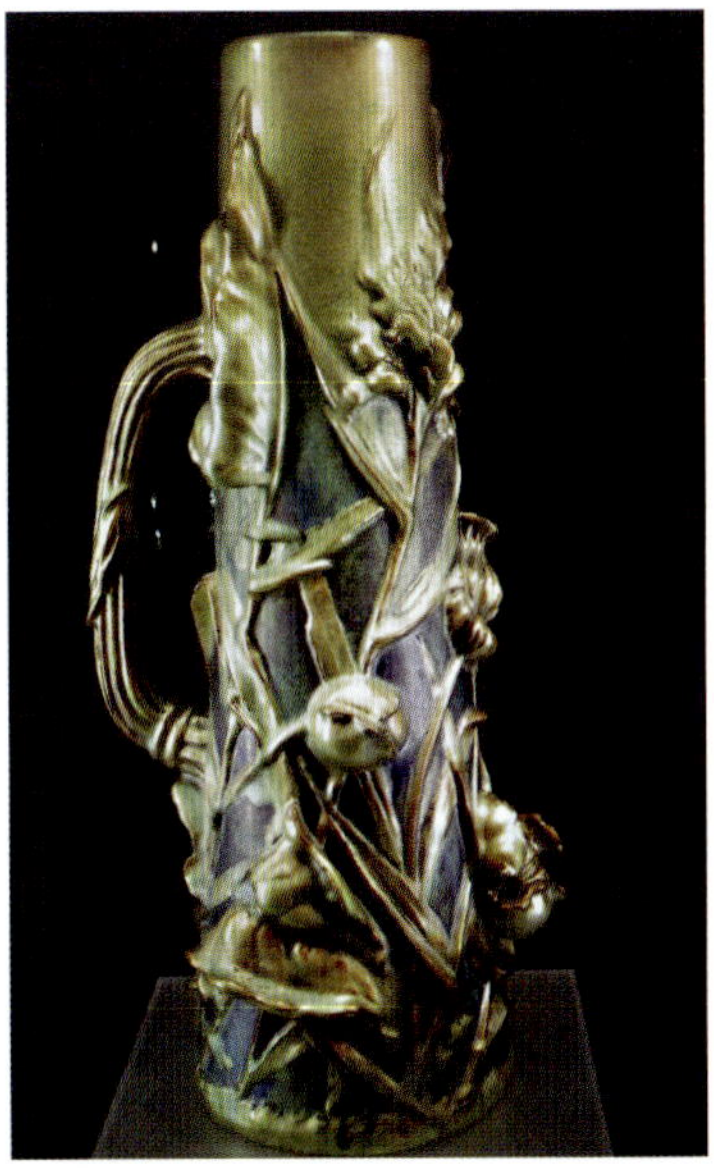

ギュギ・コレクション　ペーチ

ブダペスト

ハンガリーには質、量ともに最高の建築家と建築がある。本書では多くの建築家を取り上げたが、いくら書いてもまだ書ききれない。ブダペストの建築でこれだけははずせないという建築をここに。言うまでもなく、これら以外にも素晴しい建築がブダペストには残っている。

ゲッレールトの丘の住宅

集合住宅

Aulich u3 walko-házkörössy
Albert Kálmán

Honvéa u.3 Bedö-ház Vidor Emil

ゲッレールトの丘の住宅

エルジェーベト女子学院
近くの住宅

ゲッレールトの丘の住宅

グレシャム・パロタ　現ホテル　　キットナー・ジーグムンド

Honvéa u.4 Bedö-ház Vidor Emil

Vorwarts HUBERT&FRANZ GESSNER

蛙とトンボ

ブダペスト東駅側のレヒネル流集合住宅

オズワルド・ポリーフカ

１８５９～１９３１ Osvald Polívka

ポリーフカはオーストリアのリンツ近郊、エンスの生まれである。しかし、生涯のほとんどをチェコで過ごしたため、チェコの建築家に分類する。

彼はプラハ工科大学を卒業後、民間の設計事務所を経て、同大学の助手となり、有名なジーテク教授に師事する。同僚には後にプラハ中央駅を設計したファンタがいた。

ポリーフカは当時の若い建築家が皆そうであったように、歴史主義の建築を学んだ。しかし世紀末から20世紀初頭、アールヌーヴォーの建築に傾倒するようになる。同時代のライバルにヤン・コチェラがいるが、コチェラは教育畑に進み、実際の作品が少ないのに比べ、ポリーフカは仕事に恵まれた。

公共建築をはじめ、劇場、銀行、デパート、集合住宅、オフィスビルと作品は多岐にわたる。また彼の作品はヴァーツラフ広場など大通りにある建物が多く、彼の人気ぶりを象徴している。

それらの建物は全て内外ともに装飾に満ち溢れている。外壁には絵や彫刻が施されているが、絵の下地は漆喰塗りで、その多くの下絵をポリーフカは自分で描いた。古代よりヨーロッパで発達したフレスコ画の手法である。

ポリーフカの作品の中ではウ・ノヴァークの家、トピチョ出版社、プラハ保険会社の三作が代表的である。ウ・ノヴァークの家（１９０２年）は壁面全体にモザイクタイルで描かれた壁画があり、青ガエルのレリーフが楽しい。また、１階の商店への入口のステンドグラスのドアは溜息が出るほど美しい。

トピチョ出版社とプラハ保険会社のビルは新国立劇場の真向かいに二つ並んで建っている。両者とも4階建てで高さが揃えられており、巧みな装飾で街を明るく彩っている。

そしてポリーフカの最大、最高の作品は、プラハ市民会館である。この建物は競技設計が実施されたが、最終的にポリーフカとアントニーン・バルシャンクが共同で設計することになり、１９０５年から6年かかって完成した。

扇形の敷地に建てられたこの大きな建物は、アールヌーヴォー、アール・デコ、アンピル様式、古代ギリシャ、東洋のモチーフ、これら全てを包含した「プラハ・アールヌ

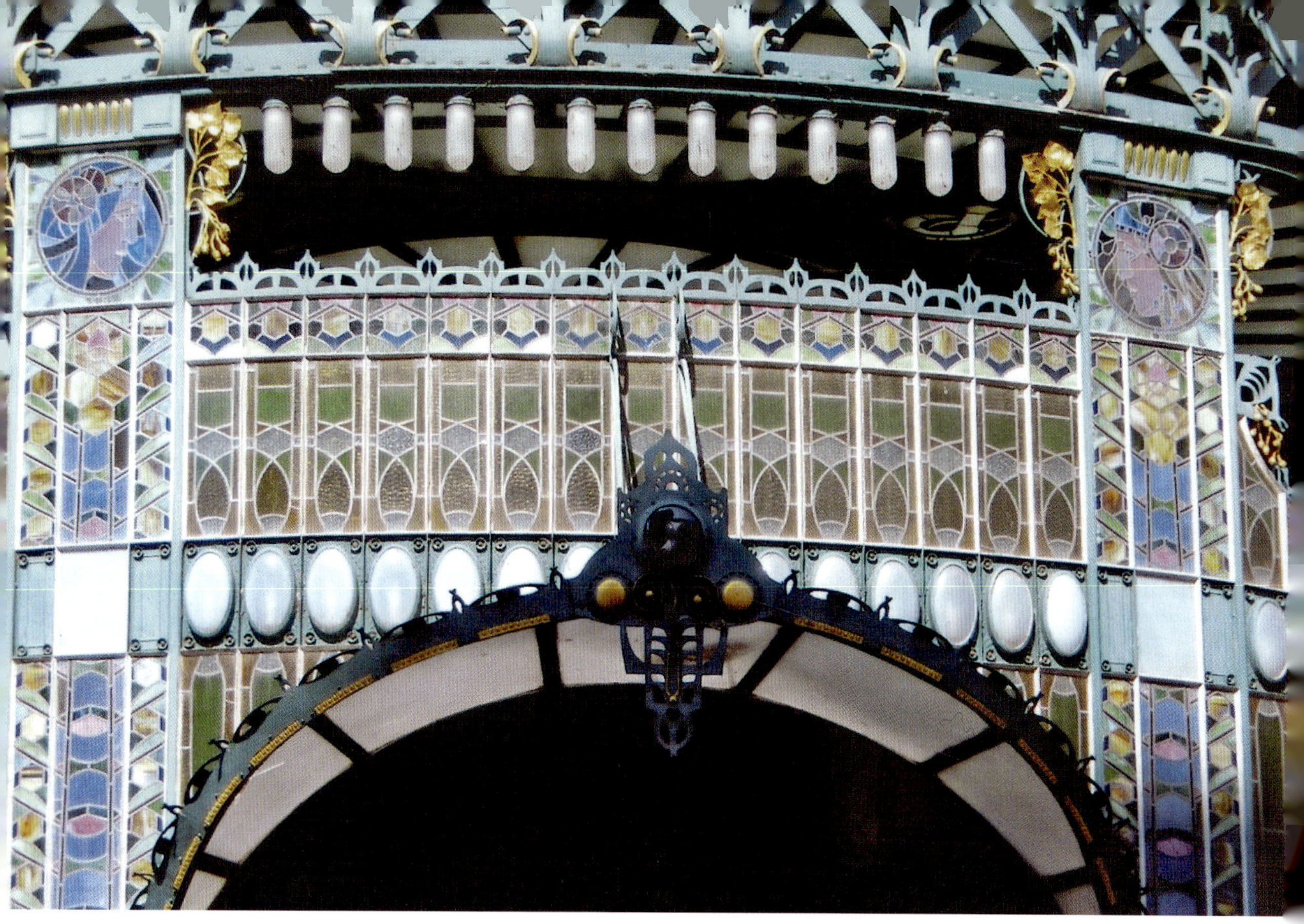

プラハ市民会館
プラハ

ーヴォー様式」となった。そしてプラハの芸術家が総動員された感のある内外の装飾が人々の眼を奪う。当時、パリで有名になった当地出身のポスター画家、アルフォンス・ミュシャも内装に協力している。

内部にある劇場はもとより、玄関の左右にあるレストランとティールームは10時の開店と同時に人々がなだれ込むほど人気がある。夜はお酒も飲め、音楽の演奏もあり、楽しめるところである。

ポリーフカはこの市民会館に余りにも多い様式、多すぎる種類の装飾をつめこんだため、その後長年に亘って批判の的ともなった。

しかし、ポリーフカの装飾に対する冒険は、21世紀になってアールヌーヴォーが再評価されてから人気を集めている。今になってみると、彼の試みは大成功だったと言えるだろう。

ウ・ノヴァークの家　プラハ

トピチョ出版社　プラハ

プラハ保険会社

ウ・ノヴァークの家　プラハ

ヤン・コチェラ

1871~1923 Jan Kotéra

ヤン・コチェラはチェコのブルノに生まれた。ピルゼンの工芸学校を卒業してから、4年間建築実務についたのち、ウィーンへ赴きオットー・ワーグナーの弟子となる。1896年建築国家賞を受賞、さらに翌年ローマ大賞を獲得し、イタリア旅行に出る。

赫々たる成果を残したコチェラは、プラハの工芸学校に教授として迎えられた。彼は教師としても有能でウィーンのワーグナー派に比肩するような学校に育て上げた。そのためか、彼が設計し実際に建てられた建築物はかなり少ない。しかしその中にあって、1899年にプラハに建てられたペテルカ邸は高い評価を得た。間口の狭い6階建の建物で左右対称、規則正しい窓に植物のモチーフが絡み付き、5階には男女の像が向き合うウィーン・ゼツェッシオンを踏襲したデザインだった。

さて、そんなコチェラの最高傑作は、実はペテルカ邸ではなく地方都市プロスティヨフの「民族の家」の方なのである。筆者はこの建物を見るためにわざわざプラハから10時間以上バスに乗り、一泊して出かけた。それだけの価値のあるものだからだ。

この建物はとても大きなもので劇場をも含み、事務所や集会所などたくさんの機能を備えている。コチェラはプラハ鉄道駅を、主任設計者であったヨゼフ・ファンタと協同で設計したことがあるが、外観の正面にそれとの類似性を見い出せる。即ち、中央に三角形の塔が立ち、頂上は水平にカットされている意匠がそうで、その下に大きな丸窓があり、左右に円形の塔が立つというものである。この「民族の家」の装飾は、他の作品には比較的装飾の少ないコチェラにしては大盤振る舞いで、内外ともにウィーン・ゼツェッシオンやブリュッセルのアールヌーヴォーにも共通する装飾が見られる。このようなコチェラの装飾は、保守的なプラハの建築家達から批判を受け続けることになる。彼はウィーンで同僚だったオルブリッヒに宛てた手紙で次のように語っている。

「わたしは猟犬に追われて森の中から駆り出されているようです。みんなの声が猟犬のようにワンワンと聞こえます。わたしは追い詰められています。わたしの思想を理解してくれる同志がここには全くいません。多少でも好意を寄せてくれるマードル氏のような数人の人達さえもわたし

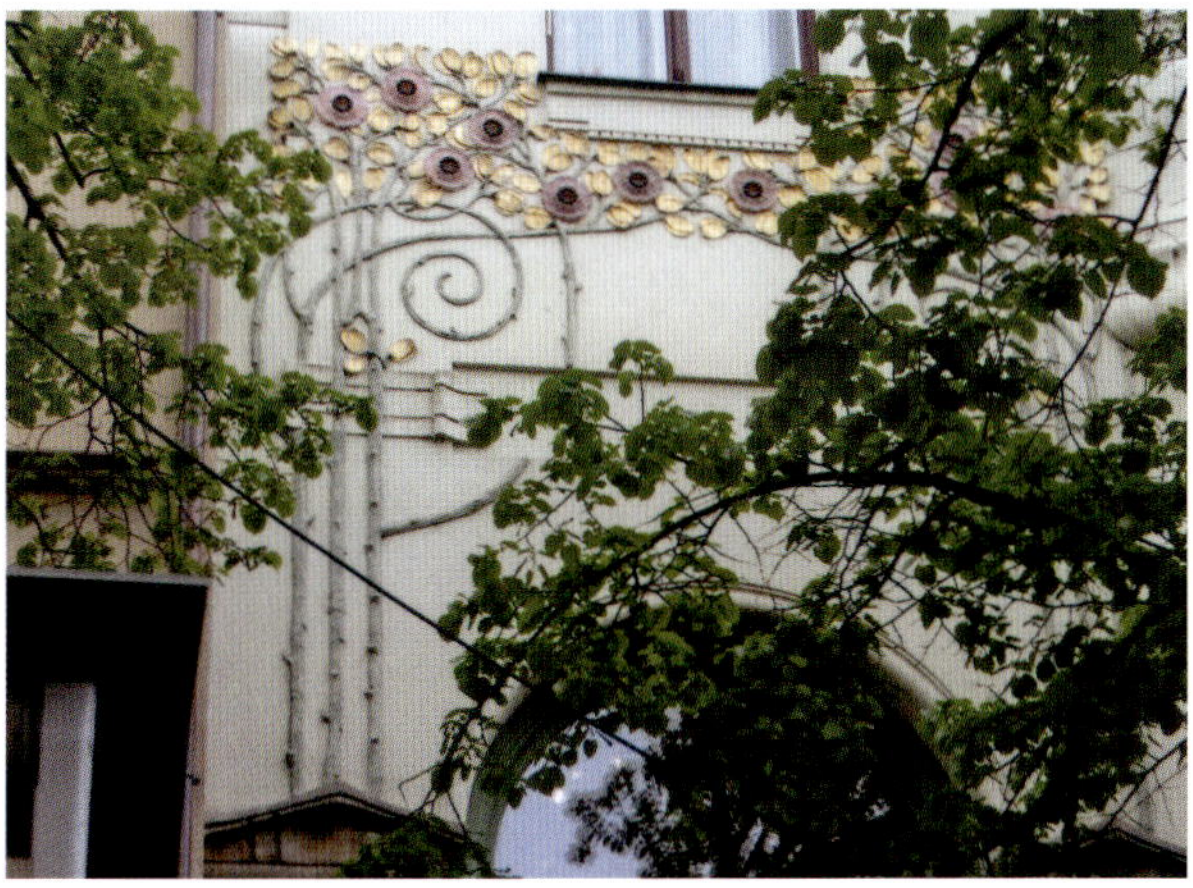

近くで見れば装飾たっぷりのペテルカ邸（上３枚）
プラハ

の作品を理解してくれません。わたしは新しい実験を試みているのです。わたしは自分の選んだ道を信じていますが、それでも時々は他人からの精神的援助がいるのです」

オルブリッヒはこの手紙をダルムシュタットで受け取った。二人の天才の友情がしのばれて楽しい。

コチェラは「建築にとって最も大切なことは建物の用途と構造、そして場所である」と考え、「空間を構造的に創造し、それを美化することであり、その第一の機能は真実であり、第二の機能は真実の表現方法である」と書いている。

同じ時代に生きたポリーフカが時代に受け入れられ、たくさんの作品を残したのに比べ、コチェラは教育者として孤高の人生を全うした。

コチェラ自邸　プラハ

民族の家
プロスティヨフ

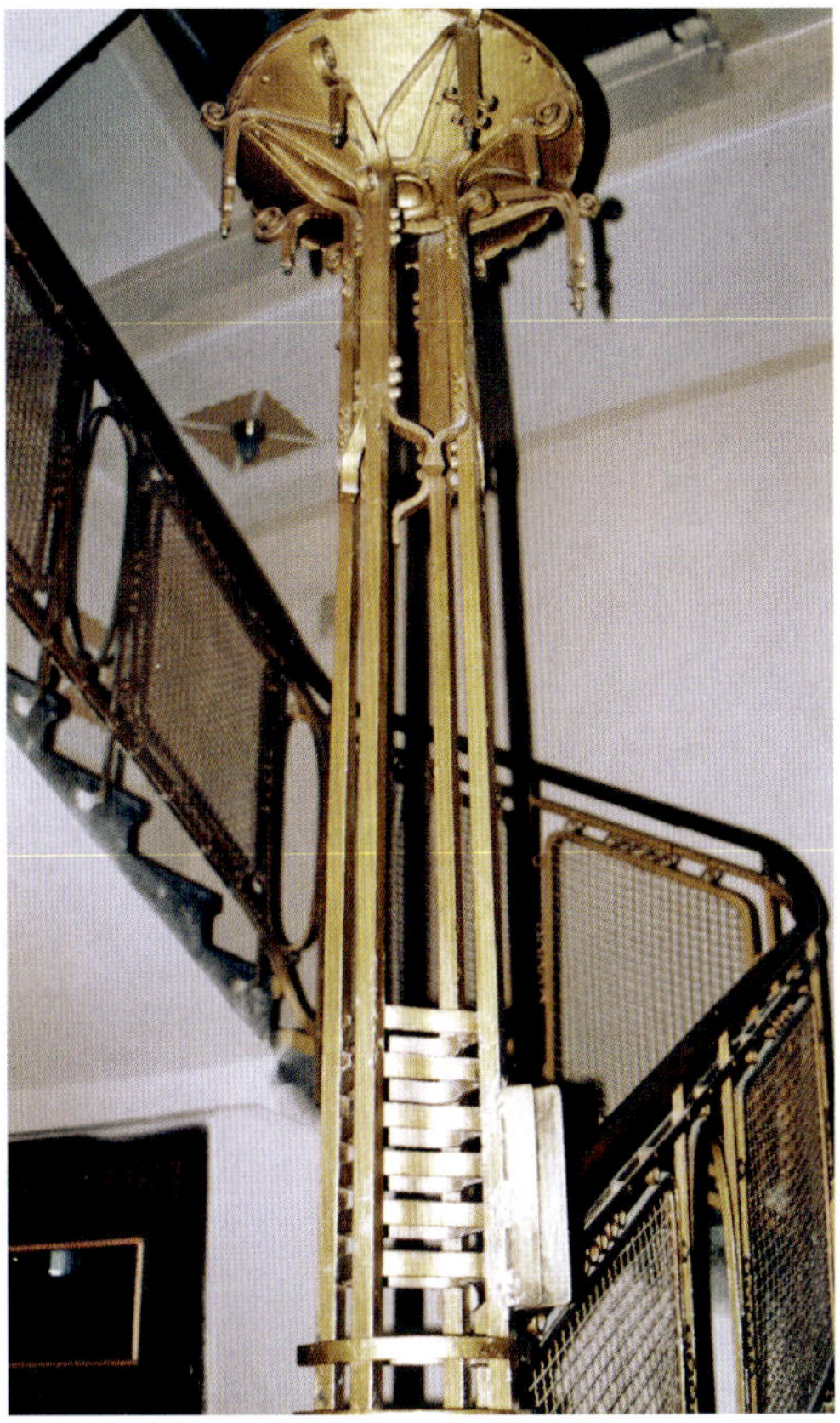

ペテルカ邸　階段照明塔
プラハ

ヨゼフ・ファンタ

1856〜1954

Josef Fanta

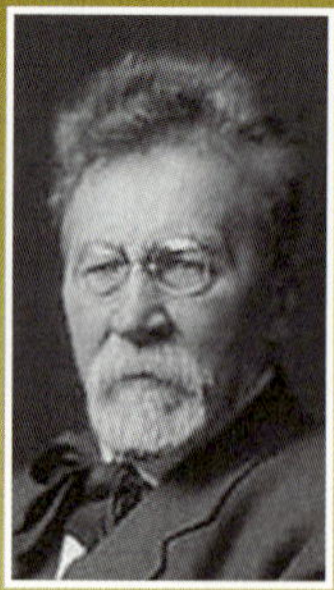

「世界中で最も素敵な鉄道駅をあげよ」と言われたらどこをあげるだろうか。オリエント急行の終着駅イスタンブールのシルケジ駅、重厚なミラノ中央駅、白い外壁でコロニアル風のロサンゼルス・ユニオン駅、枚挙にいとまがないが、私なら迷わず、プラハの中央駅をあげるだろう。独善かもしれない。しかしこの駅が数少ないアールヌーヴォー様式であるが故に、その考え方は不動のものとなる。一体に日本の駅はほとんどが通過駅（東京駅でさえ）であるため駅の正面は横に長いものとなる。

　これに対しヨーロッパの主要駅はほとんど終着駅であるため、駅の正面はあくまで正面性を発揮できる。プラハ中央駅は左右対称で中高の三角形の正面を持ち、左右に高い塔、中央にルイス・ヘンリー・サリヴァンばりの大アーチの入口、そして女神の裸像の彫刻、建築美の鉄則を全て守って実現した感じの建物だ。内部も美しい装飾が施され、旅行者を和ませる。

　ファンタはプラハの南、ターボルに近いスドオムエリッエに生まれ、プラハ工科大学に学ぶ。同学年にはオズワルド・ポリーフカがいた。卒業後、イタリアに留学。帰国後、プラハ国立劇場で働き、続いてプラハ工科大学のシェルッ教授の助手となり、１９０９年、昇格して教授となった。プラハ中央駅は１８９９年に着工、１９１４年に完成したので、その間に建設に関わっている。

　ファンタは多くの公共事業や住宅を設計したが、その晩年はあまり知られていない。しかし、１８５６年に生まれ、１９５４年に死んだ。アールヌーヴォーの建築家の誰よりも早く生まれ、誰よりも遅く死んだ98歳の生涯であった。

フラホル合唱団の家　プラハ

プラハ中央駅

プラハ

プラハにはブダペストに負けないくらい（数では負けるが）、多くのアールヌーヴォー建築がある。しかもその質が高い。

国際的知名度でポリーフカとコチェラの右に出る者はいないが、他にもたくさんの優れた建築家がいる。近年、アールヌーヴォー建築の価値が見直され、保存されると共に元通りに修復されている。ヴァーツラフ広場や旧市街広場、マサリク堤防、ヨゼフォフ、どこを歩いても美しいアールヌーヴォー建築が林立している。

ボヘミアスタイルの家

２人の妖精バジースカー通り

ル・ツェルナ　フレッハ＆ハヴェル

ハナフスキー・パビリオン ロ・ヘイゼル

グランドホテル　エウロパ
Alols Dryák Bedřlch Bendelmayer

ホテル・ツェントラル　フリードリヒ・オーマン

ウ・ドルフレルーの家

マサリク堤防の集合住宅「鳥の館」（右）

プルゼニュ

チェコのアールヌーヴォー建築はほぼプラハに集中しているが、それが全てではない。ピルスナービールで有名なプルゼニュにも美しいアールヌーヴォーがある。

プルゼニュはプラハの南西80㎞ほどに位置する。チェコ語では「プルゼニュ」だが、「ピルゼン」の方が通りがよい。

ピルゼンでは、700年も前からビールが作られていたが、1842年、これまでの酵母と違う下面発酵のビールが発明され、黄金色でホップのきいたピルスナービールが誕生した。

ピルゼンはチェコ屈指の工業都市でもある。第二次大戦では兵器も作った。したがって経済的に豊かな街で、通りはとても清潔だ。ビール造りの伝統が自然に人々を清潔好みにしたのかもしれない。

共和国広場から周囲を見渡すと、この街がボヘミアンバロックの街であることがわかる。しかし、通りを一歩入ると、「アッ」と驚くアールヌーヴォーの建築に出くわすことができる。

いきなり「ギャッ」と言わされたのは共和国広場に通じるドミニクアンスカ通り7丁目282番地の家だった。5階建でシンメトリーの外観を持ち中央には弓形の出窓。そこにはオルブリッヒ風の丸窓があり、上部には型通りヒゲを生やしたヤギ頭のオジさんが眼をむき、口をあけて威嚇している。上の方の飾り柱の柱脚にはヤギ頭が4頭、全体に花の彫刻に覆われ、両側の窓のマグサには蛾にも見えるトンボ。上半分は漆喰塗で下半分は石貼。アールヌーヴォーの基本を全ておさえた、教科書のような建物だ。

共和国広場を中心にどの道を歩いても、いかにもアールヌーヴォーの建物にいくらでも出会える。ほかにもボヘミアンスタイルやバロックとの折衷的な建物がたくさんあって、楽しめた。

歩き疲れたあとのピルゼンビールはうまいことこの上ない。

ドミニクアンスカ通り282番地の家

ブルゼニュは素敵なアールヌーヴォーだらけの街

カルロヴィ・ヴァリ／マリアーンスケ・ラーズニエ

この二つの町はチェコ有数の温泉の町。ピルゼンの近くにある。カルロヴィ・ヴァリが最も有名で街の中心をテプラー川が流れ、その両側に温泉やホテルが林立する。日本でいうと、山形県の銀山温泉に似た町だ。

ヨーロッパの温泉にはほぼ例外なく、「コロナーダ」と呼ばれるオープンモールがある。たいていは19世紀に造られていて、年代が早いものには重厚な石造りもあるが、世紀末のものになると大抵鉄骨造りである。このモールの本来の目的は散策する人が雨に濡れずに歩くためのもののようだが、温泉のシンボルとして建てられているようでもある。

アールヌーヴォーの入門書にはロンドンの水晶宮や、ブダペストの産業宮殿もスケスケの鉄骨で造られていて、これらがアールヌーヴォーの範疇に入っている。

そういう意味で、この二つの温泉のコロナーダを取り上げた。さらに、カルロヴィ・ヴァリにはアールヌーヴォー的発想のホテルも多いのだが、一つだけこれぞアールヌーヴォーという建物がある。かつては地元の銀行であった建物で、今は裏から入るペンションになっている。

カルロヴィ・ヴァリのコロナーダ

マリアーンスケ・ラーズニエのコロナーダ

もうひと頑張りが欲しい「擬アールヌーヴォー」

カルロヴィ・ヴァリの元銀行（左が表、右が裏）

チェスキー・クルムロフ／チェスケー・ブディエヨヴィツェ

世界遺産チェスキー・クルムロフは今やチェコを代表する大人気の観光地である。街のシンボルであるチェスキー・クルムロフ城はヴルタヴァ川からS字状に蛇行する丘の上にあり、13世紀の建物だ。川の両端にはりつく街並はおもに16世紀のものでルネッサンス風の街並である。

この街の中に１９０７年に出来た集合住宅があった。日本で重要伝統的建造物群保存地区に指定された旧宿場町などの古い街並に一軒だけ洋館があったりして、そしてそれが街の景観に好ましい緊張感を与える例が見受けられるが、この建物もルネッサンスの街並の中に違和感なく立っていた。

チェスキー・クルムロフに程近い町、チェスケー・ブディエヨヴィツェ。舌をかみそうな名前だが、この街の中心プシェミスル・オタカル2世広場は正方形の広場でポーランド・ワルシャワの広場に負けない街並をもっている。

その広場から少し入った通りにアールヌーヴォーらしい壁画を持った建物があった。思いがけずこのような建物に出会うと嬉しくて乾杯したくなる。ちなみにこの街の名前を冠したビール、「ブトヴァイザー・ブドヴァル」はチェコ中で愛飲されているが、アメリカの有名ビール「バドワイザー」はこのビールに由来する。

ちょっといかす建物
チェスキー・クルムロフ

チェスケー・ブディエヨヴィツェの
アールヌーヴォー

塗り残しも芸術だ
チェスケー・ブディエヨヴィツェ

1907年の集合住宅
チェスキー・クルムロフ

湖畔に建つアールヌーヴォー

チューリヒ・ローザンヌ・ストレーザ

スイス・チューリヒ湖に面するチューリヒ、レマン湖畔のローザンヌ、そしてイタリア・マッジョーレ湖に相対する保養地、ストレーザ。その街を歩いて、それぞれ一つずつのアールヌーヴォー建築を見つけた。

チューリッヒは金融の町で銀行の建物をはじめ、現代建築が多い。そして旧市街には尖塔を持つ教会や中世風の建物が多い。

チューリヒ湖畔には白鳥や水鳥がたくさんいて、市民がエサをあげたりしてほほえましい風景がある。そのチューリヒ湖にそそぐリマト川に面し、中央線からも近い、二ツ星ホテル「リマトホフ」。端正な外観を持ち、庇の持ち送りが斜めになっていて珍しいデザイン。装飾はアールヌーヴォーの原則を守っている。

ローザンヌとストレーザの店舗付集合住宅。Rの付いた破風を持ち、軒天の装飾も妙に似通っている。ストレーザの方は1906年とあるのでまぎれもないアールヌーヴォーだが、ローザンヌの方はデビューが1978年とある。一階の店舗が1976年オープンなのではないかと思われるが断言は出来ない。

レマン湖もマッジョーレ湖も本当に美しい湖なのだ。だがそこにある建物が同じ設計者だったりすると楽しい。

次にローザンヌに行った時には確かめてみたいものだ。

ホテル・リマトホフ
チューリヒ

集合住宅
ストレーザ

集合住宅
ローザンヌ

アールヌーヴォーを捜しにゆく

ニュージーランド

移民の国ニュージーランドにも、アールヌーヴォー建築がありそうだという予感がし、行ってみた。結論から言うと、空振りだった。とはいえ、とても美しく面白い国だった。

例えば羊。人口約450万人の国に羊がその20倍近くいるという。牧羊の国ニュージーランドでは、牧場の中にゴルフ場があったりする。打球が羊に当たるとペナルティだそうだ。

南島のテカポは、星空を世界遺産にしようというくらい、空気のきれいな所だ。あまりに空気が澄んでいるので、遠くの家がすぐ近くに見える。しかし実際には遠いので、行っても行ってもたどりつけなくて、遭難騒ぎになることもあるという。驚いたのは三日月の陰の部分が、しっかり見えることだ。写真を見て欲しい。ミラーレイクは湖面が鏡のようで、湖面に映った陰の方が本物らしく見える。

建物は概してイギリスのジョージアン的なものが多かったが、アロータウンという西部劇のような街もあった。

クライストチャーチからワナカまでバスで走る。人口200人の町、50人の町、さらには20人の町まであり、それぞれにちゃんと学校がある。住民の多くが北島に住み、南島では2000人なら多い方で、3万人を超えると必ず飛行場がある。緯度が低いせいで、標高2000m以下の山でも氷河を頂く山がたくさんある。空気が綺麗なので、じっと眼をこらすと、氷河が動いているように見える。

結局、どこを歩いても、アールヌーヴォーの建物はなかったが、北島のネイピアにはアール・デコだらけの街があるらしい。一度は行ってみたいものだ。

夥しい羊の群

ちょっといかすゴシック調の学校
クライストチャーチ

ミラーレイク
(上部が本物)

三日月　テカポ

ちょっといかすハグレー公園の家
クライストチャーチ

ブラチスラヴァ

スロヴァキアは1993年にチェコスロヴァキアから分離してスロヴァキア国となった。私が行ったのはその年の11月で、独立したばかりだった。

首都ブラチスラヴァにはレヒネル・エデンの「青の教会」と「小学校」がある。青の教会が修復されて、青く美しくよみがえっていた。小学校は廃校になったようで古ぼけていた。ブラチスラヴァはあまり大きくない街で、旧市街から青の教会まで歩いてゆくと、道の両側にそう多くはないが、中規模のアールヌーヴォーの集合住宅があった。その中にドキッとさせるデザインの建物が複数あり、楽しい探訪となった。

ネオルネッサンスとアールヌーヴォーの合の子のような建物もあり、ひいき目に見て、これもコレクションに入れることにした。

小学校　レヒネル・エデン

集合住宅

頂部がユニーク

青の教会　レヒネル・エデン

集合住宅

ネオルネッサンス的アールヌーヴォーの家

ヴァーゴー・ラースロー

１８７５～１９３３ Vágo László

ヴァーゴー・ヨージェフ

１８７７～１９４７ Vágo József

２０１６年４月、オラデアの町を10数年ぶりに再訪した時、偶然にもヴァーゴー兄弟が設計したダーバス・ラ・ロチェハウスを利用した、アールヌーヴォー展が開かれていた。ロチェハウスの外部は古びていたが、内部は美しく修復され輝きを放っていた。全ての部屋を見ることが出来、おまけにオラデアのアールヌーヴォー本も手に入った。内部は展示もされていたが、内装そのものがアールヌーヴォー展なので、普段はなかなか中に入れなくて口惜しかったそのうっぷんを晴らすことが出来た。

ステンドグラス、色タイル、漆喰、寄木、銘木の象嵌など様々な手法が用いられ、内部が彩られていた。外観は全くの非対称で、石造の外壁が金属鋲で止められている。ベーラ・ライタのキャバレー・パリジャンのスタイルも取り入れられ、アール・デコ的な趣きも感じられるが、横向きの半裸の女神像がアールヌーヴォーを主張しているようにも思えた。

兄ラースローは建設専門学校を、弟ヨージェフはブダペスト工科大学を卒業後、二人共レヒネル・エデンの事務所で働いた。その後、１９０２年から９年間兄弟でコンビを組み、約40軒の建物を設計した。

二人は主にブダペストで仕事をしたが、オラデアにも4軒の魅力的な建物を残している。

ダーバス・ラ・ロチェハウス　居間

ダーバス・ラ・ロチェハウス　オラデア

モスコヴィッツハウス　オラデア

リマノーツィ・カールマーン

1840〜1908　Rimanóczy Kalman

カールマーンはオラデア（当時の名前はナジヴァラド）に生まれた。オラデアはルーマニアの西の玄関口で交通の要衝である。現在はルーマニア領だが長い間ハンガリー領であったため、ハンガリー系住民が多い。この街の中心部にアールヌーヴォー建築がたくさんある。

『世紀転換期のマジャールの建築』によれば市内に49のアールヌーヴォー建築が記録されている。コモル＆ヤコブ設計による建物が、有名な黒鷲ホテルをはじめ7軒ある。だが、数で圧倒するのはカールマーンで、合計12軒ある。オラデアにおける彼の人気ぶりがわかる。代表作はレプブリチ通りとミハイエミネスク通りの角にあるモスコビッツ・パロタである。様式はハンガリーのレヒネル流とは全く異質の、ウィーン・ゼツェッシオン調の建物で、1階は商業施設、2、3階と屋根裏部屋は集合住宅である。2016年現在修復中。同じ通りにあるセントラル貯蓄銀行は修復が完成し、その端正な姿を取り戻した。

しかし、カールマーンの最大にして最高の建物はハンガリーのデブレッチェンにある、デブレッチェン第一貯蓄銀行である。人口20万人、ハンガリーの東端でオラデアに近い学園都市の、駅から延びるピアッツ通りに面するこの建物、間口が広くかつ二面道路で、そのファサードは壮大である。銀行の建物であるせいか、アールヌーヴォーではあるが、列柱やアーチの窓など古典、ルネッサンス様式も混交した楽しい建物で、近くの市庁舎の赤い砂岩と相まって、夕方になると夕日をまともに浴びて大通りは再び昼の如き明るさを取り戻す。

カールマーンの一生は余り知られていないが、42歳でペーチでその生涯を閉じた。

モスコヴィッツ・パロタ　オラデア

第一貯蓄銀行ビル
デブレッチェン

モスコヴィッツ・パロタ
（改装前）

ティミショアラ

19世紀末のハンガリーの版図はスロヴァキア、旧ユーゴスラヴィアの北部、そしてルーマニアの北半分まで広がっていた。今ではルーマニア領となっている、その地域にオラデア、クルージ・ナポカ、トゥルグ・ムレシュ、アラド、ティミショアラなどの地方都市が含まれていた。ハンガリーの首都、ブダペストでアールヌーヴォーの嵐が吹き荒れていた時期、このような各都市にも例外なく、アールヌーヴォー建築が建てられた。

そして、これらの都市は第二次世界大戦の影響をあまり受けず、かつ共産主義国家となったことで、戦後は低成長が続き、ほとんど再開発は行われなかった。そのおかげで、今日まで100年以上経っても当時の魅力的な建物がそのまま残り、研究者垂涎の的となっている。

ティミショアラはルーマニア第3の都市である。1989年に民主化を求める市民達をチャウシェスク大統領が弾圧、多数の死傷者を出したルーマニアの流血革命が起き、ティミショアラの歴史に新しい一頁を加えた。

『世紀転換期のマジャールの建築』には87の建物が収録されている。まず目につくのは勝利広場の近くにあるピアリスタ教会とギムナジウムだ。いずれもゼークリイ・ラーズロの設計である。

中央には高い塔を持つ教会があり、両側にギムナジウムが放射状に広がる。ルーマニアやハンガリーでは教会と学校が共存することが時々ある。広い敷地にシンメトリーに建てられていて存在感がある。

さらに、かつて城壁で囲まれていただろう円い旧市街とその外側にもアールヌーヴォーの建物がひしめきあって建っている。そのほとんどが4階から5階建の集合住宅である。代表的なのがゲーテ通りからメシエシロー通りの全てを占めるダワバック宮殿である。レヒネル風の独特の破風を持った巨大な集合住宅だ。そのほかにも街を歩けば細部まで装飾を施したアールヌーヴォー建築に出会うことができる。

このなかで、ゲメインハード・マートン以外は作者が示されておらず、地元の建築家が競い合って建てた結果、出来上がった街であると想像できる。

ピアリスタ教会とギムナジウム　ゼークリイ・ラーズロ

ダワバック宮殿

ゲメインハード・マートン

カライマン通りの集合住宅

用途不明

集合住宅ファサード

クルージ・ナポカ

クルージ・ナポカはトゥルグ・ムレシュに近い。しかもオラデアとトゥルグ・ムレシュの中間にある。二つのアールヌーヴォーの街に挟まれたこの街にもちょっといかした、商業施設や集合住宅がある。

　どの建物も聖ミハイ教会の両側にある大通りに面していて、少し歩けばお目にかかることが出来る。

1989年12月21日通りの商業施設

クルージナポカ駅前の住宅

Str Memorandumu（ui náz　chouse）

Str Petru Groza 42番地の住宅

アラド

ティミショアラの北50㎞のところにある街、アラド。ここにもたくさんのアールヌーヴォー建築が残されている。先に述べた『世紀転換期のマジャールの建築』によれば、ブダペストの820には遠く及ばないとしても、小都市で80という数は、一つの都市に建築された数としては世界の上位に入るものだ（11位）。

私が訪れた1997年には街全体が汚れていて、アールヌーヴォーの建物も装飾が剝げたりして散々な状態だったが、アールヌーヴォーが見直されている今訪れたら、きっと見違えるように美しくなっていることだろう。

アラドのアールヌーヴォー建築では建築家の名前が判っていないものが多い。わずかにクルチュール宮殿がベーブ・ジュラの設計とされるだけである。共和国通りに良い建築が多く、中には完全なレヒネル様式もあり、かつ裏通りにはハッとさせられる住宅もあって、街歩きの楽しい場所であった。

共和国通りの集合住宅

裏通りの住宅

窓飾り

裏通りの住宅詳細

集合住宅

レヒネルスタイルの集合住宅

トゥルグ・ムレシュ

トランシルバニアの中心にあるトゥルグ・ムレシュは、ルーマニアの入口に位置するオラデアと並んでアールヌーヴォー建築が花開いた都市である。そのきっかけとなったのは発展するトゥルグ・ムレシュのシンボルとなる市庁舎の設計競技であり、それは１９０６年に行われ、コモルとヤコブのチームが当選した。この市庁舎はアールヌーヴォー様式で建てられ評判となった。続いてその隣に同じ設計者によって文化宮が建てられた。

コモル＆ヤコブ。二人のチームはこの建物を皮切りにセルビアのスボティツァをはじめとして、売れっ子作家となっていく。

その後、トゥルグ・ムレシュの発展はめざましく、ブダペストから何人かの建築家が招へいされる。その一人がバウムガルテン・シャーンドルで、彼の設計したボーヤイ・ファルカス高等学校は評判となった。（３０２頁右下）

トロッカイ・ヴィーガント・エデもブダペストで活躍していたがトゥルグ・ムレシュに移り、トゥルグ・ムレシュ商工会議所や多くの住宅を設計する。ハンガリーの建築家に共通するのは絵のうまいことで、ヴィーガントのスケッチを見ると、屋根のRがうまく表現されている。この「描かずに表現する」、まるで禅のような表現がハンガリーの建築家の得意とする所である。

作品数で最も多いのはラド・シャーンドルで彼もブダペストからやってきた。トランシルバニア風の尖塔を持った建物はシャーンドルのおはこで、その洗練された手法はなぜかアムステルダムのファン・デル・メイを思い出す。トゥルグ・ムレシュはアールヌーヴォーの建物が最もよく保存されている街で、訪れる人は少し歩くだけで無数の美しい建物に会うことができる。

寄宿舎　ラド・シャーンドル

ヤコブの家　ラド・シャーンドル

Felgenbaum-hăz Keleti Béla

商店

ボーヤイ・ファルカス高等学校
バウムガルテン・シャーンドル

トゥルグ・ムレシュ商工会議所
トロッカイ・ヴィーガント・エデ

コマーシャル・ロマーナ銀行

左トゥルグ・ムレシュ市庁舎
右文化宮いずれもコモル&ヤコブ

プロヴディフ／コプリフシティツァ

アールヌーヴォー建築の宝庫、ルーマニアに比べて、隣のブルガリアは寂しい限りだ。しかし建築の文化度においては全く引けをとらない。

高地にある「美術館都市」コプリフシティツァの豪華住宅と街並み、そしてプロヴディフの民族復興様式の住宅。いずれも世界に誇るべき建築である。

ブルガリアでは片身の狭いアールヌーヴォーだが、それでも、プロヴディフにはいくつかの建築がある。それらは目立たず、街並みにとけこんで「そっ」と建っている。

住宅居間

店舗付住宅　プロヴディフ

民族復興様式の家（現地域民族博物館）
プロヴディフ

カブレシュコフの家
コプリフシティツァ

店舗付住宅
プロヴディフ

ヨージェ・プレチニック

1872～1957 Jože Plečnik

オットー・ワーグナーの門下にはきら星の如く人材が集まっていた。ヨゼフ・ホフマン、ヨゼフ・マリア・オルブリッヒ、オットー・シェーンタール、そしてヨージェ・プレチニック……。

プレチニックはリュブリャナ（現在のスロベニアの首都）の家具職人の子として生まれた。当時のユーゴはオーストリア・ハンガリー二重帝国の広大な版図の中にあり、プレチニックもその首都であるウィーンに出向き、オットー・ワーグナーに師事することとなった。彼の故郷リュブリャナには3つの文化圏が入り交じっていると言われる。即ちローマとビザンチン、そしてウィーンを中心とするドイツ文化である。この三つの文化の対立緊張の中からプレチニックの装飾的建築が生み出された。18世紀のフィッシャー・フォン・エルラッハやヒルデブラントのバロックから抜け出した19世紀末のウィーン・ゼツェッシオンは装飾性とその排除の微妙なバランスの中にあった。プレチニックのデザインの理想は古代ローマであり、ルネッサンスであり、バロックであった。彼は終生その理想を追い求めた。

そのため、師匠であるオットー・ワーグナーともある一線を画した作風になっている。オットー・ワーグナーが晩年装飾を捨て去り、ウィーン郵便貯金局やカイザーバードの水門監視所というモダニズム的な作品を作った後も、モダニズムの外縁を歩き、魅力的な装飾のある建物を造り続けた。古代ローマやバロックを単に模倣することなく、彼独自のデザインモチーフとして球、円錐、角錐、楕円という形を取ったことから、現在ではポストモダンの先駆者ではないかという意見もある。

一生を通じて質素で禁欲的な生活を送ったプレチニックの設計活動はほとんど無報酬であり、そればかりか彼の道徳的思想と一致しない依頼は容赦なく断るという徹底ぶりであった。そのため、彼の収入はプラハ大学や故郷リュブリャナ大学の教授としての報酬によるのみであった。このあたりの生活思想は、同時代に生きたガウディとよく似ている。

後半生の40年をリュブリャナで送ったプレチニックは、民俗性豊かな美しい作品を数多く故郷に残している。

ボーンハウス　ウィーン

ツアッハルハウスの照明塔　ウィーン

ツアッハルハウス

国立大学図書館
リュブリャナ

コングレスニ広場の街灯
リュブリャナ

保険会社ビル　リュブリャナ

聖心教会　プラハ

マックス・ファビアーニ

1865〜1962 Max Fabiani

マックス・ファビアーニはスロベニアのコブディルに生まれた。当時のスロベニアはオーストリア・ハンガリー二重帝国の領土であり、建築の道をめざしたファビアーニはウィーン工科大学に進んだ。1890年から2年間、グラーツ工科大学の助手を務めたあと、ヨーロッパを旅行。帰国してのちオットー・ワーグナーの事務所に勤める。

彼はワーグナーのもとに2年間いて、ウィーン市営鉄道の駅舎の設計を手伝った。そしてその間に故国スロベニアの首都リュブリャナ市が大地震に見舞われ、市の建物は壊滅的な打撃を受ける。ファビアーニが再建計画に携わることになり、1900年、市の復興のための全体計画が完成した。その計画は、新しく道路を引きなおす本格的な都市計画であった。以後、ファビアーニは長期に亘って住宅、教会、公共施設など多くの建物を設計した。ただ資料で見る限り、これらの建物は伝統的手法から逸脱せず折衷的な作品が多い。

ファビアーニはウィーンにも数多くの建物を設計している。有名なものはコールマルクト通りのアリタリアハウスやプラネタリウムを納めたウラニアである。前者が最もゼツェッシオン的で完成度が高く、これによってアールヌーヴォー作家と認められている。

ファビアーニの建築には不思議と敷地が不整形なものが多いのだが、この二つもそれにあてはまる。コールマルクト通りに面する方は比較的間口が広いのだが、奥へ行くほど狭くなっていく。

ファビアーニは卵形の階段を設け、その前を吹き抜けにして採光をとっている。正面のファサードの端正さからは想像できない歪んだ建物である。ウラニアは一方が道路、片方が川と目立つ場所にある。卵を引き延ばしたような平面の中央に劇場を設けている。外観はコリント式の列柱を並べたりして、彼特有の古典回帰の建物である。

彼の作品集を見ると古典式からアラブ式、アールヌーヴォーと、様式は多岐に亘っている。若い頃訪れたイタリアの建築のイメージが終生ついてまわったように思われる。

ウラニア（教育学研究所 兼 天文台）
ウィーン

アリタリアハウス
ウィーン

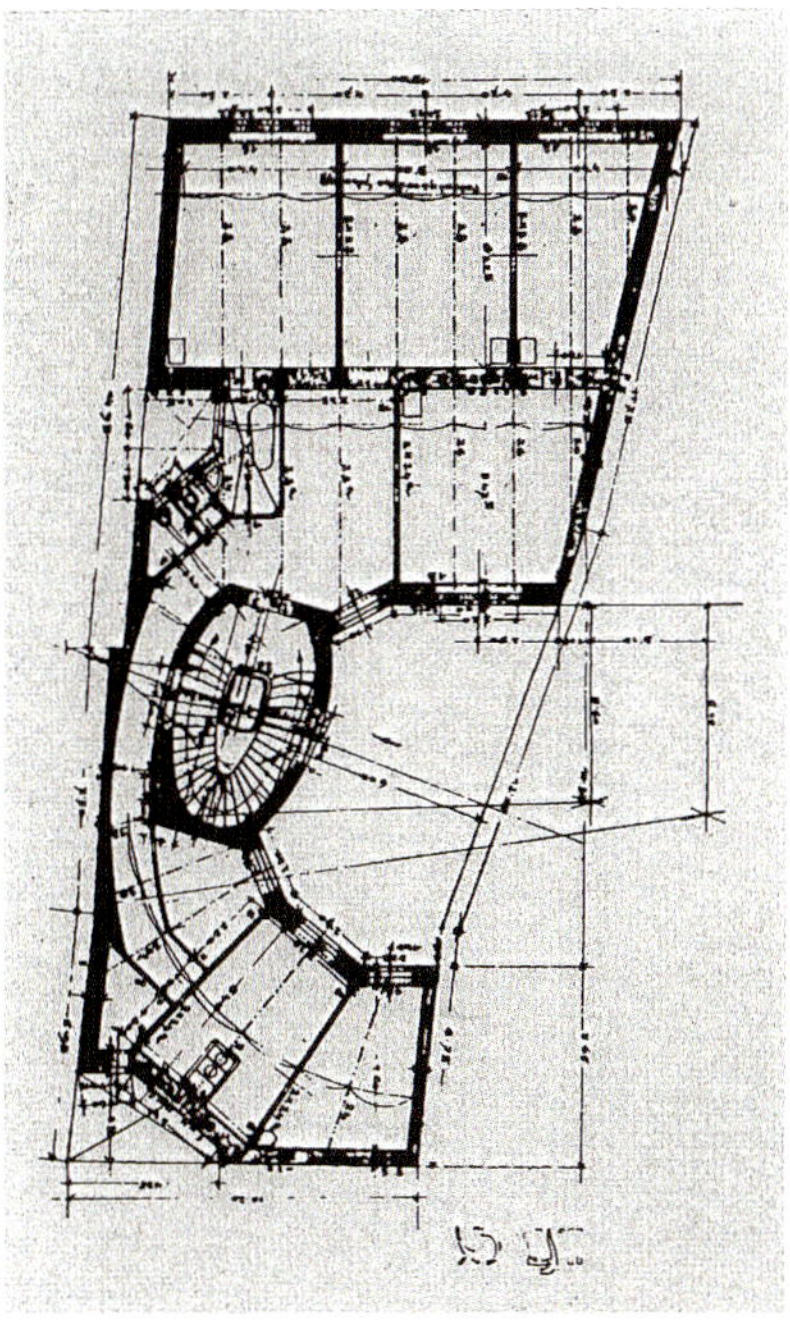

アリタリアハウスの平面図

シリル・メトッド・コック

1867〜1925 Ciril Metod Koch

リュブリャナの中心部、三本橋を渡った所にあるプレシェーレン広場にこの建物がある。建築史に残るべきこの建物の設計者が誰であるか、長い間わからなかった。謎が解けたのは本書の発刊直前であった。ある本には「フリバー・ハウス」としてマックス・ファビアーニの作とあったが、ファビアーニの作品集には載っていない。文献や文明の利器を駆使して調べること数時間。出てきた。実は建物の名前は「ハウプトマン・ハウス」、設計者はシリル・メトッド・コックであった。

コックはスロヴェニアのクラーニ生まれ。リュブリャナの高校を出て、オーストリアのグラーツ及びウィーンの専門学校に学ぶ。同郷であるマックス・ファビアーニとはウィーンで知り合った。

1895年地震で壊滅したリュブリャナの復旧のためファビアーニが故郷に赴くと、相前後してコックも帰郷。二人してウィーン・ゼツェッシオンをリュブリャナに持ち込んだ。ファビアーニがリュブリャナの都市計画に携わったのに対し、1901年コックは民間の建築設計を積極的に行った。1901年コックは「クーデン・ビル」というユニークな集合住宅を設計している。そしてあの、ハウプトマン・ハウスは1904年、既存ビルの改修であった。この改修は大成功だった。私が訪れたのは1988年で、リニューアル直後のこの建物はそれはそれは美しかった。

今日でもリュブリャナには多くのアールヌーヴォー建築が残るが、プレチニック・ファビアーニと並んでリュブリャナ三人男の一人として歴史に名をとどめている。

クーデン・ビル　リュブリャナ

ハウプトマン・ハウス　リュブリャナ

ライヒレ・フェレンツ

1869~1960 Raichle Ferenc

現在のセルビアとの国境に近いハンガリー・オーストリア二重帝国のアパティンに生まれたフェレンツも、ブダペスト工科大学建築科の出身だ。当時はハウスマン教授を中心とする保守派の牙城で、人気建築家レヒネル・エデンとは対立関係にあった。しかし曲線を多用し、ジョルナイ工房のタイルやセラミックを駆使するレヒネルに多くの学生は憧れ、ファンになった。1891年卒業後、彼は2年間ベルリンで働く。そして、故郷に近いサバトカ（現在のスボティツァ）で、設計施工を業とする建築事務所を開いた。その街に1902年コモル&ヤコブの設計したレヒネルスタイルのシナゴーグが完成をみた。これにフェレンツが影響されたのは想像に難くない。

翌年、フェレンツはサバトカ駅の真正面に派手派手の「これぞアールヌーヴォー」という自宅を建てた。セラミックを多用したこの建物は「ライヒレ宮殿」と呼ばれ、現在はギャラリーになっていて、旅行案内書にも載っている。表が派手な割に裏通りに面した中庭は白を基調とした比較的おとなしいデザインで、その対比が面白い。

1907年再びコモル&ヤコブの設計でサバトカ市庁舎が完成する。同年フェレンツはハンガリーのセゲドに移る。史実としては明らかではないが、コモル&ヤコブの市庁舎のコンペ当選に、何か嫌気がさしたのかもしれない。セゲドでもフェレンツは自邸によく似た建物を建てる。自邸は3階建てだがセゲドの方は5階建てと大きい。ジョルナイ工房のセラミックを多用した美しい建物である。大通りの角地に建ち「伯爵宮殿」と呼ばれている。

1912年にブダペストに移ると、まもなく設計はやめているようだが、それからの後半生をいかに生きたかは知る由もない。享年91歳、当時としては長生きだった。

ライヒレ宮殿　スボティツァ

ライヒレ宮殿

ライヒレ宮殿（中庭側）スボティツァ

ライヒレ宮殿（中庭側）

伯爵宮殿　セゲド

ベオグラード

旧ユーゴスラヴィアの盟主、セルビアのアールヌーヴォーでは何と言ってもスボティツァだが、首都ベオグラードにも形の良い建物が残っている。バスの窓から眼にしたのがホテルモスクワ。そしてカレメグダン公園の近くに二つの端正なアールヌーヴォー建築があった。

壁はなぜかグリーンのタイルに覆われていて清潔で美しい。ちょうど前記公園で野外建築博物館が開かれており、かなりの数のアールヌーヴォー建築が展示されていたが、そのうちのいくつかは戦争で破壊されたようだった。

ヴァルカンスカ通り二つの
アールヌーヴォー建築

ホテルモスクワ

ホテルモスクワ
当時の写真（野外建築博物館）

カレメグダン公園前のオフィスビル

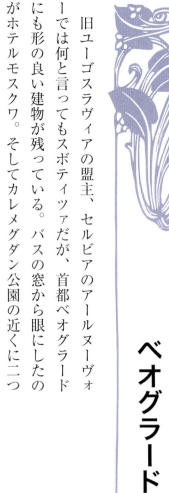

スボティツァ

スボティツァの主役建築家はコモル&ヤコブとライヒレ・フェレンツに尽きるが、他にもアールヌーヴォー建築はあり、市庁舎に通じる通りにはなかなか綺麗な建物が複数存在する。

ライヒレ宮殿の左隣の銀行ビルも美しいが作者不明。ライヒレ宮殿の右隣3軒目にも良い建物があるが、ハンガリー大使館になっていて撮影を阻止された。

ちなみにブダペストのアールカイ設計のハボハイ邸らしきものはかなり改変されていて、それとは定かでなかったが、セルビアの大使館となっていて、撮った写真を消去させられた。またオルタのヴァン・エートヴェルト邸は後にクロアチアの大使館になり、タッセル邸はメキシコ大使館となった。

市庁舎近くの商業建築の玄関ドア

ライヒレ宮殿裏通りの建物

市庁舎近くのビルのレリーフ
馬魚と呼ぶべきか。足に水掻きがある

ライヒレ宮殿の左側の建物は銀行

市庁舎近くの商業建築

スプリット

アドリア海に臨む港町、スプリット。中世的な街並の町に市場の前に一軒だけ、異質な建物があった。建物にはしっかり建設時の写真と共に説明書きも添えられている。なかなか本格的なアールヌーヴォー建築で、大切にされている事がわかる。帰国して、辞書を調べると硫黄温泉だった。温泉とアールヌーヴォーはどこでも親戚関係だ。

硫黄温泉

sumporne toplice 硫黄温泉Marmontova通り

ザグレブ

首都ザグレブの大通りに銀行の建物があった。建物のテッペンで豹のような動物が大きな口をあけて咆哮している。

パートナー銀行

サラエボ

世界中のアールヌーヴォー建築を捜して旅行しているが、たいていは資料で調べて、行程をたてて目的地をまわる。しかし旅の半分はツアー旅行だ。効率よく国々をまわれるツアー旅行は楽で、しかも安くつく。バスに揺られて、次の国へ移る時もカメラを片時も離さず、窓外に眼をこらす。すると思いもかけない所にアールヌーヴォー建築が出現する。

サラエボもそうだった。団体行動で時間が無いため、一発勝負の写真となる。建物の名前も設計者も不明。ただそこにアールヌーヴォー建築が存在することだけが確かめられた。あわてて撮った写真はたいていゆがんでいる。

人面飾

集合住宅

スコピエ

旧ユーゴスラビアは多くがハプスブルグ帝国の領土であって、オーストリア・ハンガリー二重帝国におけるアールヌーヴォー最盛期の影響を受けている。

ここマケドニアの首都スコピエにも数は多くないが、そこそこのアールヌーヴォー建築が存在する。

付柱の彫刻

商店付住宅

集合住宅

フョードル・シェーフテリ

1859〜1926 Fyodor Schechtel

現在の共産主義体制国家ロシアの首都モスクワ市民の99%は集合住宅に住んでいる。富の平等を標榜する共産主義は、貧富の差によって生まれる個人住宅の所有は許されないものと考えるからだ。したがって、モスクワ市内の個人住宅はあらかた取り壊され、集合住宅に建て替えられた。

そんな中で唯一生き残っているのが、美術館や博物館として使われている個人住宅である。

その最も著名な例がモスクワにあるリャブシンスキー邸である。鉄筋コンクリート2階建てのこの住宅は、現在ゴーリキーの家博物館として公開されている。銀行家リャブシンスキーのために建てられたこの住宅は、グラスゴーのマッキントッシュやウィーンのオルブリッヒの影響を強く受けている。

シェーフテリの建築には二つの傾向が見られる。一つはロシアの民族文化に根差す、いわばナショナル・ロマンティシズム的な視点に基づく作風で、これはヤロスラーブリ駅に代表される。

もう一つが、ウィーンやグラスゴーに影響を受けたもっともアールヌーヴォー的作風である。1896年の皇帝戴冠式の会場デザインや1901年のグラスゴー万博のロシア館などの設計を通じてアールヌーヴォーへの接近を試みたシェーフテリは、ロシア皇帝と縁戚関係にあったヘッセン大公がダルムシュタットに建設した「芸術家村」で腕を振るった、ヨゼフ・マリア・オルブリッヒを紹介するための展覧会「新様式」をモスクワで開いたほど、アールヌーヴォーに傾倒していた。

リャブシンスキー邸の外観はオルブリッヒの影響を受けた象徴的な玄関を持ち、外壁には「エデンの園」やネプチューンのモチーフが用いられ「生の理想」が感じられる。内部には大階段室が設けられ、波打ちおどる手摺や照明を兼ねた階段柱にウィーンの特徴がみられる。

プロレタリア作家として知られるマクシム・ゴーリキーがこの家にしばらく住んだことから、現在ゴーリキーの家博物館となっているのである。

これに対し、シェーフテリのもう一つの顔である、ロシア民族的作風をもつのがヤロスラーブリ駅である。とんがった屋根を持ち、ロシアの民俗的なモチーフが随所に用いられたバナキュラーな建築である。

リャブシンスキー邸（現　ゴーリキーの家博物館）　モスクワ

シェーフテリはペテルブルグに生まれ、モスクワの芸術学校に学んだのち、建築家カメンスキーの事務所で働く。モスクワ絵画彫刻建築専門学校で1年間聴講したのみで学歴の無いまま、建築家として活躍したが、教育者としても知られ、1896年からモスクワのストロガノフ工芸学校、革命後は高等芸術工房で教鞭をとった。また1908年から1922年まで長きにわたってモスクワ建築協会の会長として、辣腕を振るって、功成り名を遂げた建築家だった。

ヤロスラーブリ駅

ヤロスラーブリ駅　モスクワ

旧リャブシンスキー邸　ゴーリキーの家博物館　モスクワ

旧リャブシンスキー邸
ゴーリキーの家博物館

モスクワ

ロシアのアールヌーヴォー建築家といえばなんと言ってもフョードル・シェーフテリの名が挙げられるが、ほかにもたくさんのアールヌーヴォー建築がある。

モスクワでは赤の広場近くにメトロポール・ホテル・モスクワ・ウォルコットがある。大きなホテルで、今も営業している。設計者はイギリス人のウォルコットである。設計の経緯は私にはまだ不明だが、内部も豪華でロシアの威信をかけて建てられた建築だとわかる。

トレチャコフ美術館はロシア風モチーフによる建物で、ロシア的アールヌーヴォーの代表格である。市内にはいくつかの大規模なアールヌーヴォー様式のアパートがある。

集合住宅

トレチャコフ美術館
カミンスキー／V・ヴァスネツォーフ

クレムリン近くの大通りに建つ集合住宅

レストラン

メトロポール・ホテル・モスクワ・ウォルコット（ロシア語名：V・ヴァリコット）

サンクトペテルブルグ

サンクトペテルブルグは18世紀にロマノフ王朝のピョートル大帝により新首都として建設された都市である。市内の大半の建物はネオ・クラシックやネオ・バロックで建てられたが、19世紀末になりここにもアールヌーヴォーの波がやってきた。ペテルブルグはフィンランドのヘルシンキと近く陸続きだ。人口増の続くペテルブルグにアールヌーヴォーが根づくのはむしろ必然と言える。ペテルブルグのアールヌーヴォー建築は主として、大規模な集合住宅で、大多数が市の中心部からネヴァ川にかかるトロイッキー橋を渡ったカーメンナオーストロフスキー大通りにある。そのいずれもがアールヌーヴォーの手法を忠実に駆使していて、大規模にもかかわらずよくまとまったデザインで、とても魅力的な街並を形成している。

中心街にある旧シンガーミシン社は街のランドマークとして、旅行案内書にもよく掲載される有名な建物だ。コーナーにあるキューポラは形が良く、旅行者の眼を引きつけている。

カーメンナオーストロフスキー大通りの集合住宅

カーメンナオーストロフスキー大通りの集合住宅

集合住宅

集合住宅

旧シンガーミシン社

キエフ

ウクライナ国はフランスやスペインより大きい60万㎢の国土を持つ。土地は平坦で肥沃であり、早くから人が住みついた。紀元前の9世紀頃からキンメリオイ、前7世紀頃からスキタイが支配、その後もさまざまな民族が侵入して一時代を築いていった。

9世紀にキエフ公国が誕生。ギリシャ、ローマに次ぐキリスト教圏を確立し、ヨーロッパにおける大国の一つとなる。

以降、モンゴルの侵略にあったり、リトアニア大公国やポーランドの属国となったり、またその後ソ連邦となるなどの紆余曲折を経て、1991年のソ連崩壊で独立し、現在に至っている。黒海に面して広い海岸線を持つクリミア半島は、ロシアの南下政策の影響下で紛争続きだった。2014年、ロシアによる占領により、現在ウクライナはロシアと戦争状態にある。

こうしたウクライナの長い歴史により首都キエフは、西ヨーロッパに負けない立派な都市となった。全体としてはバロック風の街並みが多いのだが、その中に魅力的なアールヌーヴォー建築が残っている。その多くは、市内の目抜通りにある。

まず、プレミアホテルが眼についた。銘板があって「1909年完成」とある。8階建ての堂々とした5つ星のホテルで、コーナーに尖塔を持ち、目を下ろしてゆくと、足元に立派な銘板がある。

外観には2本のボーウィンドウがあって、その上の大きな丸窓がアールヌーヴォー特有の装飾で囲まれていて、これがデザインの中心になっている。そして横に走る庇や彫刻がアクセントを与えている、安定した美しい建物だ。

その隣にも、明らかなアールヌーヴォー建築がある。「テラコッタ」と名前があり、二人の半裸の女性が建物を支えている。別々の建物なのに妙に一体感があるので、聞いてみると、2つで1つのホテルなのだそうだ。

その通りの突き当たりにあるのが、ベサラマーケット。やはり銘板があって、「1912年」とある。大きな建物で、正面は西面で、南、東面にも入口があり、全てデザインが違う。南面はなぜかベルラーへのアムステルダム証券取引所に似ている。印象的な魚のサインがあり、魚市場を含む総合マーケットらしい。

プレミアホテル

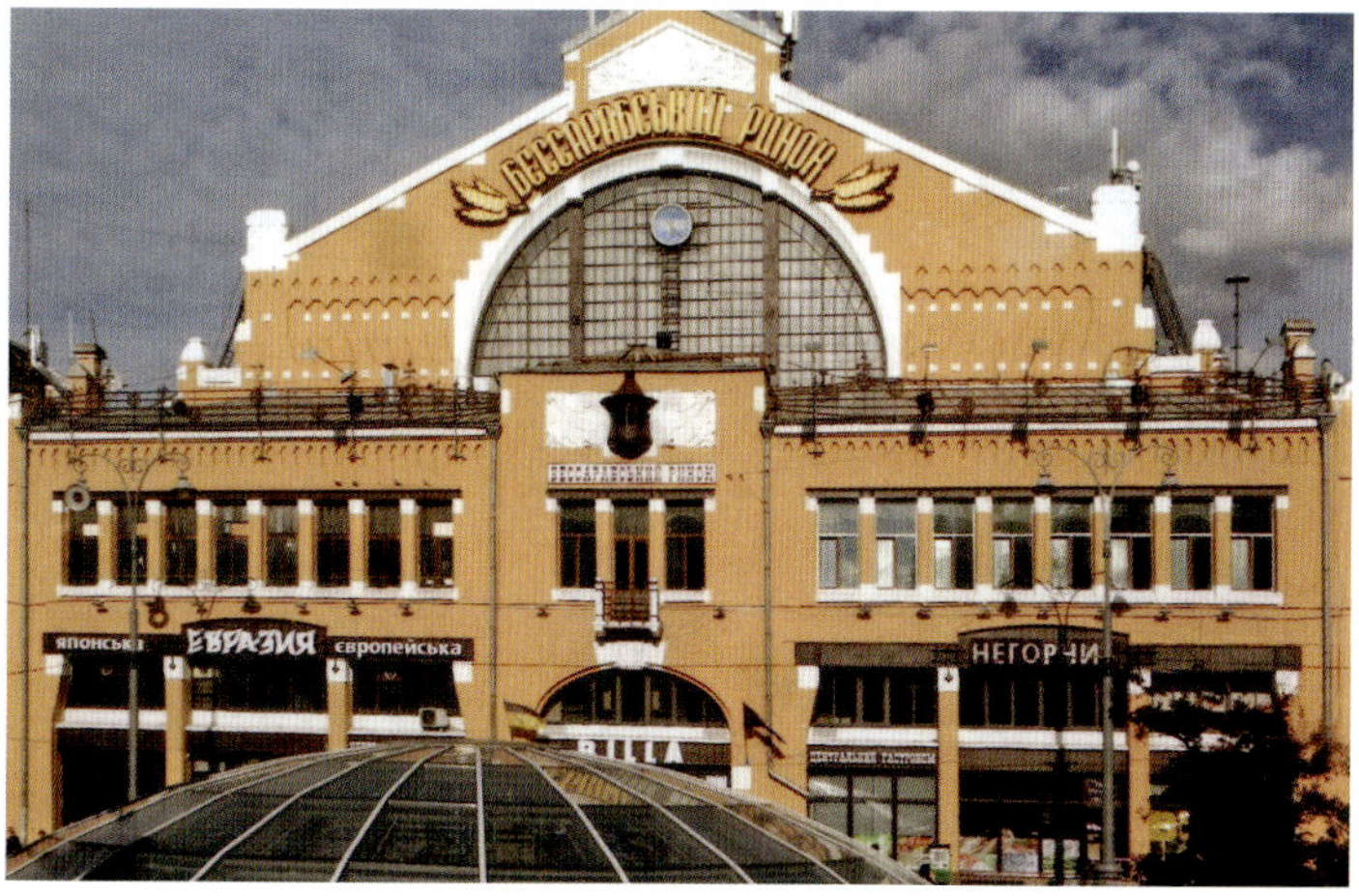

ベサラマーケット

もう一つ、同じ通りにあるウラジミール大聖堂。旅行案内書にアールヌーヴォー調の絵が描かれているとある。このウクライナ正教の教会に入ると荘厳なインテリアが眼につく。教会らしい雰囲気が感じられるが、よく見ると大天使ミカエルと思われる絵や小麦をデザインしたフレスコ画が多数ある。建物の完成が1882年とあるので、フレスコ画は少し遅れて描かれたのかもしれない。

そんな中、福の神はツアーでの昼食前のわずかな時間にやってきた。アンドレイ教会からソフィア大聖堂に向かって歩いてゆくと、まず眼についたのが、電信局。いかにもロシア的なデザインで、モスクワのヤロスラーブリ駅と同じ庇と、トレチャコフ美術館のようなファサードを持っている。リフォームされていて、装飾がとても美しい。そこから少し歩くとコーナーに明らかにアールヌーヴォーとわかる集合住宅がある。そして、角を曲がると隣にも、その隣にもまた、端正なアールヌーヴォーの集合住宅があった。

そしてその一つには、ご丁寧にも樋の守り神「ガーゴイル」があしらわれていた。これが何と、パリのノートルダム寺院と同種のものだ。時空を超えて、このガーゴイルはパリからキエフまで飛んで来たに違いない。

さらにその隣には、ハンガリー風の素敵な集合住宅が存在していた。外観は白と薄緑色で、中央の大きなバルコニーのデザインは、セゲドにあるマジャール・エーデの銀行のようだ。細部の装飾にも手を抜いていない。

キエフの街は期待通りだった。

ウラジミール大聖堂　大天使ミカエル

ガーゴイル

ウラジミール大聖堂

集合住宅

電信局

オデッサ

ウクライナの旅のクライマックスはオデッサにあった。
オデッサの街はロシアのエカテリーナ2世がピョートル大帝のサンクトペテルブルグ建設にならい、黒海への窓として開いた。以来、オデッサは「黒海の真珠」と呼ばれ親しまれている。

街の建物の多くは200年程前のもので2階建てが多いが、街が発展した19世紀末には高層建築も建てられるようになった。第2次世界大戦下でナチスに破壊されたが、市民は協議を重ね、昔の街並を再現することにしたそうだ。

私がオデッサを訪れたのは2017年7月6日で、朝5時から明るくなり、それは夜の10時まで続く。したがって、早起きすれば朝食までに「一仕事」できるわけだ。まず私は、修復が完了したというホテルブリストルに向かった。ブリストルは5つ星ホテルで、緑の多いオデッサの市内にある、大きなホテルだ。ピンクの外壁がプラスターの夥しい彫刻で飾られている。建築様式はバロックとも言えるし、ルネサンスの特徴もあるし、アールヌーヴォーとも言える。特定しがたいので、1899年に出来た「超豪華ホテル」とでも呼んでおこうか。

ホテルを後に歩いてゆくとすぐに、青と赤で彩られた明らかにアールヌーヴォーの集合住宅があった。規模も大きく、なかなか良い建物だ。銘板に1908年とある。その近くにも、後期アールヌーヴォーと思える直線的な集合住宅があった。

通りの角を曲がり、パサージュを目指す。歩行者天国をしばらく歩くと、何か上の方に怪しいものが見えた。直感で「これはスゴイ」と思った。期待を持って近づいてゆくと、その建物は朝日に映えて光り輝いていた。一瞬息が止まった。

「スゴイ、スゴイ建物だ」

独り言にしては大声だった。写真を撮りまくる。これは世界でも一級のものだ。数多いアールヌーヴォーの本でも見た事がない。こんなスゴイのがオデッサにあるなんて。

しかし、外観はリフォームされてピカピカなのに、看板が無い。出入口も無い。裏に回っても入口が無い。前が市民公園なので、そこからしばし眺め続けた。

ホテルに帰って訊くと、それは旧大モスクワホテルで、休業中だがリフォームが終わって、2018年再オープン

集合住宅

ホテルブリストル

商業施設　マルセーユ

するという。名前もまだ決まっていない。

旅をしてもこれほど興奮することは滅多にない。今夜はシャンパンで乾杯だ。

隣接するパサージュに興奮冷めやらぬまま行くが、こちらはアールヌーヴォーにあらず。さらに歩いてゆくと変則な交差点の、目立つ所に端正なアールヌーヴォーの建物が佇み、とても美しい女神のモザイク画があり「2010年マルセーユ」とあった。

たった半日の滞在でこれだけのものが見つかった。ゆっくり滞在すればもっとあるかもしれない。

朝食後はツアーの皆と共に映画『戦艦ポチョムキン』の階段を見に行った。監督のセルゲイ・エイゼンシュタインは、ラトヴィアのリガにあるアールヌーヴォー通り「エイゼンシュタイン通り」を作った建築家の息子だ。

旧大モスクワホテル

旧大モスクワホテル

リヴネ（ロブノ）

一口にリヴネと言っても、果たしてどこの国にあるかも知らない人が多いだろう。

私もウクライナに行くツアーで一泊して、初めてその存在を知った。映画好きの人なら近年有名になった「愛のトンネル」のある所と言えばわかるかもしれない。森林鉄道が５㎞もまっすぐに林の中を走るのだが、それが緑のトンネルとなっている。

人口33万。高知市くらいの大きさだが、この街にも確実にアールヌーヴォー建築が存在していた。

ホテルの窓から差し込む朝日のせいで目が覚めた私は、午前5時から街を歩いた。広場を挟んでホテルの反対側の大きな集合住宅の1階が何かの博物館のようで、そこにアールヌーヴォーのお手本の様なファサードがあった。

玄関中央の庇の上に地球らしきものを背負ったヘラクレスが王冠の上に立っている。庇を支える持ち送りは月桂樹のようだ。玄関入口の上の庇だけなのだが、いやに大がかりで、手が込んでいる。黒に金をあしらった佇まいは、なかなか完成度が高い。

この街には他にもありそうだという予感がした。早朝５時なのに早くも朝市が出ていて、１ドルで大きなさくらんぼを山ほど買って、ほうばりながら歩きだした。朝市の通りをずっと南へ行くと、何となく雰囲気が良くいい通りに変わってきた。そして、あった、あった。なかなかのアールヌーヴォーが。

薄いブルーの外観で、定番の丸窓や角窓のまわりには可愛らしいひまわりが咲いている。

玄関はスチール製で小さいが、しっかりしたデザインだ。家の前でおじさんが掃除をしているので、「あなたの家ですか」と聞くと、「この建物は『琥珀の博物館』で、10時にオープンします」という。中を見たかったが、ツアーが出発するので断念。離れたり近寄ったりして楽しんだ。

そして左隣が子供劇場。シンプルな造りだが、ブリキの人形がとても可愛くて、外観は楽しさに満ち溢れている。様式はアール・デコだろうが、あえて取り上げてみた。

右隣の建物には英語で「オックスフォードメディカル」とあるので、診療所か。イオニア式の古典的な装いだが、中央のアーチや草花の装飾はアールヌーヴォーのもの。

玄関装飾

さらにその右隣は平屋で住宅だろうか。シンプルだが、アールヌーヴォーを知る者でなければ、このデザインは出て来ない。装飾こそないが、圧倒的な力を持つ建物だ。この4軒が並んでいる様は、まるで「アールヌーヴォー通り」だった。ほかにも街を歩いてみると、完成度は低くてもアールヌーヴォーを意識した建物が多くあった。

もう一つ、ポーランドとの国境の街リヴィウ（リボフ）にも、ホテルを中心としてアールヌーヴォー建築がありそうだ。この街との幸運な出会いであった。

住宅

子供劇場

琥珀博物館玄関ドアの明り取り

琥珀博物館

アールヌーヴォーを捜しにゆく

ベラルーシ

ロシアには本書で取り上げたモスクワ、サンクトペテルブルグ以外にも、ニュージニー・ノヴゴロド、サラートフ、アストラハン、トムスク、ノヴォシビルスク、ハバロフスク、ウラジオストック、キスロボーツクなど、秀れたアール・ヌーヴォー建築が残っていることが分かっている。

モスクワに最も近い衛星国ベラルーシの首都ミンスクにも「もしや」と思い行ってみた。

ミンスクはモスクワとポーランドのワルシャワを結ぶ線上にあり、ナチスのために人口の半分以上が失われ、残念ながら街は完全に破壊された。という訳で古い建物は無く、アールヌーヴォー建築は見つけられなかったが、最近建ったという商業施設がアールヌーヴォー風で、近くにもアールヌーヴォーの意匠を持ったショップがあったので、かつてこの国にもアールヌーヴォー建築が存在したと推察される。

ほかにとても印象に残ったのが、国境の街ブレストにある「ブレスト要塞」、そこに建つ巨大な人面のモニュメント、これが、地面をにらみつけていた。その視線の先はナチスなのか、戦争そのものなのかわからなかった。あるいは旧ソ連時代に爆発したチェルノブイリの原発事故によって多大な損害をこうむり、犠牲になった市民を悼んでいるのかもしれない。

アールヌーヴォーのショップ
ミンスク

アールヌーヴォーの怪しい女
ミンスク

新しい商業施設
ミンスク

ブレスト要塞
ブレスト

アールヌーヴォーを捜しにゆく

モルドバ

「モルドバってアフリカにあるの?」とよく聞かれる。日本人には馴染みのない国だ。人口350万人、ルーマニアにくっついた小国だ。言語もルーマニア語に近く、ルーマニアと合併したいという。それに、EUにも入りたくて、議会の前にはEUの旗がはためいている。

結論から言って、この国は「ハズレ」だったが、別の大当たりに出会った。

近年の主産業はワイン作りである。「クリコバ」と「ミレスチ・ミーチ」という二つの国営のワイナリーがある。いずれもかつて石灰岩の石伐り場であった跡地のトンネルを再利用したワイナリーで、全長200㎞以上、地下60m～80m、温度12～14度、湿度95～97%という。数え切れない数のワインが貯蔵されていて、プーチン大統領所有のヴィンテージもののワインセラーもある。

世界初の宇宙飛行士、ガガーリンは「クリコバ」で試飲がすぎて大トラになったが、以来大ファンになったという逸話もある。

私もスパークリングワイン、白ワイン、赤ワインを飲みすぎて前後不覚になった。

スパークリングワイン造りのコツは、毎日ビンを動かして、ワインのオリを一ヶ所にため、それを凍らせるとオリの部分だけが凍るので、これを取り出すのだそうだ。

ヴィンテージもののワイン
クリコバワイナリー

世界初の宇宙飛行士
ガガーリン

クリコバワイナリーで試飲中の著者（中央）

試飲場　クリコバワイナリー

アールヌーヴォーを捜しにゆく

ウズベキスタン

アールヌーヴォーの波がイスラム教の国、中央アジアまで達したかどうかを調べるミッションは楽しいものだった。答えはノーだったが。

レギスタン広場に面して建つ3つの神学校（メドレセ）はそれはそれは美しい。世界の広場のナンバーワンと言っても過言ではないだろう。

メドレセの中に入るとタイルで装飾された荘厳な空間が拡がる。プラスターと青い塗装のみの部屋があり、レヒネル・エデンのブルー・モスクを思わせる。もちろんこっちが本家だ。偶像崇拝のタブーを破ったシェルドル・メドレセには珍しい虎の装飾がある。

ハズラティ・メズルモスクを模したホテルは、まるでアールヌーヴォー的景観のホテルだ。これがイスタンブールにあったら、人はダロンコの設計であると信じてしまうだろう。

レギスタン広場の奥にある、600年以上営業しているという茶店の看板はズバリ、アールヌーヴォーだ。たたずまいも良い。

ティムール一族が眠るアミール・ティムールのリブ付のドームは、私は大好きで、アールヌーヴォーの匂いを感じる。

驚かされたのは、天文学に魅せられたウルグベク王が造った天文台。六分儀があり、観測用の井戸に入ると昼間でも星が見える。

郊外に出ると数少ないオアシス以外は荒涼たる山野が延々と続く。そこで放牧された牛たちがわずかのトゲのある草や木の根を食べている。驚くべきはそこにはカウボーイも犬もいない。不思議なので訳を聞いてみると、夕方になると牛達は自主的に自分のねぐらへ帰ってくるそうだ。遊牧民の国は「不思議」に満ちている。

アールヌーヴォー的
景観のホテル

ウルグベク・メドレセ

シェルドル・メドレセの虎

レギスタン広場の
600年営業のカフェ

ウルグベク天文台

アールヌーヴォーを捜しにゆく

カンボジア

カンボジアは１８６３年から１９５３年までの90年間、フランスの統治を受けた。首都プノンペンのワット・プノンの周辺には、今でもフランス統治時代の洋館があるというので、ちょっと出かけてみた。といっても、カンボジアは何よりもまず、アンコールワットの国。とりわけ私は、榕樹に囲まれた「アンコール・トム」に興味があった。

しかし、アールヌーヴォーへの期待は裏切られた。

一番楽しみにしていたのは中央郵便局だった。この建物は近年美しく修復され、現役だったが、残念ながらネオ・バロック風の建物だった。また近辺をトゥク・トゥク（3輪タクシー）で走ってみたが、アールヌーヴォーの建物は見つからなかった。したがって、当初の目的は諦めて、改めて「アールヌーヴォー的情景」を捜してみることにした。

私が最も気に入ったのは、ガルーダとナーガだった。

まずナーガ。アンコールワットをはじめとして、ほとんどの遺跡の参道や、橋の突端にナーガがいた。「ナーガ」とは蛇神のことで、3頭、5頭、7頭、9頭の蛇頭を持つ。首はコブラ風で、長く伸びた尾が欄干の役目を果たす。

特に気に入ったのは、コンポンクディにある、クメール時代（12、13世紀）の古代橋に鎮座したナーガであった。写真のように現在でも美しい姿をとどめ、地元の人達は毎日お供えを欠かさず、信仰されているのがよくわかる。

もう一方のガルーダ。いわゆる〝怪鳥〟で、こちらはヨーロッパのアールヌーヴォー建築にもしばしば登場する。王宮のガルーダは立派な鎧を着けていて、強そうだ。このガルーダとナーガは仲が悪いらしく、アンコールワットの遺跡でもあちこちで格闘している両者の彫刻が見られる。

素晴らしい文化を持ち、美しい遺跡の多いカンボジアであるが、１９７０年から内戦が続き、１９７５年から3年8ヶ月の間、共産主義のポルポト派が政権をとる。ポルポトの行った政策は、市場・通貨の廃止、学校教育の廃止、宗教活動の禁止、都市住民の農村への追放及び集団生活化など、想像を絶するものだった。この間、知識人を中心に数百万人が虐殺されたという。今では平和が回復されたが、現在もなお、国土に数万、あるいは数十万発の地雷が残されているという。

プノンペン市内のホテルの近くで、とても美しい窓を見つけた。心が洗われる思いがした。

ナーガのいる古代橋
コンポンクディ

王宮のガルーダ達　プノンペン

財務省　プノンペン

窓　プノンペン

ワルシャワ

ポーランドには紀元前13世紀にはすでに人が定住し、文化が栄えていたといわれる。早くから芸術が芽吹いた国だが、現代に至るまで苦難の道のりを歩んでいる。9世紀頃、ピャスト朝レフ族が部族を統一し国家を制した。以来興亡を繰り返し、領土の拡大、また領土の分割の末、1795年には国が消滅、ロシア領となる。1918年再び独立するも、1939年ナチスの侵入により、ドイツの実質的支配を受ける。

第二次大戦の終結によって独立を果たすが、共産党体制となる。民主化を目指す自由管理労組「連帯」が結成されるもソ連の介入を受ける。1990年に「連帯」議長ワレサが大統領となり民主化を果たす。

このように多くの国との争いで辛酸をなめてきた。しかしながら、音楽家ショパンに代表されるように、国民の芸術、文化への関心が高く、建築においても欧米諸国に引けを取らない。

大著『アーキテクチュラ・ポールスカ』には、10世紀から19世紀半ばまでの美しい建築が数多く集録されている。美しい街並が形成されていたはずのポーランドだが、第二次大戦の爆撃によって、首都ワルシャワを始め、多くの都市が徹底的に破壊された。戦後、市民達は壊れたレンガを拾い、破壊前の姿を取り戻した。

ワルシャワの中心である旧市街広場はその代表で、形はもとより色までも忠実に再現したという。

私が訪れたのは2001年で、それほど多くは見つけられなかったけれど、手応えはあった。多分もっともっと多くのアールヌーヴォー建築が存在したと考えられる。

ホテル玄関

アールヌーヴォーのレリーフ

集合住宅

エリエル・サーリネン

1873~1950 Eliel Saarinen

フィンランドの建築界においてサーリネンの最大のライバルと目されたラルシュ・ソンクは、まだ学生であった１８９４年、トゥルクの聖ミカエル教会のコンペに当選し、世間に衝撃をあたえた。３歳年下のサーリネンは、当時まだ自身２つ目の大学で絵画と建築を学んでいた。しかし、ソンクの当選に大いに刺激を受けた彼は、同級生二人を誘い建築事務所を開設した。ゲゼリウス・リンドグレン・サーリネン設計事務所がそれである。

彼等は才能にあふれ、活躍はめざましかった。１９００年のパリ万博フィンランド館は石造と木造の合築で造型美にあふれ、内部はカラフルで、市民の注目を集めた。また、同じ頃に設計したヘルシンキにあるポヒョラ保険会社は石造で、後にナショナル・ロマンティシズムの建築物として、アールヌーヴォーの一形態に分類される。

ほどなく、サーリネン達はヘルシンキ西方の湖に面する16ヘクタールの土地に事務所兼住宅を建てた。ヴィトレスクである。ここで彼等は盛装して設計にあたり、名作が数々誕生する。最大の作品は国立博物館である。この建物も重厚なナショナル・ロマンティシズムであった。

１９０４年サーリネン事務所はヘルシンキ中央駅のコンペに当選し設計を始める。しかし、当選案があまりにも国立博物館を踏襲したもので、世間の批判を浴び、実施設計を担当したサーリネンはやむなくデザインを変更することにした。この時点で盟友ゲゼリウスとリンドグレンは事務所を去る。中央駅は10年後に完成する。

１９２３年独りになったサーリネンはアメリカのシカゴ・トリビューンの設計競技に二等入選した。この作品は実現しなかったが、搭状のゴシック的なフォルムで、当時のニューヨークをはじめとする摩天楼の建築モデルとなった。これを契機にサーリネンはアメリカのシカゴに移住し、ミシガン大学で教鞭をとる。さらにミシガン州クランブルックに移ってからは、クランブルックの学校建築を手がけ、自らその美術学校で教育にも携わった。

晩年、サーリネンは成人した息子のエーロ・サーリネンと１９４５年からゼネラルモーターズのＧＭ技術センターの設計に携わるが、工事が完成する前の１９５０年、77歳でその生涯を閉じた。

ヴィトレスク　ヘルシンキ郊外

ヘルシンキ中央駅

ポヒョラ保険会社

ポヒョラ保険会社　ヘルシンキ

ドクターズハウス　ヘルシンキ

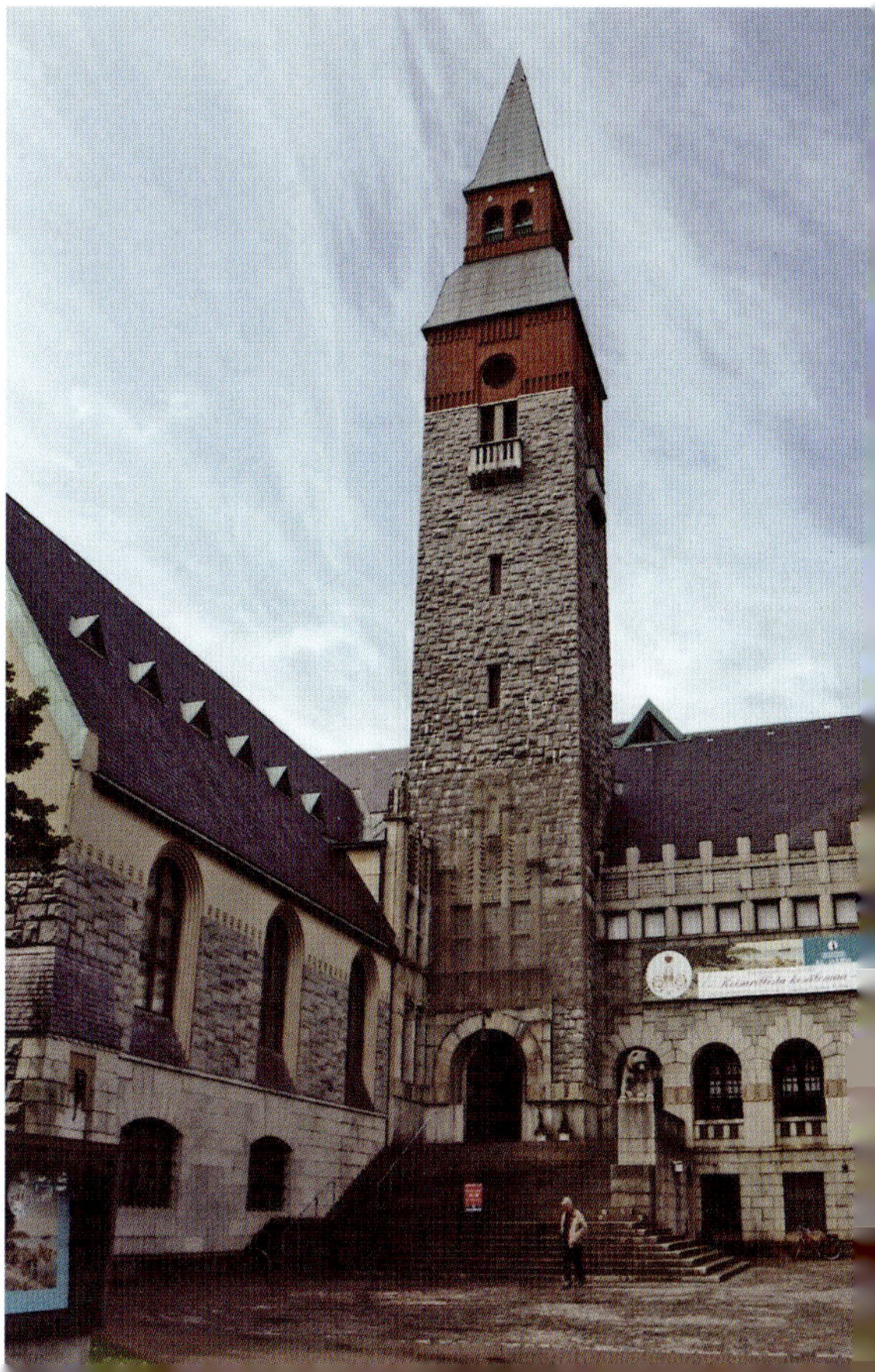

国立博物館　ヘルシンキ

ラルシュ・ソンク

1870~1956 Lars Sonck

フィンランドの田舎町カルヴィアに生まれたソンクは、長じてヘルシンキ工科大学に入学。フィンランドの民族文化に強い関心をいだき、伝統的な教会や古い木造民家の研究を進めていた。

ヘルシンキの近郊トゥルクの聖ミカエル聖堂の設計競技が催され、23歳でまだ学生であったソンクがこれに応募し、みごと一等に当選。世間を「アッ」と言わせたのだ。ソンクはこの賞金で故郷に土地を購入し自然に囲まれたヴィラを建て、建築家として上々のスタートをきった。

この教会はネオゴシックで設計されたが、友人の建築家ワルター・ユングが内装を担当し、フィンランドの伝統的モチーフを抽象化した装飾をほどこし、好評を得た。

そして、ワルター・ユングとは長くパートナーとなる。聖ミカエル教会は順調に工事が進んでいたが、この工事中に、何とソンクはヘルシンキに次ぐ大都市タンペレの聖ヨハネ・タンペレ大聖堂のコンペにも勝ってしまう。

この時期ソンクはすでにネオゴシックを卒業し、ナショナル・ロマンティシズムの建築に到達していた。フィンランドの花崗岩を使った外壁は荒削りの石造でドッシリと重々しいが、内部は装飾に満ちていた。この教会は7年後に完成した。

2つの教会を仕上げたソンクは押しも押されもせぬフィンランド有数の建築家となった。

ソンクの作品はヘルシンキ市内に数多くある。証券取引所、旧抵当融資銀行、エイラ病院、カリオ協会、ミカエル教会、多くの集合住宅、電話会社など枚挙にいとまがないが、この中で最も優れた作品は電話会社である。

勾配のある道路に面し、消防署の正面に建つこの建物は消防署の敷地からよく見える。ナショナル・ロマンティシズムの代表とも言えるこの建物は、花崗岩で仕上げられている。連窓を分ける印象的な丸柱や円窓によって、重厚でありながら軽快な印象を我々に与えてくれる。屋根は急勾配の瓦葺だ。

この他に見るべき住宅として大作曲家シベリウスの家「アイノラ」がある。

タンペレ大聖堂
タンペレ

ヘルシンキ電話会社　ヘルシンキ

タンペレ大聖堂

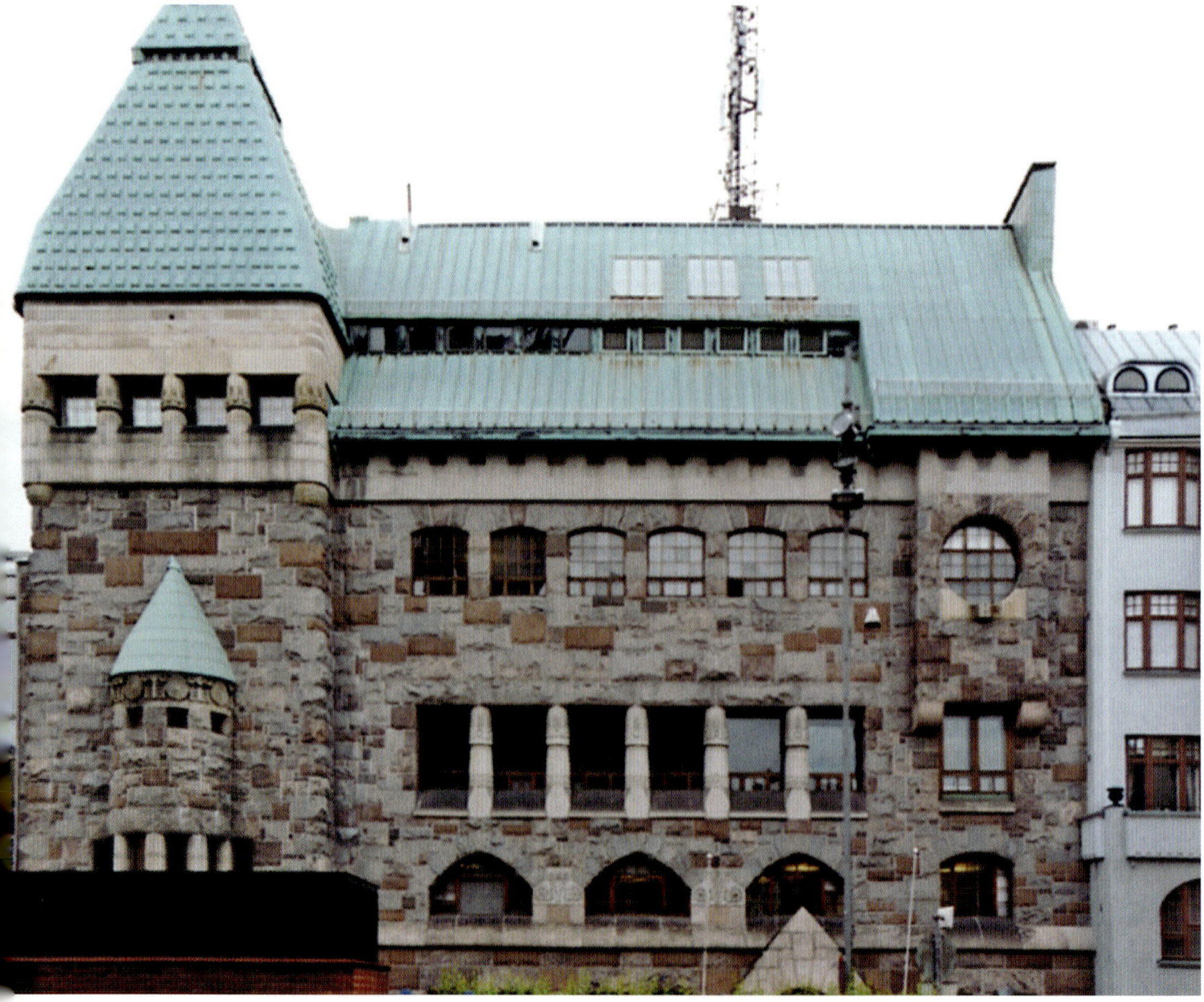

ヘルシンキ電話会社

ヘルシンキ証券取引所

抵当融資銀行
ヘルシンキ

エイラ病院内住宅
ヘルシンキ

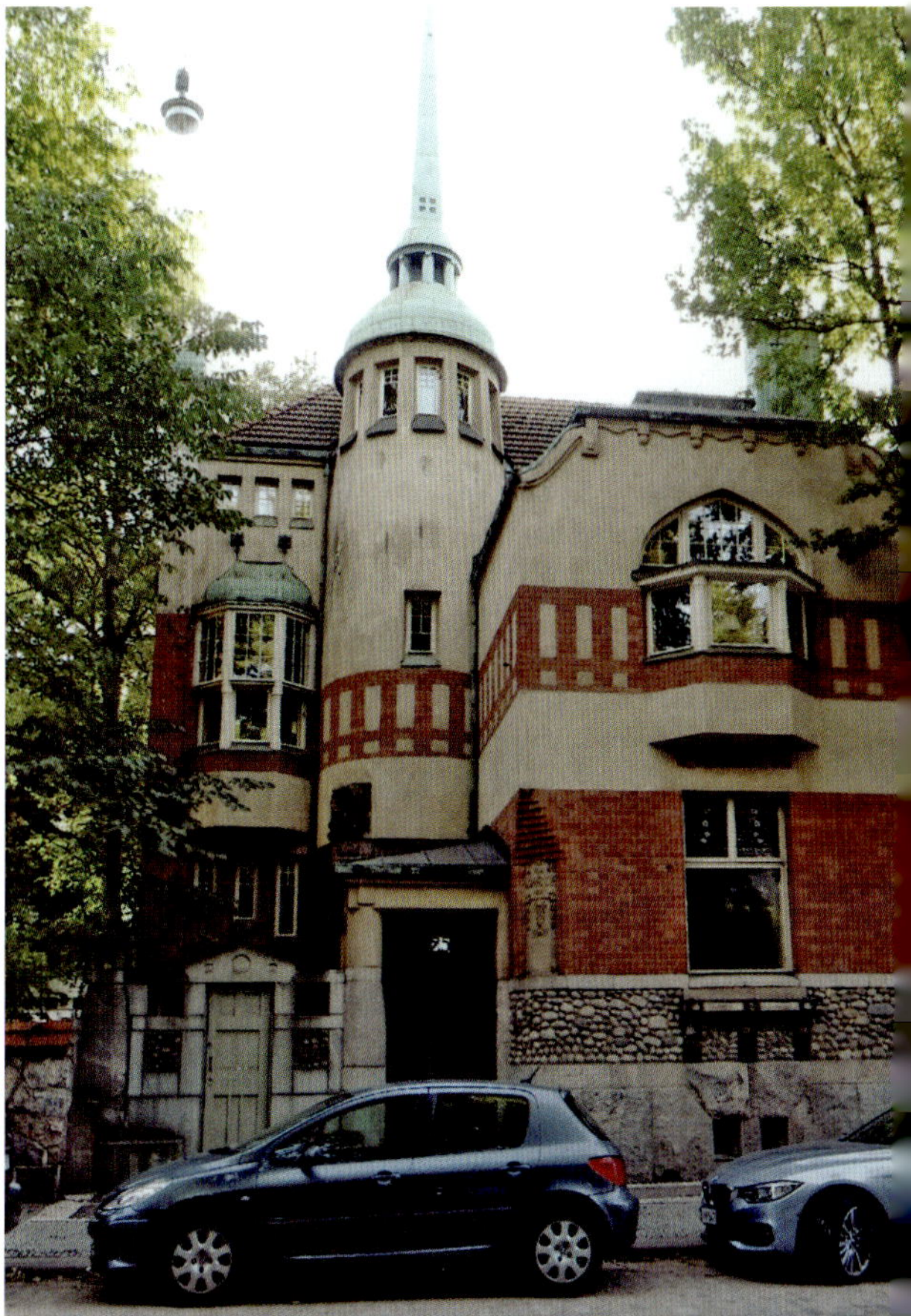

ヘルシンキ

ヘルシンキは比較的新しい都市である。1812年、当時はロシア帝国に併合されていた。そしてその年首都だったトゥルクからヘルシンキに遷都が決定された。

たまたま直前に大火に見舞われていたヘルシンキでは、大胆な都市計画が可能だった。以来首都としてのヘルシンキに公共施設が作られ、急激に進む人口増に対応する集合住宅が造られた。19世紀後半になって木材加工業を中心に産業が動き出す。その頃には電気、水道も引かれ都市としての機能が急速に発達した。19世紀末を迎え、相変わらず人口集中は続いている。ヨーロッパで始まったアールヌーヴォーの波は人々の心をとらえ、新築された建物はその多くがアールヌーヴォー様式だった。この国で特徴的なのは西欧的アールヌーヴォーに加えて石造のナショナル・ロマンティシズムの建物の多いことだ。

サーリネンやソンクはもちろん、多くの建築家がナショナル・ロマンティズムの建築に挑戦し、その影響は本や雑誌によってハンガリーにまで伝わり彼の地でも花開いた。

数あるナショナル・ロマンティシズムの建物の中でも、リンダールとトメー設計の旧ポリテクニック学生会館は現在ホテルとなっていて、私は二度泊まることが出来た。外観やホール、階段などは創建当時のままに改修されており、数あるアールヌーヴォー建築の中で実際にそこで生活できる稀有な建物である。その玄関の意匠はいくら眺めても見飽きることが無い。

またヘルシンキの建物をめぐって楽しいのは、その外壁に住む動物たちを発見することだ。少しデフォルメされたふくろうやコウモリ、カエルや鳥達が力をつくして建物を守っているように見える。そして彼らが守るべきヘルシンキのアールヌーヴォー建築は驚くほど多い。

旧ポリテクニック学生会館（現在はホテル）
リンダール&トメー（Karl Lindahl&Walter Thomé）

旧ポリテクニック学生会館

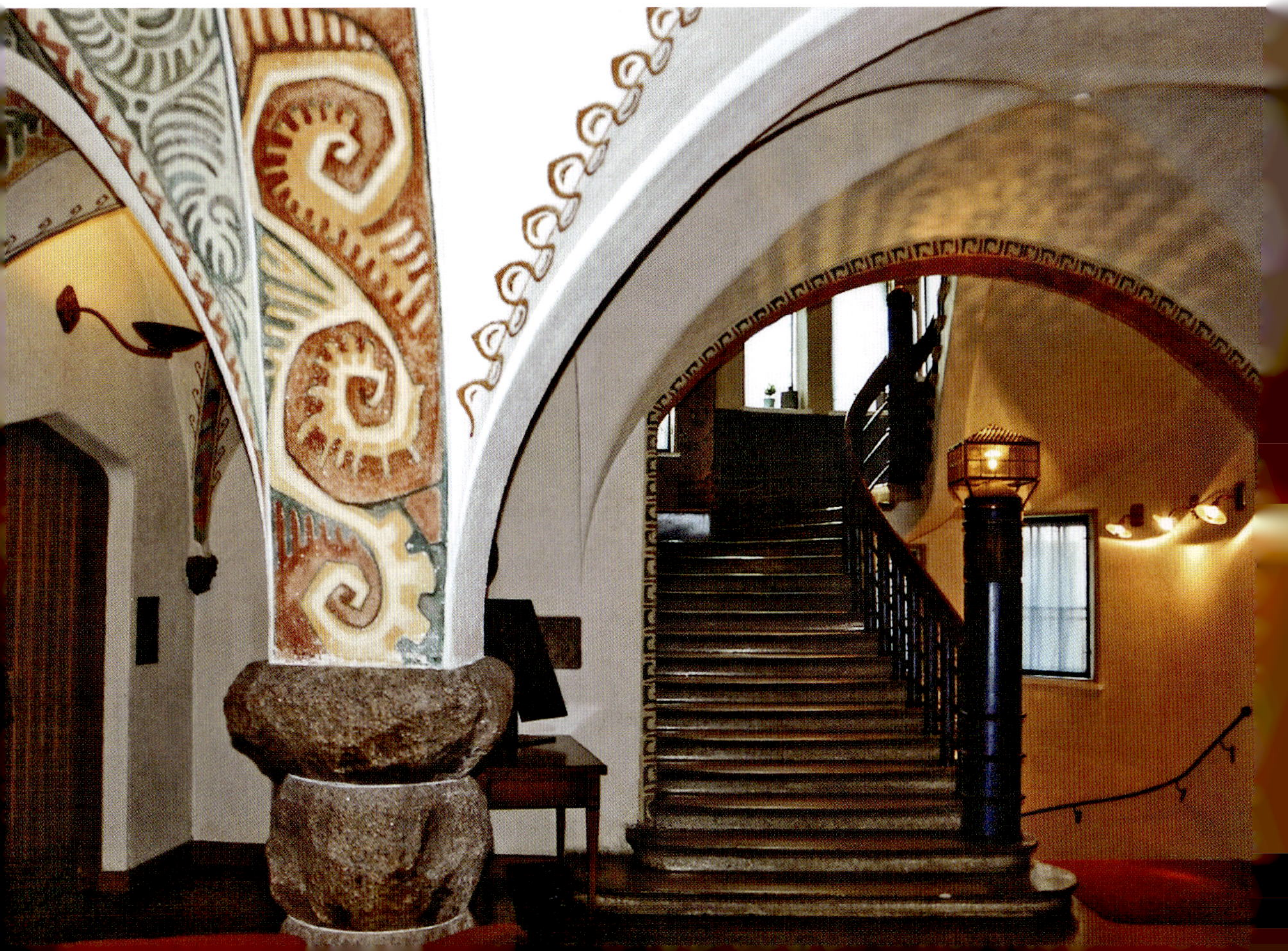

国立劇場　タルヤネン（onni Tarjanne)

個性ある集合住宅

エイラ病院の南、道路一本西にある

ヘルシンキに見る愛すべき動物たち
上からふくろう、コウモリ、ペリカン（左下）
イーグル（右下）

ラグナル・エストベリ

1866～1945 Ragnar Östberg

ラグナル・エストベリはもともとアールヌーヴォーの建築家とは思われていなかった。その理由は建築家としてのデビューが１８９８年と遅いこと、代表作ストックホルム市庁舎の設計が１９０４年に始まり工事の完成は１９２３年とアールヌーヴォーの衰退期であったこと、また、いかにもアールヌーヴォー的作品を残さなかったことなどである。

しかし、ストックホルム市庁舎はスウェーデン第一のゼツェッシオン（あるいは、この運動が影響を受けている点でアールヌーヴォー）建築であるとする建築史家は多い。フィンランドのナショナル・ロマンティシズムの建築がアールヌーヴォーの範疇に入った今、エストベリをアールヌーヴォー作家と見なしても良いと思われる。彼の初期の住宅作品にはアールヌーヴォー的デザインがかいま見られるし、著書においてもアールヌーヴォー時代のイギリスの石造建築を礼賛し、そのスケッチも残されている。

ストックホルム市庁舎は当初、１９０１年に裁判所として設計の公開競技が行われた。さらに１９０４年に市庁舎に変更され、再度行われた競技設計でエストベリが選ばれた。そして数年の中断の期間を経て着工、10年後の１９２３年に完成した。エストベリはデビューが遅かった理由をアカデミーへの手紙に記している。

「私はもう32歳になっています。だのにまだ勉強を終えていません。まだ何もしていないのです。建築を志して学んだ青年時代から15年間何もしなかったのです。たえずある師から別の師へと渡り歩いていました。ストックホルム工科大学の4年間、芸術アカデミーの3年間、奨学金を得るまで他の建築家のもとで学んでいた5年間、他の時代と他の国の建築様式を学ぶために故郷を離れた3年間。32歳の今日まで多くの理論を学んできました」

遅咲きのエストベリは結婚も遅かった。初婚は43歳の時、23歳年下のエルサ・スコグルンドとである。この結婚が破綻し、今度は17歳のカリン・スイエルに求婚。晴れて結婚したのはエストベリ53歳、カリン29歳の時であった。市庁舎の建築と同じようにエストベリの人生はゆっくりであった。そしてついにはスウェーデンを代表する建築家となった。

ストックホルム市庁舎

ストックホルム市庁舎

ストックホルム市庁舎

ストックホルム

北欧四国のうち、アールヌーヴォー建築の多い、他の三国に比べスウェーデンのそれは非常に少ない。数少ないスウェーデンのアールヌーヴォーであるが、全くない訳ではないし、玄関など木の国らしく、木材を加工した美しい彫刻が散見される。

用途不詳

ティールスカ・ギャラリー
ユールゴーデン島

ティールスカ・ギャラリー別館
ユールゴーデン島

商店入口

スカンセン前の住宅

スカンセン前の住宅

コペンハーゲン

北欧にはレンガ積のナショナル・ロマンティシズムと呼ばれる建築が多いが、コペンハーゲン市庁舎（マーティン・ニーロップ）、コペンハーゲン中央駅（ハインリッヒ・ウェンク）も代表的な建築だ。市井の建築にも見るべきものが多い。ここに掲げた商店建築と集合住宅もバランスが良く、安定感がある。窓の形もユニークで、圧巻は呼び樋である。ユーモラスなドラゴンが軒樋と竪樋をつないでいる。北欧の町はセンスの固まりである。

さらにユニークナンバーワンの建物はコペンハーゲンの銀座とも言えるストロイエ通りに特異なアールヌーヴォー建築がある。

１９０７年から１９１０年にかけて建築されたこの建物は、「メトロポール」と呼ばれている。建築家はアントン・ローゼン。当時は倉庫として使われ、その後映画館（その名がメトロポール）、さらにシューズメーカー「ヘクター」のショップとして使われ、現在は「ヘンネマ・マウリッツ」という衣料品店となっている。表通りから裏通りまで突き抜けた大きな建物で、表と裏ではデザインが全く違い、裏が増築された建物らしい。ストロイエ通りのファサードは怪しい外観で、まさにアールヌーヴォーである。

この異彩を放っている建築の情報を得るために、山下設計の早川進氏、そして友人のコペンハーゲン大学建築学科のペール・コルテガード教授の手をわずらわした。感謝にたえない。

そして見逃せないのが、グルントヴィ教会である。パイプオルガンの形を借りて、レンガのみで仕上げられたこの教会は表現主義の傑作といえる。建築された年代は１９２１年からとアールヌーヴォーの波からは遅れているが、是非仲間に入ってもらいたい建物である。

メトロポールのストロイエ通り正面
コペンハーゲン

コペンハーゲン市庁舎　マルティン・ニーロップ

集合住宅の窓

集合住宅の雨樋

グルントヴィークス教会(1921-40)
Jensen Klint, Peder Vilhelm Bispebjerg

ストロイエ通りの商店建築

アールヌーヴォーの街
オーレスンの無名の建築家達

北海に面するノルウェーの街、トロンハイムとベルゲンのちょうど中間あたりに、人口約4万の街オーレスンはある。この街は世界で有数の鱈の漁獲量を誇ることで知られている。また、ガイランゲルフィヨルドの観光の拠点として沿岸急行船も停まる、魅力的な街なのだ。

さて、この街は1904年に大火に見舞われ、街の中心部の大半を失ってしまう。復興に立ち上がった人達は、ある決意を固める。それは、当時ヨーロッパ各国、そして北欧でもヘルシンキで流行していたアールヌーヴォー様式で街を再建することだった。

オーレスンに近い、ノルウェー第3の都市トロンハイムの大学から若い建築家が集められた。復興の望みを託された彼等は、見よう見まねで、再建するほぼ全ての建物を、アールヌーヴォー様式で設計した。こうして、北欧のはずれの町に世界で最も密度の高いアールヌーヴォー様式の街並が出来上がった。

オーレスンの街でまず目につくのは、中心部にある「アールヌーヴォーセンター」である。この建物は元は薬局だった。店内の装飾もアールヌーヴォーである。特筆すべきは、外壁がみかげ石で覆われており、当時ヘルシンキで流行していたナショナル・ロマンティシズムの様式であることだ。ラルシュ・ソンクやエリエル・サーリネンが創出したと言われるこの様式は、遠くハンガリーやルーマニアのトランシルバニアに飛び火したが、ここオーレスンにも登場したのだ。

丘の上にはタンペレ大聖堂を思わせる教会がある。港の側には同じ様式のホテルもある。オフィスもある。集合住宅もある。この街は世界で最もナショナル・ロマンティシズムの建物が集積している街とも言える。

さらに、駆け出しの建築家による設計といえども、完成度の高いヨーロッパ的アールヌーヴォーの建物も多い。丘の中腹の角地にオルブリッヒ並の造形を持つ住宅があり、パラペットの髪の長い女神像が北海を眺めている。この街で一番多いのが集合住宅で、他に商店、オフィス、住宅などそれぞれの建物にアールヌーヴォー的意匠が施されている。歩いてみると実に楽しい。その軒数は612軒にも上り、市内の建物におけるアールヌーヴォー建築のしめる割合が世界ナンバーワンの街である。

丘の住宅

港の街並

アールヌーヴォーセンター
入口扉

アールヌーヴォーセンター（元薬局）

丘の住宅

オーレスン教会

花の家

ナショナル・ロマンティシズムの集合住宅

墓石　お墓もアールヌーヴォー

オスロ

オスロにはアールヌーヴォーの建物はそれほど多くない。しかし旧ノルウェー銀行を転用した現代美術館は堂々たるナショナル・ロマンティシズムの建築である。修復中であったため背面の部分の写真である。

国会議事堂近くの集合住宅のフレスコ画は「1892年」とあり、退色しているが見応えがある。

ムンクを思わせる街角のレリーフ

国会議事堂そばの集合住宅

オスロ現代美術館（旧ノルウェー銀行）Inbrar Hjorth／Frosseog Aasen

ベルゲン

ハンザ同盟の雄ベルゲン。かつては鱈の売買で財をなした街だ。この街に意外に多くのアールヌーヴォー建築が存在する。その訳を考えてみた。

ベルゲンは沿岸急行船の発着点である。船は順番にベルゲン、オーレスン、トロンハイムに入港し、更に北へ向かう。隣のオーレスンの街が火災で全焼し、再建にアールヌーヴォー様式を採用した。その設計を担当したのがトロンハイムにあるノルウェー唯一の工科大学の若き建築家達であった。しこうしてオーレスンの隣にあるベルゲンにもアールヌーヴォーが流行したと思い当たる。

ベルゲンの建物はオーレスンにもあるナショナル・ロマンティシズムに見所がある。また、ブリッゲンの三角破風の木造建築にもアールヌーヴォーの手法を採用したものがあり興味深い。

行ったことはないがトロンハイムの街にも多くのアールヌーヴォー建築があるらしい。

ブリッゲンの商館

オフィスビル　エントランス

劇場

オフィスビル

ベルゲン駅

銀行

集合住宅

銀行　エントランス

ミハイル・エイゼンシュタイン

1867~1921 Michail Eisenstein

バルト三国の中央、ラトヴィアはドイツ人の造った国だ。首都リガはハンザ同盟の主要都市として貿易により発展。19世紀バルト三国がロシア帝国に編入されると、リガは木材貿易で栄え、モスクワ、ペテルブルグに次いでロシアで3番目に重要な都市となり、ますます発展する。

1901年産業工芸博覧会が、そのリガで開催され、多くのパヴィリオンがアールヌーヴォー様式で建てられた。これは確実にリガの人々の心をとらえた。地元の建築家は膨張するこの町の、主として集合住宅を見よう見まねでかつ創造力を働かせて、アールヌーヴォー様式により設計した。かくしてリガは、世界有数のアールヌーヴォー都市となり、今や世界遺産のひとつである。リガの「ユーゲントシュテイル地図」を見ると、市内の半分の建物はアールヌーヴォー様式で、約320棟が現存する。この中でも秀作が集まっているのが、アルベルタ通り、エリザベーテス通りである。アルベルタ通りにはエイゼンシュタインの設計した集合住宅が5棟並んでいる。いずれも、「これぞアールヌーヴォー」と言える特徴を持った建物ばかりであり、さすが世界遺産である。

エイゼンシュタインはドイツ系ユダヤ人でヴィゼメ県の運輸局長兼建築技師だった。学校で建築を学んだことは一度もなく、まったくの独学であった。その出自は建築家とは言い難いエイゼンシュタインだが、デザイン力が抜群で、市内に18棟の建物を設計している。

現在アールヌーヴォー美術館となっているアルベルタ通り12番地の共同住宅は、ペークシェンスとラウベの設計した建物であるが、ある本ではエイゼンシュタインの設計となっている。つまりは、当時建築技師として君臨していたエイゼンシュタインがデザイン指導をしたということのようだ。

なお、映画『戦艦ポチョムキン』の監督セルゲイ・エイゼンシュタインはミハイル・エイゼンシュタインの息子である。

エリザベーテス街10B住宅　リガ

リュベディンスキー
共同住宅
リガ

リガの「アールヌーヴォー通り」　アルベルタ通り

ボグラフスキー住宅　リガ

リガ

アールヌーヴォー建築の集積度において、ノルウェーのオーレスンが東の横綱だとすればリガは西の横綱である。ドイツ人が開いたこの街には驚くほどたくさんのアールヌーヴォー建築がある。

市内アルベルタ通りはエイゼンシュタインの建築が並ぶとても魅力的な通りであるが、それ以外にもたくさんの素適なアールヌーヴォー建築がある。

『ユーゲントスティル・イン・デア・リガー・バウ・クンスト』という本には37人の建築家と夥しい数のアールヌーヴォー建築が納められている。

リガこそ本格的アールヌーヴォー建築の宝庫なのだ。

集合住宅

アールヌーヴォー美術館

アールヌーヴォー美術館
K・ベークシェンス&E・ラウベ

集合住宅

集合住宅階段

タリン

バルト三国のうち、ラトヴィアのリガはアールヌーヴォーの街である。一方、リトアニアでは一軒のアールヌーヴォーも見ることができなかった。

タリンではどうだろうか。期待半分でヘルシンキに行ったついでに行ってみた。美しい街だったが、なかなか「恋人」に出会うことはできなかった。

だがついに、タリンの中心街UUS通りを歩いていて眼が釘付けになった。自然と笑みが浮んできた。あったのだ。たった一つだけだったが。

シンメトリーの外観を持ち、型通り、二人のエジプト風女神が立っていた。圧巻はガルーダと思われる2頭の魔除け像だ。しかしガルーダにしては尻尾があり、手には水掻きがある。何者だろう。

銘板があって、1910年建築、アリ・ジャ・エルフーンという建物らしい。建築家はヤケス・ローゼンバウムと読むのだろうか。この建物が大事にされていることがわかる。タリンに来た甲斐があった。

UUS通り19番地の家

銘板

UUS通り18番地の家　JACQUES ROSENBAUM

ダブリン

ケルト人の島アイルランド。古代アイルランド人の住む国に紀元前２００年頃、ケルト人がやってきた。そして独特のケルト文化を育んだが、その後、ヴァイキングやノルマン人の侵略を受けた。そして１１６９年から７００年に及ぶイギリスの支配を受けた。今でもアイルランドの国土の北側3分の1はイギリス領だ。

１８４５年に始まった大飢饉では１００万人が死亡、１００万人がアメリカなどに移住したという。その厳しい風土に育てられたのか、４人のノーベル文学賞受賞者を出している。

現在のアイルランドはギネスの街と言っても過言ではない。ダブリンの中心街にある歓楽街は、テンプル・バーと呼ばれるが、そこには18世紀から営業しているギネスビールを飲ませるパブが、無数にある。その多くがアールヌーヴォー風ステンドグラスを持ち、梁や柱が赤や黒で塗られていて、見ていると喉が渇いてくる。

アイルランドにはアールヌーヴォーの有名建築家はいない。しかしイギリスの隣の国だけあって、店舗を中心に端正なアールヌーヴォーの意匠が随所に見られる。

また美しい街キルケニーには元銀行をパブにした「ザ・バンク」という大きな店がある。

商業ビル

店舗付住宅

集合住宅

商業ビル

集合住宅

商業ビル

高架鉄道と駅舎

商業ビル

1823年から営業しているパブ「パレス」

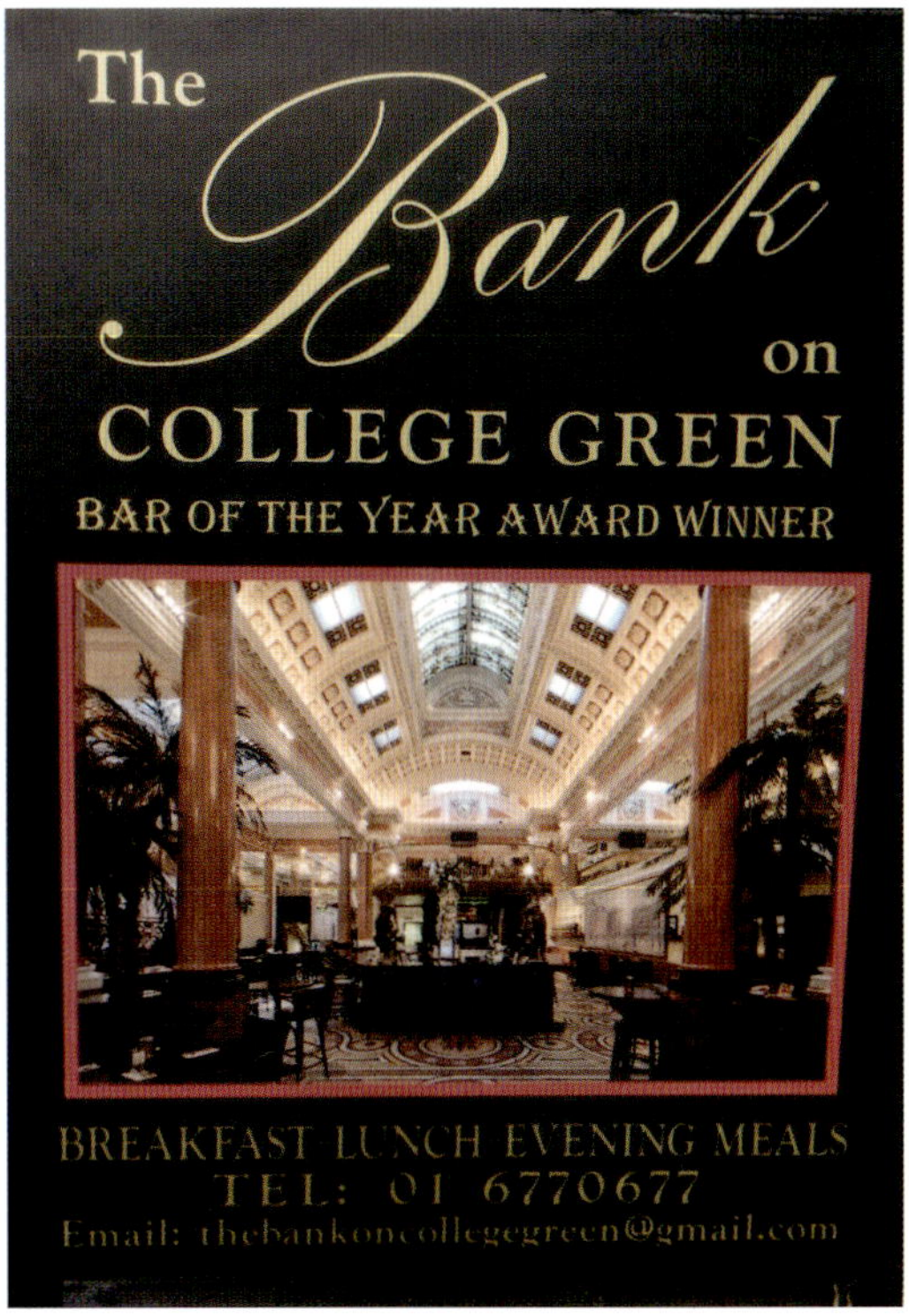

パブ「ザ・バンク」の看板
（キルケニー）

1840年から営業している「ザ・テンプル・バー」

バクー

アゼルバイジャンは古代から石油が自然に湧き出す場所で、20世紀初頭には世界の石油生産量の90パーセントを産出していたという。石油成金の第一号である。

またイスラム教国であるが、旧ソ連時代に宗教色が払拭されて、最もイスラムらしくない国である。女性のグルカはあまり見られないし、何より酒に寛大で私の泊まったホテルの裏に24時間営業の酒屋があり、棚にはロンドンよりも多くのスコッチウィスキーが並んでいた。

国としてはそれほど豊かには見えないが、バクーだけは別世界だ。超高層ビルが建ち、街並は欧米にもひけをとらない。そこにはアールヌーヴォーの建物が予想外に多い。本格的なものも多く、亜流を含めると相当の数に上る。イスラム圏ではトルコのイスタンブールには及ばないものの、イスラム系の国ではナンバー2と言える。一日歩いただけで何十かの建物を見つけた。訪れた２０１５年６月、ちょうど第1回ヨーロッパオリンピックが開かれており、私の歩いた日は自転車競技が開催されて交通制限が敷かれ、歩くには都合が良かった。

有名な乙女の塔の隣にかつてホテルだったという建物があり、かなりよいアールヌーヴォーだった。地元の人によるとドイツ人が設計したと言っていたが、銘板があって、「アンパリス・ヴィトリン（ラトヴィア）」と書いてある。リガの建築家だろうと目星をつけて後で調べてみたが、リガの本には名前がなかった。

とにかく資料が全くなく、実物に接しただけなので想像するしかない。今は博物館になっていて中にアールヌーヴォーの部屋がある富豪の家のプレートには「１９０５」とあり、ロシア語が書いてあった。多分石油を通じてロシアやヨーロッパとの交流がなされていたと思われる。今後研究が進めば、面白い都市になると思う。

民族的アールヌーヴォーというべきか

巨大な装飾的雨樋

人面装飾　（バクーには人面が多い）

乙女の塔の隣にある元ホテル

元ホテルの塔上装飾

元富豪の邸宅（現博物館）
アールヌーヴォーの間

大通りの共同住宅
（向かいてあって２棟建っている）

クタイシ

トビリシと黒海の中間にクタイシの街がある。地方都市にしては活気のある街だった。この街にたった一件だけだが「フムフム」とうなづけるアールヌーヴォーの集合住宅があった。古びていて手法も今一つだが、かなり頑張った感じがして好感が持てた。

こんな山の中の地方都市にまでアールヌーヴォーが伝播した訳だ。あらためて、たった25年間で世界に広まったアールヌーヴォーの底力を感じた。

コーカサス山脈を越えてロシアに入るとキスロボーツクやピアティゴルスクという温泉地にアールヌーヴォーの建物がたくさんあると聞いている。旅の最後に訪れたアゼルバイジャンのバクーでは、宝庫といってもよいくらいアールヌーヴォー建築があふれていた。

公園入口

集合住宅

トビリシ

黒海とカスピ海の間、そしてコーカサス山脈によってロシアと隔てられたくびれた地域にジョージア、アゼルバイジャン、アルメニアがある。

アルメニアからコーカサス山脈に向かい、塔が林立するメスティア、ウシュグリ村に向かう旅だった。最初に降り立ったのはアルメニアの首都、エレバンだった。アルメニアは世界で最初にキリスト教を国教にした国だそうだ。そのせいかキリスト教関連の建物は多かったが、アールヌーヴォーの建築は一軒も見ることはなかった。一方、酒好きの私にとって、アルメニアは天国だった。ワインの一大産地であり、うまくて安い。驚いたのはアララット山（５１６５ｍ）にちなんだ「アララット」というブランデーがあり、とてもうまい。しかも「コニャック」という称号が許されているという。

アルメニアから国境を越えて、ジョージア（旧国名グルジア）へ向かう。山岳地帯から農村地帯にかけて目立った建築は見当らない。風景に見飽きた頃、トビリシの街に入ると急に近代的な街が現れた。市内小高い丘の上にあるメテヒ教会から川を隔てた向こうを見ると何やらアールヌーヴォーぽい建物がある。ややバロック的だが、アールヌーヴォーの特徴もちゃんと備えていてうれしかった。

さらに市内を歩いて、シナゴーグの近くに街路が弓形に湾曲した道路があり、その弓の部分がそのまま全てアールヌーヴォーの建物になっているのを発見。かなり正しいアールヌーヴォーで、美術館らしい。しかもアールヌーヴォーの建物でこれだけ湾曲した建物は見たことがない。トビリシ市内には他にも数軒、アールヌーヴォーの集合住宅があった。

弓形道路アートギャラリー
（シナゴークの近く）

弓形道路アートギャラリー

トビリシ旧市街　川沿いの家

弓形道路アートギャラリー

ライモンド・ダロンコ

１８５７～１９３２ Raimondo Daronco

数多くのアールヌーヴォー建築家の中で、とりわけ数奇な運命をたどったのは、ライモンド・ダロンコその人だ。

他に類を見ない生涯を送ることになる彼は、イタリアのウディネの近くの街ジェモナに生まれた。14歳から4年間オーストリアのグラーツで石工として修業を積んだ後、１８７１年よりベネチアの美術学校でジャコモ・フランコに学び建築家の資格をとると、１８８７年ベネチアの国家博覧会の装飾を担当。転機は１８９０年のトリノ建築博の会場設計に携わった時に訪れた。

何とイスラム国家のトルコ皇帝アブデュル・ハミドの目に留まり、イスタンブールに呼ばれたのだ。目的はトルコ博覧会の設計を任せようというものであった。

ダロンコは助手のアンニバーレ・リゴッティと共にイスタンブールに赴く。そして１８９２年から足掛け16年間をトルコで過ごすことになる。

宮廷建築家となったダロンコは、ハーレムの浴場、帝国医科学校、離宮の温室、図書館、モスク、イタリア大使館、住宅、墓廟など数多くの建築物をイスタンブールに建てた。その作品群にはイスラム建築との融合を実現したモスクや墓廟もあるが、多くは彼独特のアールヌーヴォー建築である。

イスラム建築が主流のイスタンブールの町にあって、ダロンコのアールヌーヴォー建築は異彩を放っている。特筆すべきは１９０２年のトリノ装飾芸術博をトルコから指揮して、メインゲート、本部、オーディトリアム、写真館、ロトンダ、自動車館等を建てたことだろう。もちろん、現場もリゴッティと共にしばしば訪れたのだったが、トルコ皇帝お抱えであった彼の建築家としての足場はあくまでもイスタンブールであり、故郷イタリアに錦を飾るというよりは、どこか外国に自らの偉容を示すというような気持ちの方が強かった、ということもあるかもしれない。

ダロンコ自身多くのアールヌーヴォー建築を作ったが、彼に影響された建築家達も頑張った。『イスタンブール・アールヌーヴォー・アーキテクチュア・アンド・インテリア』にはダロンコの作品73軒、それ以外の設計者によるもの77軒、木造のアールヌーヴォー住宅が47軒。なんと合計１９７軒が記録されている。これは世界ランクで7位にあたる多さである。

ボッターハウス　イスタンブール

ともかく、トルコの宮廷建築家として大成功したダロンコであったが、１９０８年アブデュル・ハミド帝の専制政治に対して青年トルコ党の反乱が起き、その結果彼を寵愛したアブデュル・ハミドは退位を余儀なくされる。ダロンコは乱から逃れるため、いつもの旅行鞄に長年描き続けた図面やドローイングをつめ、シルケジ駅からオリエント急行に飛び乗った。これがトルコとの別れとなった。イタリアに戻ったダロンコは、晩年目立った活動もなく、サンレモでひっそりと亡くなった。

ボッターハウス

トリノ博覧会中央館
（現存せず）

農業省
イスタンブール

ジャニサリーズミュージアム
イスタンブール

ダロンコ自邸　トリノ

イスタンブール／イズミール

RIZZOLI社の『イスタンブール１９００』というハードカバーの本によると、イスタンブールには驚く程多くのアールヌーヴォー建築がある。ただ私が行ったのはたった一回でしかも１９９１年の湾岸戦争中で、写真を撮っていたら警察に引っぱられて尋問される始末。かろうじてダロンコの作品は３、４軒見つけた。他にも10軒以上見つかった。その中でこれぞアールヌーヴォーという作品があり、前記の本によると地元の建築家の設計だった。

「イスラムの街になんで?」と思うくらい、質の高い作品がたくさんあるのはなぜか。

イスタンブールには１８８３年に、国立美術アカデミーが創立され、建築教育のために、イタリアやフランスの建築家が教師として招聘されていた。

そこにライモンド・ダロンコが弟子と共に皇帝に招かれ、純粋アールヌーヴォーやイスラムとの折衷的な建物を建て始めたので、地元建築家もアールヌーヴォーに眼を向け始めた。その影響で地元の建築家によっても多くのアールヌーヴォー建築が建てられたのだ。

集合住宅　Vlora Han　イスタンブール

集合住宅　Vlora Han

Imperial Land Registry office. Vedat Tek

集合住宅　A and J. caracach

集合住宅

集合住宅　Vlora Han

集合住宅 K.Kyriakidis

Papadopoulos Freres 集合住宅

PTT　イズミール

ルイス・ヘンリー・サリヴァン

1856~1924　Louis Henry Sullivan

サリヴァンは時代と共に生きた建築家だ。しかし、ついには彼の方が一歩先を走りすぎてしまったようだ。

まず、サリヴァンを知る上では彼が生きたシカゴとその時代も知る必要がある。1830年、トンプソンによって交易所が開かれ、それ以来シカゴは都市としての歴史を歩み始める。1833年200人、1834年1800人、1871年30万人、と、順調な発展をするなかで大火に見舞われる。それでも1899年には人口200万人に達する。シカゴ市の人口は、このように急激な膨張を示した。この時代のアメリカはかつてない成長の時代であった。技術革新が行われ、製鉄技術が発達し、エレベーターが発明された。さらに、1871年の大火はかえってシカゴの建設需要を一層促進する一因ともなった。

このような社会情勢の中で1879年、若きサリヴァンはダンクマール・アドラーの事務所に入る。2年後サリヴァンは早くも事務所の対等なパートナーとなり、以後、アドラーとパートナーシップを解消するまで、15年間縦横無尽の働きを見せる。二人が仕事を獲得し始めた時期、近代建築史の巨匠フランク・ロイド・ライトもアドラー・アンド・サリヴァン事務所に勤務しており、主に住宅を設計していたが、ここでの7年近くの経験がライトに大きな影響を与えたことは周知の事実である。

サリヴァンは室内装飾が得意で、独特の装飾形態を創造する能力を持っていた。また、彼の図面は美しく、主として構造家であり、営業の才能も持ちあわせていたアドラーの受注活動に、大きな力を発揮した。

アドラー・アンド・サリヴァン事務所の最初の大きな仕事は、シカゴの目抜き通りに建設されたオーディトリアムビルであった。この巨大な複合施設の中に設けられた劇場は数々の工夫に満ちあふれていた。可動椅子は客席数を4000から6000へと自在に変えられた。ステージは精巧な水力回転舞台を持ち、さらにその時代には珍しかった冷房装置までつけられた。しかし、何よりも人々はそのインテリアの魅力にひきつけられた。「黄金のアーチ」と呼ばれるホールは、サリヴァンの装飾的技巧を充分に発揮したものであった。アーチはサリヴァンのロマネスクへの指向を意味し、イスラム的装飾の繰り返しはサリヴァンの最も得意とするところであった。

オーディトリアムビル（一階大階段）
シカゴ

オーディトリアムビル　ダイニングルーム（現図書室）

このオーディトリアムビルは大きな評判を呼び、以後セントルイスのウェインライトビル、バッファローのギャランティトラストビル、ニューヨークのベイヤードビル、シカゴのシュレジンジャー・アンド・メイヤー百貨店（現在のカーソン・ピリー・スコット百貨店）など重要な作品を次々と発表し、シカゴ派の中心人物となってゆく。

こうして装飾的な建物で関心を呼んだサリヴァンであったが、しかし彼は早くから近代建築は装飾を捨てさるべきものだと考えていた。

1884年サリヴァンはパートナーに早くもこう書き送っている。「私は装飾をやめることを要求したい。堅固さと強靱さという効果を駆使してみたいのです」

この考えはサリヴァンの近代建築へと向かう意欲を示したものであり、建築の工業化への第一歩ともなった。前述のウェインライトビルは鉄骨の柱にプレキャストのテラコッタ装飾をつけたものであり、ギャランティトラストビルはその方式をさらに発展させ、カーソン・ピリー・スコット百貨店は基壇の部分にこそ装飾が残されているが、上部の軸組みからはほとんど装飾が取り払われている。

1893年コロンビア博物館において、自分の設計した交通館以外のボザール的な建物について、「くだらぬおしゃべりをする愚行のいかがわしい陳列であり、それがアメリカの建築に及ぼした悪影響は50年間は続くであろう」と批判した。このような「ポスト装飾」のサリヴァンの思想は、やがてミース・ファンデル・ローエに受けつがれてゆくことになる。

しかし15年間の英雄的な活躍に突如終末が訪れる。1893年の恐慌に端を発したと言われるアドラーとの別れである。常に執念深く、気紛れで、情緒不安定なこの天才には、如才なく振舞う営業的な才能はなく、以後仕事の依頼は激減する。アドラーと別れて30年間、サリヴァンのこなした仕事は僅か20件に過ぎない。

時代の先頭を走り過ぎたがゆえに後半生は不遇のサリヴァンであったが、「形態は機能に従う」という有名な言葉とともに時代を切り開いた開拓者として、その名前は不滅のものとなっている。

カーソン・ピリー・スコット百貨店
シカゴ

オーディトリアムビル
（現ルーズベルト大学）
シカゴ

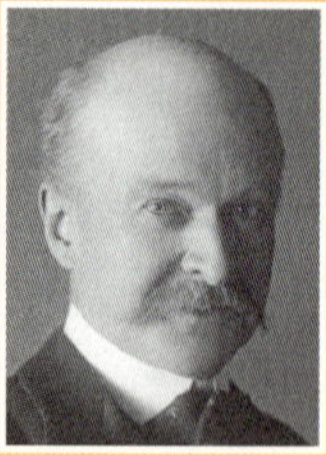

マッキム
1847~1909 Charles Follen McKim

ミード
1846~1928 William Rutherford Mead

この3人の建築家が共同で仕事を始めたのは1879年の頃であった。

彼等は、3人それぞれの個性を生かした作品を造り、19世紀末のニューヨークで最も売れっ子の建築事務所となって、数多くの作品を残している。3人の死後も1961年まで事務所は存続し、作品の数は約1000、その3分の1はニューヨークにあると言われている。

彼等の作った建築はアメリカン・ルネッサンスと呼ばれ、ボザール流の古典主義的建築である。南北戦争のあと、世界的な力をつけ始めたアメリカの、経済の中心地となりつつあったニューヨークの人達に、この様式は受け入れられた。歴史の短いアメリカでヨーロッパ系の移民者達はこの建築物にふるさとの匂いを感じたのかもしれない。

マッキムは若い頃の3年間、パリのエコール・デ・ボザールに留学している。それを追いかけるようにミードも

ホワイト
1853~1906 Stanford White

1871年にヨーロッパへの建築巡礼の旅に出ている。ホワイトもまた、マッキム・ミード・アンド・ホワイト事務所を設立する前年、ヨーロッパの建築を見て回っている。この3人のそれぞれのヨーロッパ体験がボザール流の建築への傾倒を促し、その旅が彼等の重要な建築ボキャブラリー（言語）となっていることは間違いない。

彼等の事務所が大成功した理由は、それぞれの個性を最大限に尊重したことにある。

マッキムは学識と理性に満ち、アメリカに正当的な建築を造る理想に燃えていた。ミードは良識ある人物であったので、組織の運営に無くてはならぬ人だった。そして、ホワイトは一番若く、情熱的で、特にデザインにすぐれた能力を発揮した。マッキムが社会的良心を備えた建築家として事務所の顔になればミードが裏で支え、ハンサムなホワイトは、派手な服装をし、芸術家や社交界の人々と積極的

コロンビア大学図書館
ニューヨーク

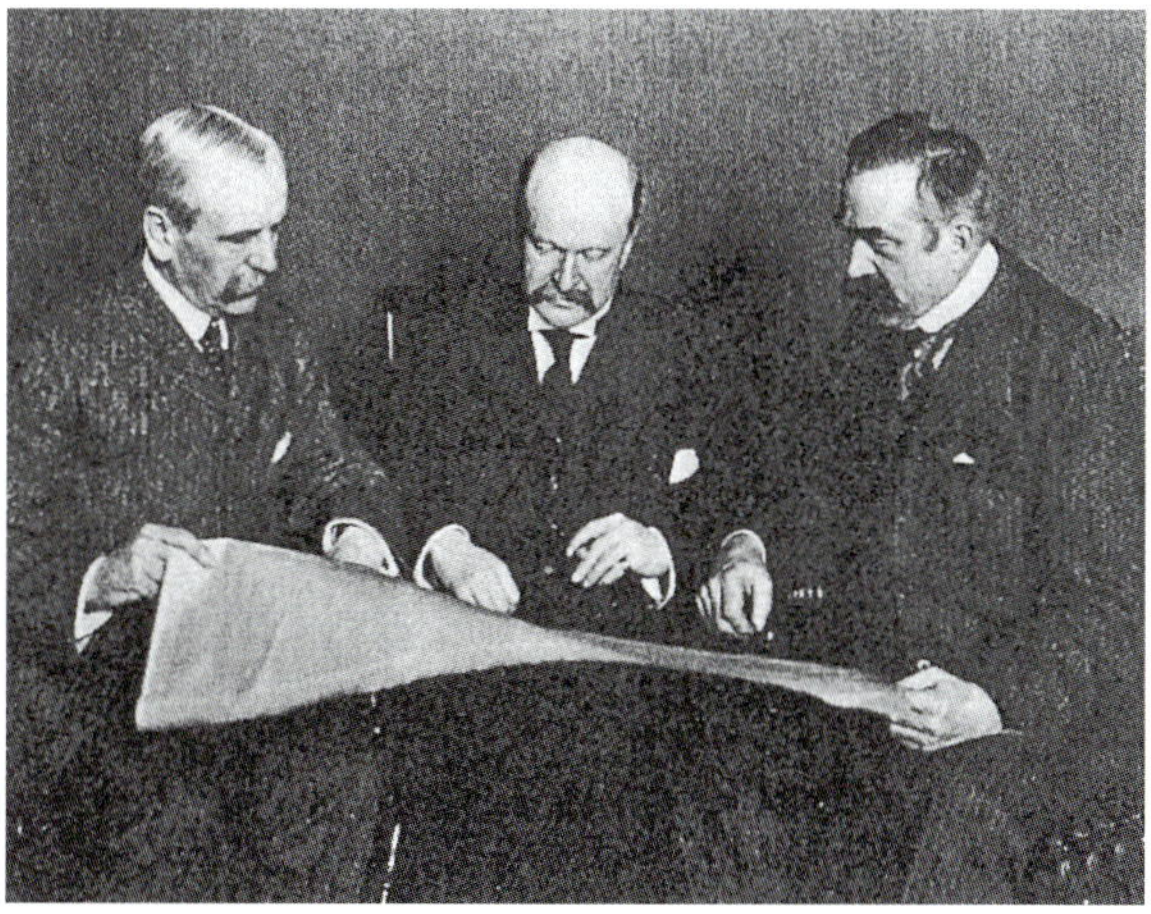

1905年頃
左からミード、マッキム、ホワイト

ニューヨーク市庁舎　ニューヨーク

に交わり、まさにスター建築家としての役目を果たしたのである。

そんなマッキム・ミード・アンド・ホワイト事務所の作品は、他の名だたる事務所に負けず劣らず数多い。旧マディソンスクエアガーデンやペンシルバニア駅のように、すでに取り壊されたものもあるが、コロンビア大学図書館、ブルックリン美術館、ニューヨーク市庁舎、メトロポリタン美術館翼部、モーガンライブラリー、ウィラード邸など珠玉の作品が、今尚ニューヨークに残されている。ウィラード邸はヘルムズレイホテルとして建て替えられたが、両翼部を含めて一部は元のままで、応接間の部分がホテル付属のバーとして現在も営業している。

彼等は住宅作品も多く手がけ、アメリカ式シングルスタイルを用いた建築がロードアイランド州ニューポートに数多く残されており、そのマンション見学ツアーなどもひんぱんに催されている。そこに建つニューポートカジノは今も観光客が絶えない代表的な建物である。

ただし、繁忙を極めた3人にも人生の終焉は容赦なくやってくる。

マッキムは1902年から1903年にかけてアメリカ建築家協会の会長をつとめ、1903年にはイギリス王立建築家協会からゴールドメダルを授与される、といった栄光に満ちた晩年を送るが、次第に健康を害し、1909年にその生涯の幕を閉じる。ミードはマッキムの死後20年近くも存命であったが、マッキムの死と同時に、事務所のアドバイザー的存在に退く。

最も若かったホワイトはイヴェリン・ネスビットという若い人気モデルを愛人にしていたが、1906年彼女の新しいフィアンセの嫉妬と憎悪に狂った凶弾によって劇的な死を遂げる。撃たれた場所が自らの設計したマディソンスクエアガーデンの屋上であったことは、いかにもホワイトらしいフィナーレであった。

注 マッキム・ミード・ホワイトは必ずしもアールヌーヴォー作家ではないが、アールヌーヴォーと同時代に生き、かつフランス・ボザールがアールヌーヴォーに微妙に影響を与えたこと、そしてまた彼等の生き様がいかにもアールヌーヴォー的であるゆえに、ここに取り上げた。

アールヌーヴォーを捜しにゆく

シリア

内戦が始まる直前の２０１１年2月末、私はシリアに足を踏み入れた（3月以降シリアに入った人はアメリカのビザであるＥＳＴＡが取れない）。その時の旅行案内書には「治安は非常に良い」と書かれていた。帰国して程なく内戦が始まった。初め、アサド大統領の体制派に対してアメリカが支持する反体制派が優勢だった。しかしイスラム過激派である「ＩＳ」が力をつけてこれに割って入り、第二の都市アレッポを奪いあう。しかもトルコ、イラク、シリア国境地帯に住むクルド族がからんできて、内戦は複雑さを増し、解決の糸口がつかめず多くの都市が破壊された。有名なパルミラの遺跡も被害を受けた。また多くの国民が難民となって国外に去り、約２０００万人の人口のうち５分の１がいなくなってしまった。シリアの国民は去るも悲劇、残るも悲劇の状態にある。「中東を制するものはまずシリアを制す」という言葉がある。その言葉通り、有史以来、ほとんど統一国家が存在せず、絶えず異民族に占領されていたが、初代アサド大統領が１９７０年に誕生して、一応の安定を取り戻していた。

シリアに入って気がついた事は、多くの住宅が粗末なコンクリート造りで、箱のような建物の１階または2階の屋上部分に下階の柱がつき抜けて、そこに鉄筋が露出していて「まだまだ上に増築します」という、素朴な状態のまま住んでいた。しかし、首都ダマスカスの旧市街には魅力的な建物が多かった。モスクは美しく彩られているし、民家もイスラムの特徴である「ねじり柱」を持ち、古びていても美しい。

ズバリ、アールヌーヴォーの建物は見つけられなかった。ただここでも、いい建物に出逢った。写真に収めた白い建物など品があって、屋上に到る階段が綺麗だった。

パルミラの街で夜散歩していると、床屋に4、5人の客がいて、チャイを飲んでおり「入れ、入れ」と言って、客の一人がチャイをたてて、ご馳走してくれた。あの時の人の好さそうな人達は今、「どうしているのだろうか」と心が痛む。

ダマスカス旧市街のねじり柱の民家とレストラン

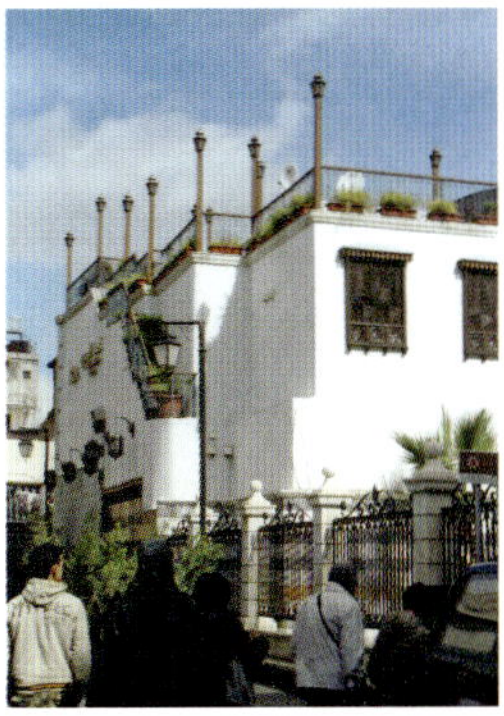
ウマイヤドモスク脇の美しい民家
ダマスカス

政府の建物
写真は2代目アサド大統領
ダマスカス

ダマスカス旧市街の店舗付住宅

床屋の主人と客達
パルミラ

フランク・ロイド・ライト

1867〜1959　Frank Lloyd Wright

ル・コルビュジエ、ミース・ファン・デル・ローエ、そしてフランク・ロイド・ライト。この3人が近代建築史における巨匠であることは言うまでもない。しかしながら、あまりにも有名すぎて、正直なところ本書で取り上げにくかった。彼等は巨大すぎるが故に、攻めこむ余地が見つからなかったのだ。

　吟味の末、ライトの場合には彼の人生にスポットライトをあてた前半と、作品に言及した後半に分けて述べることにした。

　ライトを語るには、まず「女」の話から始めなければならない。ライトは見かけを大事にする男だった。常に衣服を整え、車や住居も一流であることを旨とした。一生を借金の返済に追われたライトであったが、それでも美しい容貌を備えたライトに、女性達はイチコロだった。

　そして最初のスキャンダルである。１９０９年ライトは施主の妻であったチェニー夫人と手に手を取って出奔してしまった。行き先はヨーロッパであった。ライトの作品集を共同で制作する目的もあったとはいえ、互いに家庭を持つ者同士の駆け落ちは大きなスキャンダルとなり、ライトはそれまで築いた名声を、全てフイにしてしまう。

　2年後、帰国したライトはシカゴで仕事を再開する。ところが、１９１４年、狂った彼の召使いがチェニー夫人ら7人を殺害し、タリアセンの住居にも放火する事件が起きた。

　しかし、その翌年には早くもミリアム・ノエルと同棲。この女性とは最初の妻カザリンと１９２２年に離婚が成立後に結婚している。１９２５年、オルギヴァンナという女性に逢い同棲を始める。ミリアムには訴えられる、オルギヴァンナの前夫には追っかけられるで散々な事態を招いた。結局その後ミリアムとは別れオルギヴァンナと結婚している。それぞれの「妻たち」との間で恋愛といさかいを繰り返しているライトの女性遍歴を追うと、「もてすぎるライト」の姿が浮かび上ってくる。

　しかし、常に新しいものに感動し、すぐ自分のものにしようとするこの情熱が、建築家にとって良いこやしを得る源泉になることは間違いない。グロピウスはマーラーの妻アルマを奪ったし、日本でも丹下健三はスチュワーデスに恋し、黒川紀章は女優に惚れた。そのほかにも、宮脇檀と

旧帝国ホテル
東京（現明治村）

いう極め付けのスケベエや、山下和正という「禁欲的離婚経験者」もいる。

この、女性に対する情熱、そして借金苦がひたすらに彼を建築に向かわせた。そして1959年、92歳でこの世を去るまでに390余りの作品を完成させ、420余りの計画案を残した。

建築生活70有余年という最長不倒の人生であった。

初期のル・コルビュジエ（シャルル・エドゥアール・ジャンヌレ）をアールヌーヴォーの建築家と呼ぶことには何の抵抗もないが、ライトを同じような範疇に入れるのは少し無理があると思う。

しかし、アールヌーヴォーのバイブルとも言えるフランク・ラッセル編の『アールヌーヴォーの建築』には、ルイス・サリヴァンと並んで堂々取り上げられている。これによると、ウィンスロー邸や自邸など初期のプレイリー住宅がアールヌーヴォー建築と目されているようだ。しかしインテリアを見ると、むしろアール・デコ的な匂いがする。とはいえ、第一次大戦後に成立したアール・デコは、その頃まだ生まれていないので、イギリスにおけるウィリアム・モリスの提唱した「アーツ・アンド・クラフツ」に触発された早すぎるアール・デコと言えるかもしれない。ここからも想像できるように、ライトの作風はどんどん変化した。1904年のラーキンビルは表現主義的な作品だ。

ライトは帝国ホテルの設計のために4年間、日本に住み、この設計を通じて日本に大きな影響を与えた。スタッフとしてアメリカより同行したアントニン・レーモンドに加え、遠藤新、土浦亀城、田上義也、岡見健彦らが集まった。長い工事期間中にライトは帝国ホテルの他に福原有信別邸、自由学園、林愛作邸、山邑邸などの設計も引受けた。

帝国ホテルの設計に関しては「日本の天皇の派遣団が帝国ホテルにふさわしい建築家をみつけようと世界中を捜した結果、ライトに白羽の矢が立った」とライト本人が言っていたという。1919年夏、建築が始まり、1922年に完成した。そして翌年の9月1日、あの関東大震災が起こった。アメリカの新聞紙が「インペリアル（帝国）の建物が多数倒壊」と伝えるなか、すでにアメリカに帰っていたライトのもとへ感動的な電報が届く。「ホテルは貴殿の天才の金字塔として無傷で立っています」。

ライトが日本で建てたいくつかの建物は、その後多くの模倣を生み「ライト様式」と名付けられた。これらの建物はアールヌーヴォーというより、表現主義的またはナショ

ユニティ教会（修復工事中）
オークパーク

アーサー・B・ヒュートレイ邸
オークパーク

ライトのスタジオ

右ライト邸・左スタジオ
オークパーク

ナル・ロマンチシズム的と言ってもよいと思われる。

数々の建物を設計し、名声を博したライトだが、一方その人生は借金とスキャンダルとの闘いにまみれたものでもあった。

二番目の妻ミリアムは日本をはじめ、ライトの行く所はどこでも付いて行ったが、その先々で喧嘩が絶えなかった。彼女はライトが利己的で不誠実だと非難した。ひどい喧嘩のあとには決まって激しい非難の手紙が次々とライトの元へ届いた。これに対し、ライトはミリアムと同じくらいの激しさで「帰って来て欲しい」と返事を書いた。

タリアセンの二度の火災、二度の妻との別れ。フランク・ロイド・ライトは彼を襲う数々の災難にもめげず、ダンディーな92年の歳月を生き抜いた。

ネイサン・G・ムーア邸
オークパーク

山邑邸　芦屋（現淀鋼記念館）

アルゼンチンのアールヌーヴォー建築概観

アルゼンチンは人口約４１６０万人、その95％がヨーロッパからの移住者及びその末裔だという。長らくスペインの植民地だったが、１８１６年ついにスペインから独立を果たす。そして内戦が終結した１８８０年ブエノスアイレスが首都に定められてから20世紀はじめにかけて、ヨーロッパからスペインはもとより、ドイツ、イタリア、フランスなどからも大量の移民が押し寄せてきた。急激な人口増により社会的インフラの整備、即ち住むための住居の確保が要求される。また、こうして集まってきた色々な職業の人達が、首都ブエノスアイレスをはじめとしてアルゼンチンに独特の文化を育んでゆく。ここに、需要とその実現に不可欠な技術の結集という「土壌」が出来上がった。

人口増の時期とアールヌーヴォーの最盛期が重なり、ブエノスアイレスにはたくさんのアールヌーヴォー建築が建てられた。そしてそれらは複数の国の移民からなる建築家達それぞれのスタイルで建てられた。具体的に整理すると、スペインの「モデルニスモ」、フランスの「アールヌーヴォー」、イタリアの「リバティ・スタイル」の流れを汲むものに大別される。そうした建築家の中にはバルセロナのルイス・ドメネクの弟子、ミラノのジュゼッペ・ソマルーガの弟子などもいて、それぞれ師の作風に忠実に従った建物をアルゼンチンでも造っていて、非常に面白い。

このように、ヨーロッパからの移民の手によって造られたブエノスアイレスのアールヌーヴォー建築だが、スティーブン・エスクリットによれば、その中で最も影響力があった建築家はアレハンドロ・クリストファーセン（１８６６～１９４５）だという。彼はスペイン系ノルウェー人でブリュッセルとパリで学んだ１８８８年にアルゼンチンに来て、ブエノスアイレス大学内に設立されたアルゼンチン最初の建築学校の校長となった。その教え子達が育ち設計した建物がたくさんあり、ありとあらゆる様式の建物がブエノスアイレスに造られることとなった。

最後に、作者不明だが著者が気に入った建物を紹介する。

サンマルティン広場の角から始まるエスメラルダ通りの中程にある細長い６階建の建物がそれだ。２階部分でアールヌーヴォーの定石どおり二人の褌姿の裸の男性が、まるで建物全体を背負うように踏ん張っている。住宅部分の窓は鋳鉄製。最上階も秀逸。下の階とはうって変わってガラス貼りで軽快感がある。両側のパラペットでは行者風の男がしかめ面で睨んでいる。意味不明の軒飾りが5本突き出ていて、その先はどうも口を開けたライオンのようだ。下から肉眼で見ると、全く何かわからない。

この建物を見て、思い出すことがあった。レヒネル・エデンが郵便貯金局を造った時、その屋根をジョルナイのセラミックで飾り立てるので、弟子がこう言ったそうだ。

「そんな所を飾り立てても見えないじゃないですか」

レヒネルの答えはこうだった。

「だって鳥が見るじゃないか」

エスメラルダ通りの家（設計者不明）
ブエノスアイレス

エスメラルダ通りの家
ブエノスアイレス

フリアン・ハイメ・ガルシア・ヌーニェス

１８７５～１９４４

Julian Jaime Garcia Nunez

　アルゼンチンで第一級のアールヌーヴォー建築を挙げよと言われたら、躊躇なく挙げられるのがスペイン病院である。その最高傑作であるスペイン病院を設計したのが、ヌーニェスだ。この建物を発見した時は興奮した。スティーヴン・エスクリットの書いた『アールヌーヴォー』（「岩波世界の芸術」岩波書店、２００４年）の中に建物の名前だけが記されていた。ベルグラノ大通りに面したその建物は現在使われておらず、外壁もかなり汚れていたが、ペントハウスにドームを頂くその姿は刺激的で、光り輝いていた。あとで調べてみると、完成当時、一ブロック全てを一人占めする全長１００メートルにも及ぶファサードを持っていたことがわかった。勿体ないことに、現在は3分の2が失われて、新しい建物に変わっている。しかし、3分の2が失われてなお、この美しさ！　2階建てにしては背の高い建物だが規則正しい外観にアールヌーヴォーの約束事がふんだんに散りばめられている。外壁の一部にサインがあり、「4月26日に〝ＲＥＳＴＡＵＲ〟された」とあるだけで、これだけではこれが病院かどうかはわからなかった。辞書で調べると〝ＲＥＳＴＡＵＲＡＲ〟は「修復」だが〝ＲＥＳＴＡＵＲ〟という単語は無い。色々調べて、ようやく完成時の写真と共に「ＨＯＳＰＩＴＡＬ　ＥＳＰＡñｏＬ」の文字を見つけた時は天にも昇る気持ちになった。今でも美しいこの建物は、修復されれば重要文化財になりうると思う。

　フリアン・ハイメ・ガルシア・ヌーニェスはブエノスアイレス生まれ。バルセロナでルイス・ドメネク・イ・モンタネルに学んだ。したがって、彼の様式はドメネク風で、特にスペイン病院はその色彩が強い。

　特筆に値するのは１９１０年の１００年記念博覧会の施設を一手に引き受けたことだ。それらの建物は他の万博におけるアールヌーヴォー建築に勝るとも劣らない。かくしてヌーニェスはブエノスアイレスにおけるアールヌーヴォー建築のスーパースターとなった。

　他の代表作としてCasal（別荘）de catalunya 855 chacabuco street や 274 Luissaenz streetの集合住宅がある。

スペイン病院
ブエノスアイレス

100年記念博覧会メインゲート

スペイン病院　完成時の写真
（現在は３分の２が失われている）

ビルヒニオ・コロンボ

1885～1927 Virginio Colombo

もう一人、ブエノスアイレスにはスター建築家がいる。名前はコロンボ。覚えやすい。何と彼はミラノのジュゼッペ・ソマルーガの弟子だという。移民ではなく、招待されてアルゼンチンに来たようだ。最初の秀作は「カリセ館（エディフィシオ・カリセ）」である。完成は1911年、工事には3年かかった。一見してアールヌーヴォーのそれとわかる建物。シンメトリーの外観、一対のニンフ、たくさんの小天使などをあしらい、師がパラッツォ・カスティリオーニやヴィラ・ロメオで示した手法に倣った手堅い設計だ。玄関扉のアイアンワークも素敵で、正面上にある男女の裸像のからみても、この国では問題にならなかったようだ。

　カリセ館の近くにあるもう一つの作品「孔雀邸」も力作だ。外観はアーチや尖塔アーチが連続し、それにねじり柱が付き、イスラム風である。が、細部を見ると色タイルの模様が美しく、2頭のライオン像の下にアカンサスの葉に彩られた形で向かい合った2羽の孔雀が配されている。この孔雀の存在感が強く、「孔雀邸」の名前がついているのも頷ける。面白いのは隣に「私もアールヌーヴォーよ」と言わんばかりに派手派手の2階建て（ギレルモ・アルヴァレス設計）があることだ。あまりに原色で塗られているので品を損なった感があるが、もしこれが落ち着いた色や素材で造られていたなら、隣の「孔雀邸」と共に良い風景を生み出したことだろう。

　さらに驚くのは、リヴァダビア通りを挟んだ眼の前にも、カレイホテル（イシリオ・チオッシ設計）というアールヌーヴォー建築があることだ。このホテルは今は使われていないが、外観はなお美しく、細部はアールヌーヴォーの基本にのっとって設計されている。

　「孔雀邸」を含め三つの建物が、意図したかどうかにかかわらず、ブエノスアイレスの「不和の街区」として楽しめる一画と言える。

カリセ館
ブエノスアイレス

孔雀邸　バルコニー　ブエノスアイレス

右：孔雀邸　Guillermo Alvarez　左：不明

カレイホテル　Icilio chiocci

孔雀邸　外壁のタイル

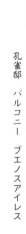

エンリケ・フォルカース

1873～没不年詳 Enrique Folkers

スペイン病院と並んで秀作なのが「スペインクラブ」である。大通りに面して建てられており、元はスペイン移民のクラブとして建てられ、かつてはカジノなどもあったようだが、現在は1階のレストランが営業しており、クラブとしても使われている。

この建物を設計したのはオランダから来たエンリケ・フォルカースである。経歴が不明で、どこでこういうアールヌーヴォー建築を学んだかわからないが、外観のフォルムは美しく、細部を見ると建設当時のタイルやテラコッタが、まるで昨日造られたように輝いている。玄関のアイアンワークも見事で、近寄って見れば見るほど楽しくなる。ペントハウスに立つ有翼の天使像が乗るドームは、いかにもルイス・ドメネク風でスペイン病院と共通するものがある。

現在のファサードは真っ白く塗られているが、建設当時の写真を見るともっとカラフルに塗られていて、今以上に装飾過多の建物だったことがわかる。4階のベランダなどは明らかに別のものに取って替えられている。何年か前の改修の際に外観はかなり改変されたようだが、白い外壁が南米の太陽に映え、また適度にシンプルになったことで抑制がきいてアールヌーヴォー建築としての価値が増しているようにも思える。

1911年に完成した建物だが100年経っても1階のレストランは当時の姿のままに営業しているので、昼でも夜でも利用されることをお勧めする。

スペインクラブ　ブエノスアイレス

スペインクラブ

スペインクラブ　玄関

スペインクラブ　天井のフレスコ画

スペインクラブ　レストラン

エンリケ・ロドリゲス・オルテガ
1871〜1938 Enrique Rodriguez Ortega

ブエノスアイレスのアールヌーヴォー建築の中で、よく知られているのが「百合の館」であろう。ファサード全面に蔦のようにはりめぐらされた正体不明の植物。そのほとんどが茎で先っぽに葉があり、花はほとんど見かけられない。にもかかわらず、なぜか「百合の館」と名づけられている。ステファン・エスクリットの本には「リヴァダビア通り2031」とのみ記されているが。

この建物がパリのラヴィロットのセラミックホテルとの類似を示しているとする文献もあるが、ラヴィロットの方はセラミックで密度が全く異なる。しかし、モルタルによる左官工事のみでこれだけの造形を生み出した技術には恐れ入る。1905年に出来たこの建物が今、これほどまでに美しさを保っているのは、メンテナンスの良さと、おそらく修復した左官職人の洗練された技術によるものと思われる。

しかし、注目すべきはその隣の建物だ。一戸隔てた角地にあるその建物はガラスのドームを持ち、ネオバロックとも「擬アールヌーヴォー」とも見える、奇妙な建物である。ドームの下には「不可能な夢はない」と書いてある。

その屋上のパラペット部分にガウディの竜の門がそっくりそのまま再現されている。さらにその奥にカサ・ミラの煙突を模したとも思える、筋骨たくましい宇宙人みたいな人物像が3体。あまりに不思議な建物なので、地元の文献で調べてみると、何と作者は隣の「百合の家」と同じエンリケ・ロドリゲス・オルテガだった。「百合の館」の2年後、1907年に完成している。

そして建物の名は「尊敬する建築家アントニ・ガウディ」というらしい。略して「ガウディ館」と呼ぼう。ひょっとしてオルテガは、バルセロナの「不協和音の街区」（ガウディの「カサ・バトリョ」、カダファルクの「カサ・アマトリエル」、ドメネクの「カサ・モレラ」が一堂に会した一区画）のことを知っていて、自らの作品でブエノスアイレスに「不和の街区」を造り、ガウディに捧げたのではないだろうか。

もしそうだとしたら、オルテガは稀代のユーモアの持ち主だと言える。

百合の館
ブエノスアイレス

ガウディ館
ブエノスアイレス

ガウディ館　3人の宇宙人

竜の門

ルイ・デュボワ
1867〜1916 Louis Dubois

エミリオ・ユジュ
1863〜1912 Emilio Hugé

パブロ・パテル
生没不詳 Pablo Pater

デュボワとパテルは協同で設計に当たった。二人とも経歴はいずれもフランス生まれで、いかにもフランス風アールヌーヴォー建築を設計した。リーオバンバ通り1178番地の集合住宅は角地に建つ本格的アパートメントであるが、フランス仕込みらしく何かしらギマールっぽい。メインエントランスや窓周りの曲線を描く壁や柱はギマール自邸に似ている。ベランダの手摺はデザインこそ規則正しく作られているが、鋳鉄製でやはりギマールのカステル・ベランジュを彷彿とさせる。

同じく二人の設計したチリホテルはリヴァダヴィア通りの国会議事堂のある憲法広場のすぐ近くにある。角地に建ち、そのコーナー部分がいかにもアールヌーヴォーなのだが、そのトップが妙にチグハグだった。本書刊行直前に入手した現地の資料『Art Nouveau in Buenos Aires』（Anat Meidan）によってその謎が解けた。コーナーのトップにあるピナクルが無くなっているのである。出来得れば元に戻してもらいたいものだ。

もう一人フランスから移住した建築家がエミリオ・ユジュである。彼の設計した百貨店「カーサ・ムーション」（現在は銀行の建物）はデザイン的にはフランス風のネオバロックである。しかし、6階建ての中間三層を貫くカーテンウォールがパリのル・パリジャン・リベレ新聞社を想起させ、これによりアール・ヌーヴォーに分類される。

ブエノスアイレスのアールヌーヴォー建築は半径数キロに固まって建っている。これは人口増に伴い、新市街が形成された時に、アールヌーヴォーの最盛期が重なったためと思われる。『Art Nouveau in Buenos Aires』には、本書で取り上げた作品の2倍以上の素敵な建築が掲載されている。

リーオバンバ通り1175番地の集合住宅
ブエノスアイレス（デュボア、パテル）

カーサ・ムーション百貨店
ブエノスアイレス（ユジュ）

チリホテル
（左：1913年当時　右：現在）
ブエノスアイレス
（デュボア、パテル）

チリホテルの窓

メキシコシティ

スペイン人と原住民インディオとの混血の国、メキシコにもアールヌーヴォーは海を超えてやってきた。

ただしそれはアールヌーヴォーでもユーゲントスティルでもなく、「メキシコ流アールヌーヴォー」とでも言うべき一種独得のアールヌーヴォーだった。

その装飾形態はバロック的な要素を持ち続けていて、分離派ならぬ継続派とでもいえようか。

しかしながらその設計思想はアールヌーヴォーそのもので、いかにも面白い。資料によるとメキシコシティ消防署も立派なアールヌーヴォーだという。

タイル貼の集合住宅

用途不明

博物館　窓飾

ホテルエントランス

英語学校

ホテル窓と照明

マラケシュ

近代、スペインやフランスの支配を受けたモロッコ。

もともとは土着のベルベル人の国だが、アラブや西洋の文化が混じりあって、いわゆるアフリカとは一線を画している。カサブランカは近代都市で、アール・デコ的建物が散見される。

ここマラケシュは刺激に満ちた都市でジャマ・エルラナ広場には屋台が林立し、人々でごった返している。コブラ使いの大道芸人もいたりして異国情緒タップリだ。街を歩くと妙にアールヌーヴォー的景観に出会う。

王宮の門や鉄道駅はサリバンを思い出させるし、スークの門や壁の装飾にハッとさせられる。「キャンパビルクラブ」という多分、レストランと思われる建物は、とても美しい。

モロッコはイスラム教国なので飲酒は禁じられているが、ワインの生産量はアフリカでも上位で、酒類もスーパーの奥の方でヒッソリと売られている。

キャンパビルクラブ

城壁の窓

マラケシュ駅

市場の門

ホテルの入口

リマ／クスコ

ペルーへ行く大半の人の目的はマチュピチュとナスカを見ることである。私も例外ではない。しかし、他にも楽しみがある。インディオとスペイン人の混血の国、ペルーには、何かあるのじゃないだろうか。

リマに着く。バスの車窓から見たオフィスが、ズバリ、インカ風味のアールヌーヴォー。オーダーの柱頭がカギ式になっていて、いかにもインカ風。これだけで「ペルーにもアールヌーヴォーがあった」と言える。そして、とあるビルの程良い装飾の窓に、控え目で優美なマリア像が。なんという優しい眼差し。罪深き私も救われそうだ。

海辺には〝ペルー式〟グエル公園があった。「恋人達の公園」といってリマの観光スポットとして有名である。

古都クスコは標高３３９９ｍ。信号を急いで渡るだけで息切れがする。この町の風景は奇妙にブータンやネパールの街に似ている。外壁に取り付くベランダのサッシがほとんど同じに見える。黒やこげ茶に塗られているのも同じ。クスコの方で見られた建物は付柱にねじりが入っているのがややイスラム風だ。

アフリカから出発した人類の祖先が、アジアの山頂に到達し、別のグループはさらに北上しベーリング海峡を渡りアメリカ大陸をまたさらに南下、ついにペルーの山頂にたどり着いた。大きな年月の差はあってもＤＮＡは同じであったかもしれない。

窓辺のマリア　リマ

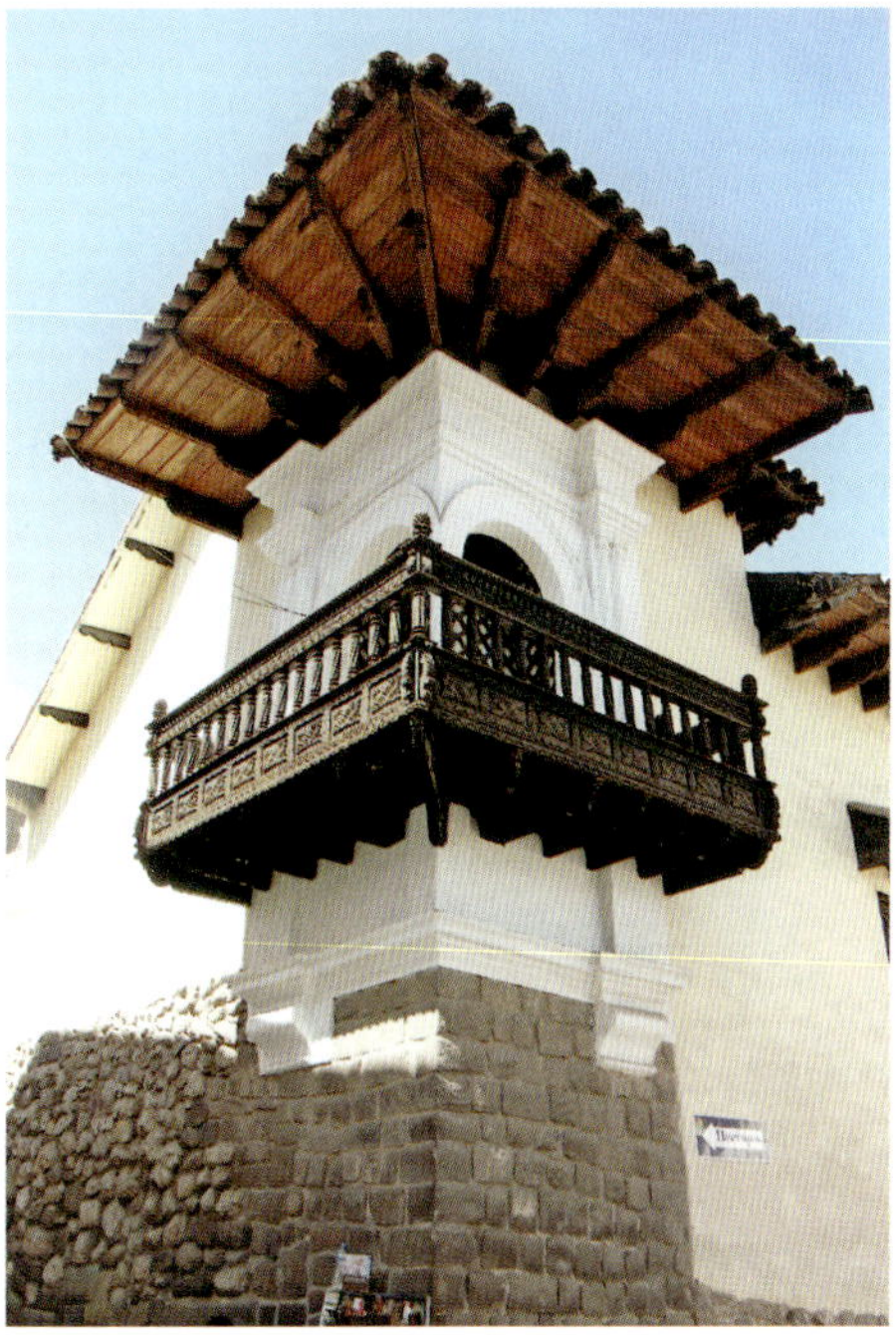

住宅　クスコ

インカ風味のペルー式アールヌーヴォーオフィス　リマ

恋人達の公園　リマ

店舗　クスコ

民家の軒天　クスコ

教会付の庫裏　リマ

チュニス

古代ローマ時代のカルタゴ。ハンニバルに率いられ地中海の雄として一世を風靡したロマンの国は、アラブ人、オスマン朝、フランスと他国による支配と独立を繰り返した。

1881年から第二次大戦終了までフランスの支配を受けた影響は今も残っている。そしてイスラム教徒と西洋文明が出会った建物がチュニスのアールヌーヴォーだ。端正な集合住宅はアラブ風の窓を持ち、モスクを彩ったタイルも使われていて、街並を美しく照らしている。

イスラム教のモスクの塔までも、アールヌーヴォー風に見えてくるのも不思議だ。こういうものも広義のアールヌーヴォー建築に入れてもいいかなと思えてきた。

劇場

車窓からのアールヌーヴォー

集合住宅

ダージリン

ダージリンはインドの北西の果て、ネパールとブータンに挟まれた辺境にある。標高は２１００ｍを超える。

この地はイギリス人がインドを植民地として経営していた頃、避暑地として開発した所だ。同時にイギリスで紅茶が好まれるようになって、このダージリンで良質のお茶が栽培できることがわかり、大規模な茶園が開かれた。

そんな訳で、この地には多くのイギリス人が滞在した。そして教会や学校、住宅が建てられ、今日までインドには稀な洋風の街並が残されている。メイン通りのネール通りを歩くと多くの土産物屋に交じって良質の集合住宅やアールヌーヴォーの豪邸が認められる。

蛇足ながら、インドの紅茶産地はダージリンとアッサムが有名であるが、低地にあるアッサムに比べて、高地にあるダージリンは昼夜の温度差が大きく、良いお茶がとれると地元の人は主張している。

集合住宅

住宅

公園モニュメント

クアラルンプール／ジョージタウン

ジョージタウン

マレーシアは古くはペルシャ、アラブ、インドの影響を受け、15世紀にイスラム化した。その後、ポルトガルの支配を受け、18世紀にはイギリスの植民地となった。そのイギリスによるマレーシア経営の拠点となったのが、マラッカとペナン島であった。

とりわけペナン島のジョージタウンにはイギリス人が多く住み、かつインド人街やチャイナタウンもある。

この街で活躍したのは華僑で、一族をあげて故国を出て成功した彼等は、一族のつながりを重視し、親族が協力して寺を建て、一族の繁栄を祈った。そのような寺がジョージタウンには数多くあり、洋風の建物を併設することも多かった。彼等は富の象徴として寺を飾りたて、ますますの一族の繁栄を祈った。

また、ジョージタウンの下街には1階が商店、2階が住居の商店街が形成され、今も洋風の街並が残っている。

クアラルンプール

首都クアラルンプールの中心街にはコロニアル様式を始めとして、さまざまな様式の建物がたくさん残っている。その中で私が感動したのがマレー鉄道事務局ビルである。1917年に完成したこのビルは重厚な外観を持つイスラム様式であるが、その構成、階段、窓の形などによってアールヌーヴォーとの共通点を感じた。

こういう建物がたくさん残る旧植民地の都市の建築めぐりはとても楽しい思い出として残る。

マレー鉄道事務局ビル　A.B.ハボック
クアラルンプール

華僑一族の寺
ジョージタウン（ペナン島）

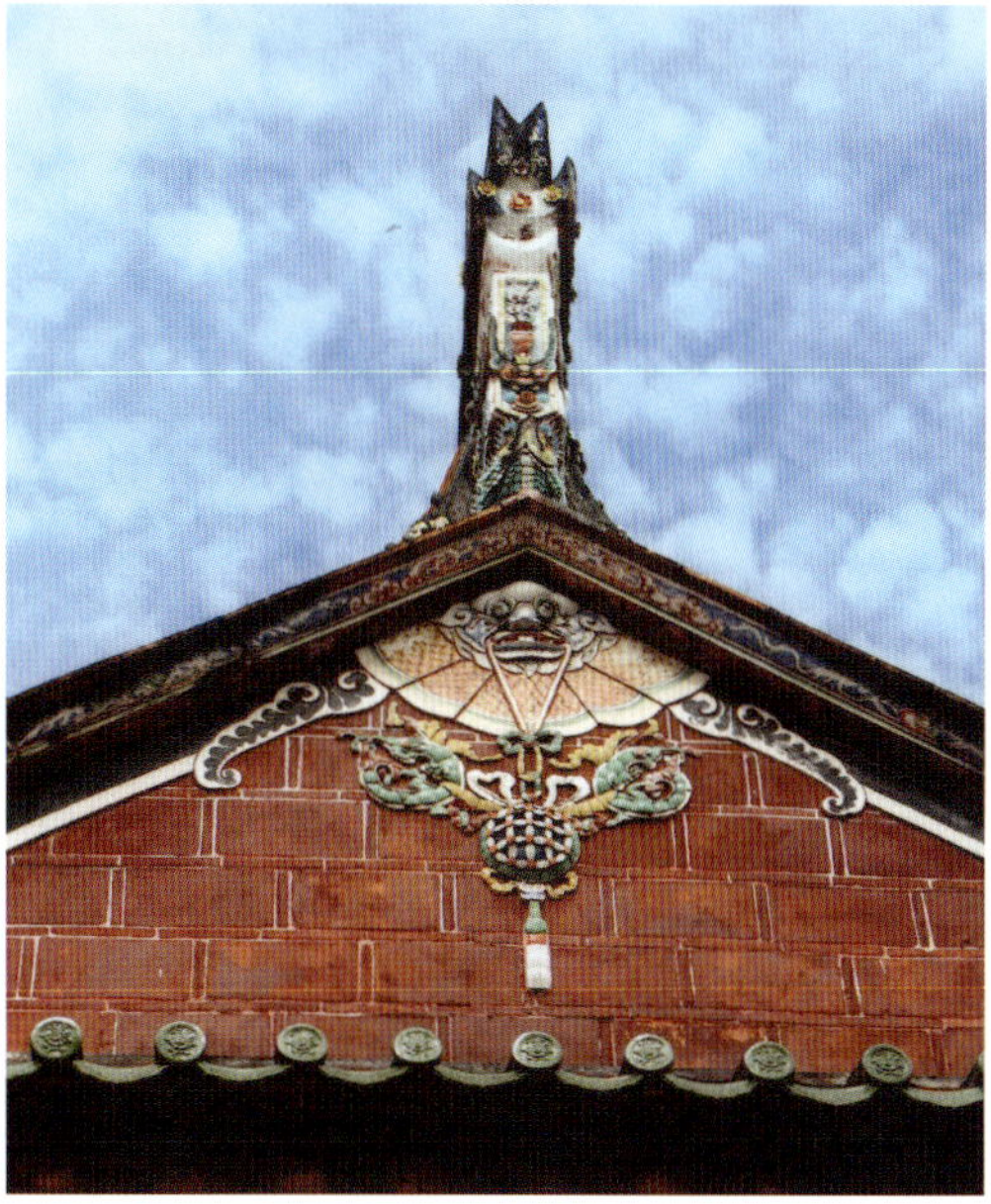

ペナン島クーシンコーの華僑の寺

商店と集合住宅（2階）
ジョージタウン（ペナン島）

マレー鉄道事務局ビル窓詳細
クアラルンプール

ヤップ寺（華僑一族の寺）　ジョージタウン（ペナン島）

ホーチミン／フエ／ハノイ

ベトナムは千年にわたる中国の支配を脱し独立したが、1862年フランスと協定を結びメコンデルタの一部割譲とキリスト教の布教を認めた。これによりフランスのベトナムへの進出が始まる。以後、ベトナムには近隣のどの国より最もヨーロッパ（特にフランス）の影響を受けた建築が建てられた。国を回ってみると、本格的なアールヌーヴォーの建築は見つけられなかったが、「擬アールヌーヴォー」は随所に発見された。

まずホーチミン市の中央郵便局。1886年に建築が開始され1891年に完成した。外観を見るとややネオバロック風ではあるが、すでにバロックを脱しアールヌーヴォーに近づいているようにも見える。正面入口の大アーチはアールヌーヴォーによく見られる特色であり、アーチトップの女神像はその後常套手段となったし、内部ホールのヴォールト天井も近代のものだ。私はこの建物をウィーンの郵便貯金局（オットー・ワーグナー）、ブダペストの郵便貯金局（レヒネル・エデン）、ペーチの郵便宮殿につながる「四大郵便局」として見た。

次にフエにあるフエ大教会。この建物はアメリカの援助で1960年頃に建てられたが、教会としてあまり様式的に類例がなく、むしろアールヌーヴォーとの類似点が多い。この美しい教会が遅れてやってきた最後のアールヌーヴォー建築と感じた。そしてハノイのドンスアン市場。おそらくアールデコの時代に建てられたと思われるが、三連の微妙な半円アーチは、味わいが深く、見逃せない。

ほかにもハノイの美しい装飾を持つ住宅やホーチミンのじっと見ているとアールヌーヴォーの意匠にも見えてくるモダニズムの住宅街など西洋風味が感じられるものがあり、世界遺産ホイアンのような本来のベトナム的街並とは違う楽しさがあった。

住宅　破風の装飾がみごと
ハノイ

街角の装飾　ホーチミン

フエ大教会（1959～62）　フエ

ベトナム的後期アールヌーヴォーの街並　ホーチミン

レストランの門　ハノイ

中央郵便局ホール　ホーチミン

寺院　この派手さはどうだ
ハノイ

ドンスアン市場　ハノイ

ティンプー／パロ

ブータンの建築をアールヌーヴォーに入れるのは異論があるかもしれない。建物が出来た年代も19世紀末でない方が多いだろう。しかし私はブータンの建築こそアールヌーヴォーの精神の本流にあると考えている。

ブータンは王国である。人口約67万人。広さは日本の九州位。幸福満足度は世界一。仏教の国。

ブータンの建築は美しい。全土の全ての建築が美しい。その美しさには一定の法則がある。1階は「版築」と呼ばれる土を突き固めたもので建物の基盤であり、倉庫や家畜の住まいとなる。2階、3階、或いは屋根裏は木造で真壁作り。窓は木製サッシとなっていて後からはめ込む。最後に壁やサッシを彩色して仕上げる。木材や板は手斧で切り出す。究極のアーツ・アンド・クラフツである。

この国に建設会社は少なく、ほとんどの家は家族総出、一族総出で何年もかかって手造りで仕上げる。建物内外の彩色の見事さは群を抜いていて、絵画職は代々専門家が受けついでいったものと思われる。

白い漆喰《しっくい》壁と茶褐色のサッシや棟飾りのコントラストは文字通り世界一美しい。

寺院と住宅
パロ

ホテルミグマール　ティンプー

住宅　パロ

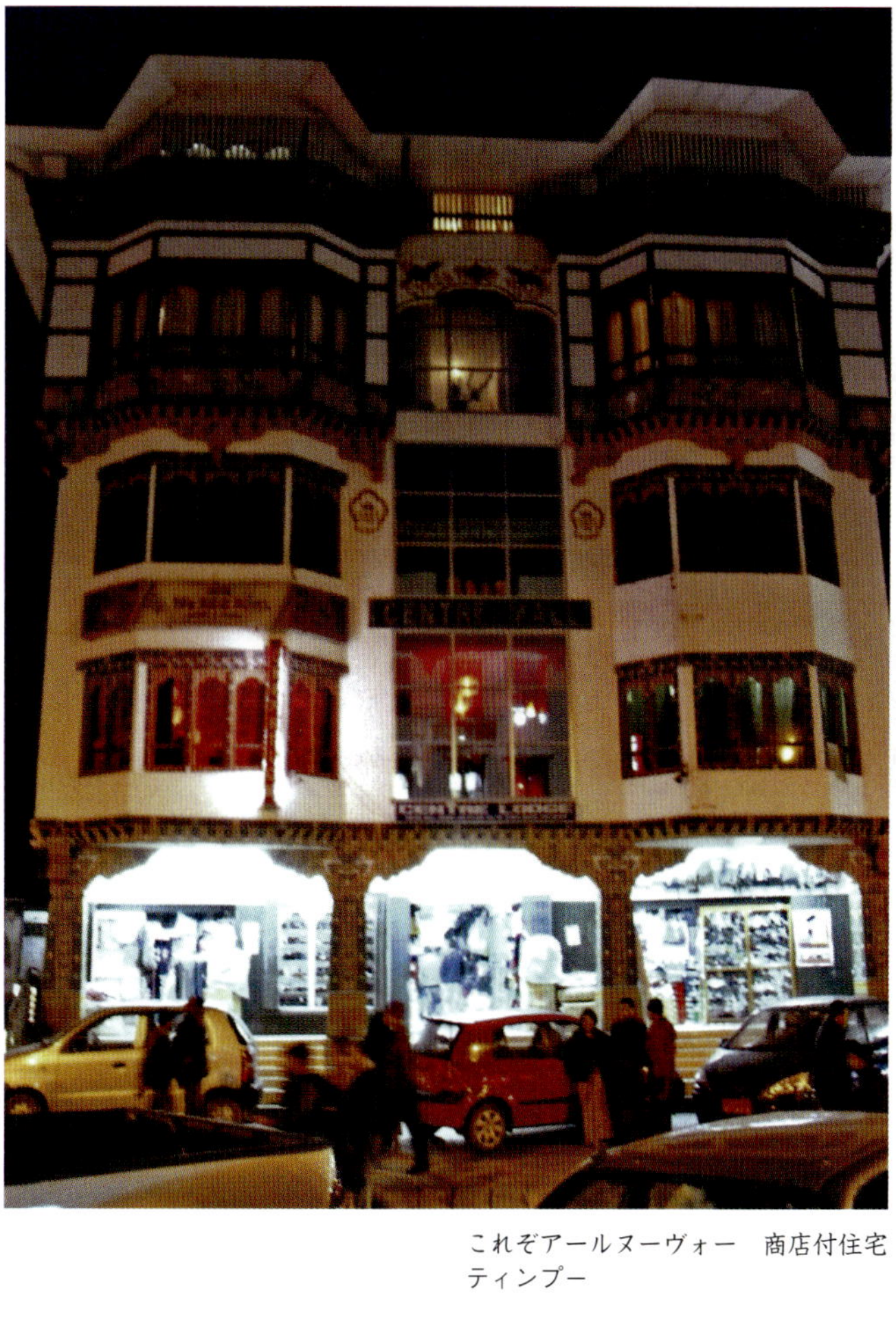

これぞアールヌーヴォー　商店付住宅
ティンプー

商店付住宅
パロ

カトマンズ／バクタプル

ネパールとアールヌーヴォー建築には何の脈絡もない。しかしカトマンズの街を歩いていると、アールヌーヴォー的風景に出会うことがある。まず一軒だけ洋風のアパートがあった。

全体にはネオルネサンス的なデザインであるが、軒先の持送りやバルコニーにアールヌーヴォー的雰囲気が感じられた。

住宅や寺の庫裏にもヨーロッパ的ではないが、アジア独特のアールヌーヴォーと言えなくもないものがある。街中で見かけた孔雀や犬の軒飾、更に龍頭やガルーダの彫刻は私の愛するアールヌーヴォーそのものに思えた。

孔雀ルーバー
カトマンズ

洋風アパート
カトマンズ

軒飾（犬）
カトマンズ

住宅の厄除け
カトマンズ

竜頭樋
バクタプル

住宅
カトマンズ

木製サッシ
カトマンズ

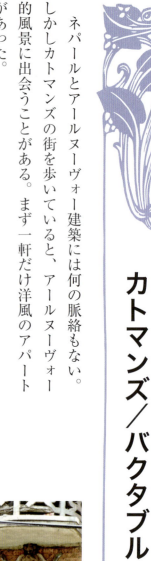

アールヌーヴォーを捜しにゆく

タイ

西洋列強及びアメリカは、19世紀に入るとアジアを侵略し、そのほとんどを植民地化した。被害を免れたのが日本とタイである。

以降もタイは立憲君主国であり、軍によるクーデターが度々起こり政権は変わるものの、国王に対する国民の尊敬は揺るがず、そういう意味で国情は安定している。

1882年に完成した王宮の中心、チャクリー・マハー・プラサート宮殿は、下層が西洋館で屋根と塔がタイ様式。いわゆる帝冠様式もあったり、映画「エマヌエル夫人」の舞台がタイだったりするので、フランス文化がかなり入っているのだろうと思って期待して出かけてみたが、残念ながらアールヌーヴォー建築は見つけられなかった。

しかし、例によって「広義のアールヌーヴォー」へと視点を変えると、面白いものがいくらでもある。チェンマイの山の上にあるドイ・ステープ寺院の欄干飾りは、子龍を吐く親龍で、カンボジアの蛇頭との対比ができ、興味深かった。「孔雀の門」はまさにアールヌーヴォーだった。

それにしても、アユタヤのバーン・パイン離宮内の施設の開口や窓はとても美しい。バンコクの王宮の連窓やプラ・モンドップの塔には溜息が出た。

世界を歩くと綺麗な建築はいくらでも見つかる。

バーン・パイン離宮の施設の窓
アユタヤ

ドイ・ステープ寺院孔雀の門
チェンマイ

ドイ・ステープ寺院の欄干飾り
子龍を吐く親龍
チェンマイ

バーン・パイン離宮の施設の開口
アユタヤ

王宮の連窓
バンコク

王宮プラ・モンドップの塔
バンコク

ハルビン

アールヌーヴォー建築に魅せられてほぼ30年になる。その間、世界の国々を訪ねて、取材を重ねた。その成果が縁あって、創英社／三省堂書店から本書『アールヌーヴォーの残照』として出版されることが決まり、編集作業も終わりかけた頃、西澤泰彦氏の著作『日本の植民地建築』（二〇〇九年、河出書房新社）と『東アジアの日本人建築家』（二〇一一年、柏書房）の2冊の本によって、旧満州にアールヌーヴォー建築が存在することを知り、現地を訪れたのは2017年4月のことだった。

氏によれば、建築家・三橋四郎氏が1912年に訪れたハルビンに、多数のアールヌーヴォー建築があることを知り、「哈爾濱建築の奇観」として雑誌『建築世界』（1907～1944年、建築世界社）に紹介したという。三橋氏は長春、奉天（現在の瀋陽）などの領事館の設計のため満州を訪れ、ハルビンにも足を延ばしたようだ。折しも、この中国取材出発の直前に、高名な建築史家、藤森照信氏の『近代日本の洋風建築・栄華篇』（2017年、筑摩書房）も発売され、藤森氏は日本のアールヌーヴォーについて、より詳しく説明されていた。そして、著書の中で氏は「ハルビンは建築的にいえば、アールヌーヴォー都市といってもいいくらいで、これほどの例は世界でもここととフランスのナンシーくらいであろう」と書いていた。

この記述により、大いなる期待を持って、旧満州のハルビン、長春、瀋陽、大連、そして青島を訪れた。その期待は半分は叶えられ、半分は裏切られた。

私は実際に、前記3冊の資料、それからいくつかの博物館の資料、さらに現地で手に入った『哈尔滨旧影大观』という写真集を元に、ハルビン市内を3日間走り回って、数えてみたのだ。その結果は、東清鉄道高級住宅2軒など現存するアールヌーヴォー建築8軒、アールヌーヴォー風だが完成度が低く「擬アールヌーヴォー」に分類されるもの7軒、既に失われたもの9軒、合計24軒が認められるばかりであった。ただ、私が調べたものが全てではないことも予測されるので、三橋四郎氏の報告を見てみたいと思う。

正真正銘のアールヌーヴォー建築ランキング！

アールヌーヴォー都市は数多く見てきたという自負があ

る。それなら、世界各国のアールヌーヴォー建築の保有数を明らかにできるかもしれない。現地で収集した資料と撮りためた写真を元に、帰国して改めて調べてみた結果を、ここに記すことにした。

まず、アールヌーヴォー建築の「密度」ナンバー1は、市内の建物の8割以上がアールヌーヴォーであるノルウェーのオーレスンである。大火で失われた街をアールヌーヴォー様式で復興させたのは前述のとおりだ。元々密集していた住宅をアールヌーヴォー建築により生まれ変わらせたのだから、必然のことだろう。

そして、世界各都市のアールヌーヴォー建築数ランクでは、前記ノルウェーのオーレスンが第2位で約６００軒。第3位はベルギーのブリュッセルで『Ｂｒｕｘｅｌｌｅｓ　ＡＲＴ　ＮＯＵＶＥＡＵ』によれば、その数２６０軒だ。第4位がラトヴィアのリガ、『ＪＵＧＥＮＤＳＴＩＬ　ＩＮ　ＤＥＲ　ＲＩＧＡＥＲ　ＢＡＵＫＵＮＳＴ』によって、２１９軒が明らかである（３２０軒という説もある）。第5位と6位がそれぞれフィンランドのヘルシンキとチェコのプラハ。いずれもアールヌーヴォー様式の集合住宅が大量にあり、その数はそれぞれ２００軒を超える。ヘルシンキにはエリエール・サーリネンとラルシュ・ソンクの手によるものだけで71軒を数える。第7位、なんとアジアにもまたがるトルコの首都、イスタンブール。ライモンド・ダロンコによるものが73軒、それ以外の設計者によるものが77軒、木造の魅力的なアールヌーヴォー住宅が47軒、合計１９７軒（『ＩＳＴＡＮＢＵＬ１９００　Ａｒｔ　Ｎｏｕｖｅａｕ　Ａｒｃｈｉｔｅｃｔｕｒｅ　ａｎｄ　Ｉｎｔｅｒｉｏｒｓ』）。第8位がオーストリアのウィーンで１７７軒（『ＷＩＥＮＥＲ　ＡＲＣＨＩＴＥＫＴＵＲＵＭ１９００』）、オットー・ワーグナーの功績が大きい。第9位が、あのガウディの街、スペインのバルセロナで１５１軒（『ＡＲＱＵＩＴＥＣＴＵＲＡ　ＭＯＤＥＲＮＩＳＴ　ＥＮ　ＣＡＴＡＬＵＮＡ』）。第10位はルーマニアのティミショアラ87軒（『ＡＳＺＡＺＡＤＦＯＲＤＵＬＯ　ＭＡＧＹＡＲ　ＥＰＩＴＥＳＺＥＴＥ』）。以下、軒並みヨーロッパの国々が名を連ねる。注目すべき所を挙げる。第15位は複数で、まずフランスのナンシーとパリの53軒（ナンシーの記録は『Ｎｎａｎｃｙ　ａｒｃｈｉｔｅｃｔｕｒｅ１９００』による）。パリはエクトール・ギマールだけでも33軒ある。もっとも、ギマールの手掛けた地下鉄駅は、アーチのついた駅、壁と屋根のついた駅、ドアがあり駅舎のある駅と3種類あり、それぞれが複数あるので、これも含めるなら総数ではパリの方が断然多いことになる。もう一つ、ドイツのミュンヘンが『ＭＵＮＣＨＥＮ　ＡＲＣＨＩＴＥＣＴＵＲＡＬ　ＧＵＩＤＥ』と私の調査でこれとほぼ同数。つまり16位タイがナンシー、パリ、ミュンヘンと三都市であるが数で並ぶだけでなく、いずれの都市も甲乙つけ難く質が高い。以下、別表のとおりランキングは続く…。

そして栄えある第1位、質・量ともにナンバー1であるのが、ハンガリーのブダペストである。前記の『ＡＳＺＡＺＡＤＦＯＲＤＵＬＯ　ＭＡＧＹＡＲ　ＥＰＩＴＥＳＺＥＴＥ（世紀末のマジャール建築）』（英語で言うと〝Turn of the century architecture〟）によって、現存するもの、壊されたもの、合わせてなんと９８９軒にのぼる。そのうち、約８００軒ほどが今も残っている。何といってもレヒネル・エデンの功績が大きく、加えてハンガリー、チェコ、オーストリア、ルーマニアなど、旧ハプスブルグ帝国が国を挙げてアールヌーヴォー建築を後押しした感もある。

というわけで、24軒のハルビンは世界第34位である。

ではなぜ、藤森氏はハルビンをナンバー1としたのだろうか？

旧満州の取材から帰国したら、注文していた西澤氏の別の著作『満州都市物語』（２００６年増補改訂版、河出書房新社）が届いていた。同書は、長年に亘り台湾、朝鮮、旧満州の都市を研究してきた氏の力作だが、その本の中に次のような記述があった。

「アールヌーヴォー様式がなぜかユーラシア大陸を越えてハルビンにやってきた。しかも単発ではなく大量に。その量については今日専門家の間では「アールヌーヴォー建築の三大産地はパリ、ナンシー、ハルビン」といわれることからもうかがえよう」

これには驚いた。こんな話は聞いたことがない。パリ、ナンシーはまだしも、ハルビンは私の調査では世界の30位以下にランクされる。ハルビンにアールヌーヴォー建築があるのはとてもうれしい事だが、読者に誤解を与えるのは困る。藤森氏は多分、この本で言われていることの伝聞で冒頭で触れた説を書かれたのだと思われるが、氏が高名なだけに影響が大きいので、このあたりは訂正されなければならない。

さて、肝腎のハルビンのアールヌーヴォーであるが、何といっても今でも大人気なのが、失われたハルビン駅である。

アールヌーヴォー建築保有数　都市別ランキング

	都　市	国　名	数	典拠
1	ブダペスト	ハンガリー	989	◎
2	オーレスン	ノルウェー	612	◎
3	ブリュッセル	ベルギー	260	◎
4	リガ	ラトヴィア	219（320）	◎
5	プラハ	チェコ	200 以上	◎
5	ヘルシンキ	フィンランド	200 以上	◎
7	イスタンブール	トルコ	197	◎
8	ウィーン	オーストリア	177	◎
9	バルセロナ	スペイン	151	◎
10	ティミショアラ	ルーマニア	87	◎
11	アラド	ルーマニア	80	◎
12	ブエノスアイレス	アルゼンチン	77	◎
13	ピルゼン	チェコ	58	◆
14	クルージナポカ	ルーマニア	57	◎
15	バクー	アゼルバイジャン	54	◆
16	ナンシー	フランス	53	◎
16	パリ	フランス	53	◎
16	ミュンヘン	ドイツ	53	◎
19	オラデア	ルーマニア	49	◎
20	セゲド	ハンガリー	46	◎
20	ホードメゼバーシャルヘイ	ハンガリー	46	○
20	ゲント	ベルギー	46	◆
23	スボティツァ	セルビア	41	◎
24	デン・ハーグ	オランダ	40	◆
25	ルクセンブルグ	ルクセンブルグ	39	◎
26	コポシュバール	ハンガリー	36	○
27	ケチケメート	ハンガリー	35	◎
28	アントワープ	ベルギー	33	◆
29	ティルグムレシュ	ルーマニア	30	◎
30	ペーチ	ハンガリー	30	◎
30	ソルノック	ハンガリー	30	○
32	デブレッチェン	ハンガリー	27	◎
33	バラシュシャジャルマト	ハンガリー	25	○
34	ハルビン	中国	24	◎
35	ブラチスラバ	スロバキア	22	◎
36	ミシュコルツ	ハンガリー	20	○

典拠の凡例 ―　○＝資料　◎＝資料＋現地調査　◆＝調査

プラハ中央駅を思わせるその美しい姿は、ハルビン市のあらゆる資料館、すなわち「ハルビン南崗展覧館」「ハルビン建築芸術館（旧聖ソフィア大聖堂）」「ハルビン建築芸術館分館（旧ユダヤ教シナゴーグ）」、そしてロシア人達の別荘〝ダーチャ〟を集めた太陽島公園の「ロシア風情小鎮」など、あらゆる場所に、その写真、図面、模型が展示されているのだ。

「哈尔滨火车站」つまりハルビン駅は、１９０４年竣工。設計者はよくわからないが、各地で目にした説明文には「由俄罗斯《ロシア》建筑师基特维奇设计」（ロシア人建築家〝基特維奇〟による設計）とあるから、ロシア人と思われる。この建物は大規模で、正面も背面も優れたアールヌーヴォーであった。失われたのが惜しまれる。

「ロシア風情小鎮」のハルビン駅の写真が展示されていたのと同じ部屋に、奇妙な写真があった。英語で〝railway station〟（鉄道の駅）とあり、手描きのスケッチである。玄関の上に、ロシアの伝統建築の枠を集めたトレチャコフ美術館を思わせる庇があり、全体がいかにもロシア風の建物である。下部の帯にはロシア語で何か書いてあり、そこには「１９０９~１９１１」と記されている。また、上部には明らかにアールヌーヴォー文字で「ＢＡＲＡＵＢＯＧＴＯＫ」と大きく書いてある。この、「いかにもアールヌーヴォー」的建物に興味をそそられ、帰国後『ロシア建築案内』（２００２年、ＴＯＴＯ出版）で調べてみると、ウラジオストック駅だった。大規模な建物で、Ｅ・バジレーフスキー、Ｎ・コノヴァーロフの設計、これは現存するものだった。同じ極東であるハバロフスクにはこれと同じような建物として旧ハバロフスク市議会堂（現子供芸術文化宮殿）がある。こちらはＶ・バルトシェーヴィチ、Ｂ・マリノフスキーの設計。

もう一つ、惜しまれる建築がある。これまたハルビンの博物館で度々お目にかかる「哈尔滨华俄工业艺术学校」、つまりハルビン工業大学の前身である、ハルビン工業芸術学校である。建物のコーナー近くに玄関を取ったその大アーチは、まさにアールヌーヴォーらしい特徴を備えていて美しい。１９０６年完成、設計者は不明。

その他に優れたアールヌーヴォー建築の写真が2点、「擬アールヌーヴォー」建築の写真が数点展示されている。

さて、そのハルビンに現存するアールヌーヴォー建築で出色のものが2軒ある。いずれもロシアが権益を得て敷設した東清鉄道の、幹部のために造られた高級住宅である。

旧ハルビン駅（現存せず）
ハルビンロシア風情小鎮展示場

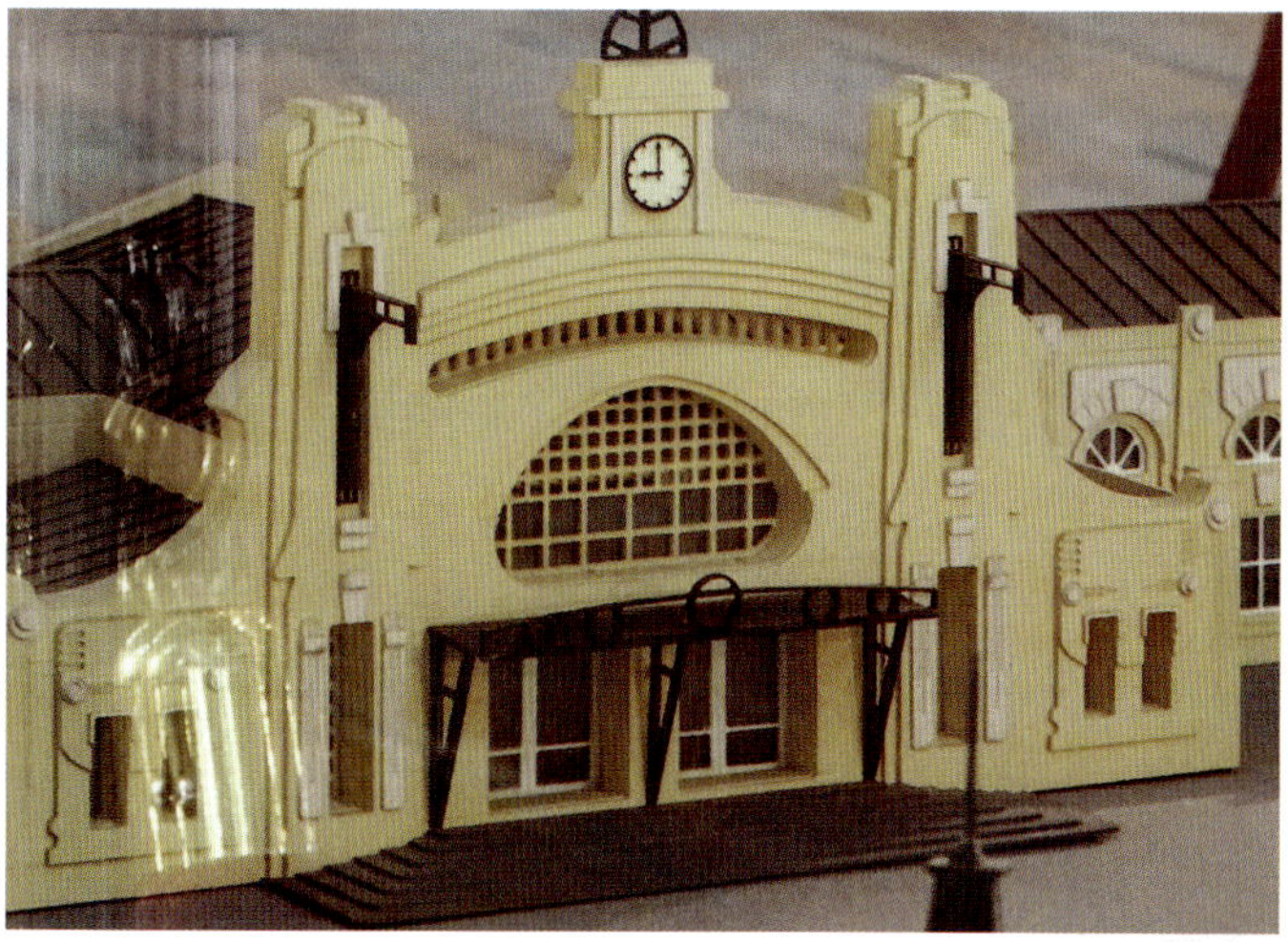

旧ハルビン駅　模型
（ハルビン市建築芸術館）

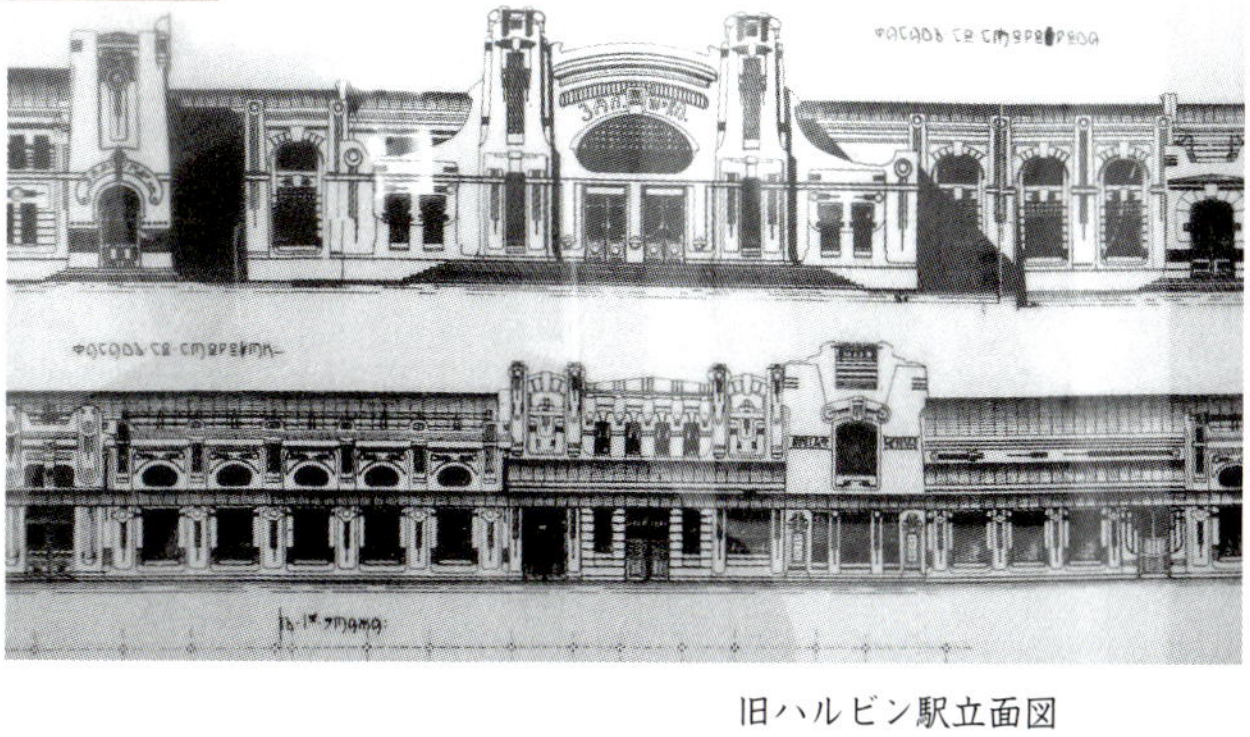

旧ハルビン駅立面図
ハルビンロシア風情小鎮展示場

まず、ハルビンの目抜通りである中山路に面する「会亦公館」。１９０８年完成、設計者は不明。一見してウィーンのオットー・ワーグナーによる「カールスプラッツ駅」を思わせるアーチが目に付く。だがよく見ると、ドイツ風ともロシア風とも思える塔が立っている。随所にアールヌーヴォーの意匠が散りばめられ、見応えのある建物だ。よくぞ今まで残ってきたと感心する。今はケンタッキー・フライドチキンの店舗になっているのがほほえましい。

もう一つ、これも素晴らしい建築が、同じくかつての東清鉄道の高級幹部の住宅で今は「ハルビン南崗博物館」として使われている建物だ。鉄筋コンクリート造りで、不整形の外観、窓も色々あり不整形。対称形を用いずにここまでまとめあげた力量は大したものだと称賛したい。これも設計者不明だが、モスクワのシェーフテリの薫陶を受けた建築家の作ではないかと、勝手に想像する。１９０４年の完成である。この建物のある所は、東清鉄道の本社があった場所に近く、当時社員が使った住宅も数多く残っている地区だ。ここには他にも、これはと思う建物が２棟あった。

つづいて、東清鉄道本社ビル。東清鉄道関連でハルビン駅と並んで大きな建物である。３階建てのビルが３棟並んで、渡り廊下でつながって建っているので、いかにも巨大で１９１２年にこれを見た三橋四郎氏はさぞや驚いたに違いない。この建物はメインエントランス及び両脇のバルコニーに、そして後述のカフェ・ミニアチュールのような尖塔に、アールヌーヴォーの意匠が見られるが、全体のボリュームに対してアールヌーヴォー独特の装飾が少なく、私としてはハルビンに多く見られる「擬アールヌーヴォー」の建物と判断した。

また、ハルビンには帝政ロシアの名残をとどめる建物が多いが、それらが一堂に会した通りが「中央大街」だ。約１・５㎞に亘り歩行者天国が続き、その両側の建物全てが西洋館である。多くは折衷式の建物だが、その中にアールヌーヴォー及び「擬アールヌーヴォー」の建物がいくつかある。そのうち、とりわけアールヌーヴォーらしいのが「旧カフェ・ミニアチュール」と「旧マルス」だ。旧カフェ・ミニアチュールは尖塔を林立させ、その間をカーブのついたパラペットでつないでゆく、少しリガのエイゼンシュタインを思わせる上手い手法で建てられている。装飾は完成当時より簡略化されているが、全体の構成が良く、折衷式の建物の中でも異彩を放っている。現在はユニクロが入店している（４５０頁写真）。

東省鉄路高級住宅・公司街
＜東清鉄道＞北面

東省鉄路高級住宅・公司街　東面

東省鉄路高級住宅・公司街
バルコニー

もう一方の旧マルスは、1925年に建てられたようだが、アールヌーヴォーの装飾をあちこちに用いているので、よく目を凝らしていくと見応えがある。正面の葡萄の装飾は、まさにアールヌーヴォーそのものだが、破風を彩る女神二人のレリーフは、アール・デコ的な感じもする。現在もレストランとして営業しており、長く続いてほしい建物だ。

しかし、この中央大街で一番有名な建物は、「モデルンホテル（马迭尔宾馆）」であろう。「モデルン」とは、英語の「モダン（modern）」のこと。1906年に営業を開始したので、110年の歴史を持つ四ツ星ホテルである。アールヌーヴォー的意匠を随所に使用しているが、全体として折衷的なところも多く、私としては「擬アールヌーヴォー」の範疇に入れたい建物である。この通りには、「旧秋林洋行」など、この種の建物が数軒あるが、完成度は低い。

最後に特筆すべきは、旧満鉄（南満州鉄道）が建てた「ハルビンヤマトホテル」である。「満鉄」は、満州の主要都市にヤマトホテルを建てていった。大連、瀋陽、長春、ハルビンには現存し、今でもハルビンのものは「龍門大廈」として営業を続けている。

この、旧ハルビンヤマトホテルの最初に建てられた部分は「貴賓楼」で、ここは1903年から営業している。正面入口などかなり凝った装飾も見られるが、この玄関だけがアールヌーヴォーなので「擬アールヌーヴォー」といえる。

むしろ、このホテルのすぐ前に「これぞアールヌーヴォー」という集合住宅があり、最近リニューアルされたようで、美しい姿を今にとどめている（450頁写真）。

モデルンホテルの1階には1906年から営業しているロシア西洋式のレストランがあり、この地に移住してきたロシア人の末裔である、美しい女性が歌ったり踊ったりしていて、毎夜賑わっている。

ハルビンはロシアの時代、日本の時代を経て、現在は人口約1000万人を持ち、日々躍動している、ロマンに満ちた街だった。

東清鉄道局副局長級官員住宅・立面図
『中国近代城市与建築』より

東清鉄道高級住宅・要緊街　東面

東清鉄道住宅　のちロシア司会館邸
当時の写真（現存せず）
『哈爾浜旧影大観』より

東清鉄道高級住宅・要緊街　南面

東清鉄道本社　当時の写真
（ハルビン建築芸術館）

ハルビン工業大学職工住宅
（東清鉄道のものと思われる）

旧カフェ・ミニアチユール
当時の写真

旧カフェ・ミニアチユール（装飾が省略されている）

旧マルス

ハルビンヤマトホテル　貴賓楼エントランス

ハルビンヤマトホテル前の集合住宅

モデルンホテル　東面（中央大街）

旧ユダヤ国民銀行

ハルビン工業技術学校（当時の写真）現存せず
ハルビン市建築芸術館

阿吉謝夫兄弟商会　（当時の写真）
『哈爾浜旧影大観』より

ハルビン通り郵便局『哈爾浜旧影大観』より

旧イタリア領事館（当時の写真）
『哈爾浜旧影大観』より

白系ロシア人事局、住宅（当時の写真）
『中国近代城市与建築』より

ウラジオストック駅スケッチ（ウラジオストック駅）現存　ロシア風情小鎮にて

長春

長春は現在人口756万人の都市。1932年に満州国の首都となり、長春から新京と一度は名前が変わり、1945年の終戦までこの名が続いた。広く知られているように、満州国は日本の傀儡国家であり、この満州国経営のために日本軍により皇帝愛親覚羅溥儀の宮殿、さらに旧関東軍司令部、軍事部、司法部、経済部、交通部、総合法衙（最高検察庁）などが建てられた。これらの建物は、いずれも大規模で、かつ洋館の上に瓦屋根を乗せた「帝冠様式（興亜式ともいう）」である。

現在の中国では旧満州国を、忌まわしい占領の記憶として「偽満州国」と呼んでいる。しかしながら、現在これらの建物を「全国重点文物保存単位」と名付けて、大切に保存し、かつ重要な施設として活用しているのだ。皇宮は博物館に、軍事部は吉林大学付属病院として小児科と呼吸器の専門病院の建物となっている。旧司法部は改修中だが、印象的な建物の旧交通部も吉林大学衛生院として、また旧総合法衙は人民解放軍病院となっている。

本丸であった関東軍司令部はといえば、なんと中国共産党吉林省委員会の建物となっていて、写真撮影はおろか、近づくことすら許されない。

これら一群の建物を見ていて、日本にも愛知県庁や名古屋市役所、京都市美術館など、同じ帝冠様式の建物があることを思い出した。そして、それらをじっと眺めていると、これは日本と中国とで発明した「ナショナル・ロマンティシズム」ではないかと思うようになった。

フィンランドやハンガリーで発達したナショナル・ロマンティシズムだが、日本製の「帝冠」もしくは「興亜」という言葉の響きにも、どこかロマンを感じるのである（なお、中国独自の帝冠様式は、四川省の成都に多く見られる――『中国近代城市与建築（中国建築工業出版社）』による）。

もう一つ、長春で忘れてはならないのは、長春駅前にも建つ、旧長春ヤマトホテルの建物である。ここもハルビン同様、現在も「春誼賓館」として使われている、四ツ星ホテルである。この建物は、文献では「アールヌーヴォー建築」扱いされているが、建築当時の写真で外観を見る限りでは、玄関の円いアーチ、両翼の塔の頂部に気配を感じるだけで、あまりアールヌーヴォーには思えない。しかしながら、現在も残る建物の裏の部分、その窓上の円形の切り込みには、たった二つながら、大いにアールヌーヴォーを感じるので、この建物は「擬アールヌーヴォー」の範疇に入れたらどうかと思われた。内部の玄関ホールは明らかに改装されているが、一部がわずかに残っていて、そのステンドグラスに片鱗が認められた。

偽満州国総合法衙（検察庁）

偽満州国軍事部旧社

長春ヤマトホテル　窓周りの掘り込み

偽満州国交通部旧社

長春ヤマトホテル

長春ヤマトホテル　宴会場のドア

瀋陽

瀋陽は現在の中国語では「沈阳」と書く。字の見事な省略だが、どうしても「しんよう」とは読めない。あまり漢字を簡略にせず、そのまま使っている日本の表記の方が、しっくりくる。

〈奉天ヤマトホテル〉

旧満州には、日本の統治時代に満鉄が建てたヤマトホテル(大和旅館)が多数存在する事は前に触れたが、建てられた順にいうと、大連及び大連郊外の星が浦、さらに旅順、奉天(現瀋陽)、長春(新京)、ハルビン、そして北朝鮮(羅先)のヤマトホテル(南山旅館)となる。ハルビンと長春のヤマトホテルがアールヌーヴォー様式で建てられているのは前述のとおり、ただし表現としては初歩的で、プラハの「ヨーロッパホテル」などには及ぶべくもないが、新様式に挑戦したその心意気は称賛されるべきだろう。それぞれに建物が二代目、三代目になったり、改修したり、閉館したものもある。現在もホテルとして残るものは、大連の「大連賓館」、瀋陽の「遼寧賓館」、長春の「春誼賓館」、ハルビンの「龍門大厦」で、四ツ星あるいは三ツ星ホテルとして営業している(旧旅順ヤマトホテルは建物と宿泊機能こそ残っているものの、現在は人民解放軍招待所になり一般人は泊まれない)。いずれも国の「全国重点文物保存単位」の史跡に指定されているが、宿泊だけでなく、結婚式なども行われ、今も人気のあるホテルである。私は瀋陽と長春には泊まることができ、ハルビンでは食事をした。

李香蘭がそのステージデビューしたことでも知られている、旧奉天ヤマトホテル。瀋陽の遼寧賓館となった今の建物のプレートには、「1929年竣工、日本の小野木、横井共同建築事務所設計、当時瀋陽で最大にして最も豪華な賓館であった」と丁寧に書いてある。ここは宴会場など大層力が入っていて見所がある。

また、ロビーに「龍」の文字を100点集めた「百龍図」が掛かっている。中には象形文字もあり、想像上の動物である龍にかける中国人の熱い思いが感じられた。

この龍は、ヨーロッパまで伝えられ、遠くはスペインのガウディ、さらにアルゼンチンのブエノスアイレスにまで、龍をあしらった建物がある。

〈シーボルトの謎〉

日本の近代建築史の本に大抵載っているのが、奉天忠魂碑である。外地にも戦死した軍人を慰霊するために、こうした忠魂碑が建てられたが、そのほとんどは旧満州も含む中国東北部にある。奉天忠魂碑について建築的な事実として判っていることは、日本の軍部が建てたこと、塔の部分は砲弾を象っていること、元々は普通の忠魂碑であったが改修されてアールヌーヴォー様式となったことくらいである。判らないことが多いとはいえ、図面で見る限り素晴らしいアールヌーヴォーである。この手のモニュメントとしてはブダペストにあるレヒネル・エデン（実際はライタ・ベーラ）の設計したシュミードルの墓廟と肩を並べる傑作だと思う。一目実物を見たかった。

２０１７年の４月に取材のため瀋陽にも足を運んでいたのだが、タクシーで市内を走り回った挙句、アールヌーヴォーの匂いのする建物は一つもなかった。時間をもてあました私は、世界遺産である瀋陽故宮博物院に向かった。この故宮は、清を築いた初代皇帝ヌルハチと、二代皇帝ホンタイジが住んだ、まぎれもない王宮である。鳳凰楼など、「唐三彩」に用いられる黄と緑の瓦を乗せた美しい建物に魅せられたが、書や絵などの展示物の中にあった、大理石（翡翠かもしれない）の彫刻に、いっそう目が引きつけられた。

２０１７年２月長崎歴史文化博物館でシーボルト展が開かれていた。二度の来日時にシーボルトが故国へ持ち帰ったたくさんの資料が里帰りして展示されていた。医学、民俗学、美術、あらゆる分野の展示物の中に、どう見てもアールヌーヴォーとしか思えないものがあった。

それが「銅鴨香炉」である。鴨が振り返る姿をした香炉は、室町時代に中国から伝えられたというが、鴨が立つ植物のデザインが、とても美しい。説明文には「清時代のものであろう」とあった。

しかし、シーボルトが初めて日本に来たのは１８２３年だ。一回目の帰国が１８３０年。それから30年近く経った１８５９年に2度目の来日をし、そして１８６２年には帰国している。ナンシーでガレやドームがアールヌーヴォーのガラス器を造り始めたのが19世紀末なので、どう考えてもアールヌーヴォーとは時代が合わない。では一体、どこから来たのか？

その謎を解く鍵が、瀋陽の故宮にあった大理石の彫刻だ。これは、ガレやドームの器にも通ずる、「これぞアールヌーヴォー」と思えるものだったのだ。ほかにも、葉っぱや蓮の彫刻がアールヌーヴォーを感じさせたが、いずれも明らかに清代のもので、我々が日頃目にする「いかにも中国的」な文物ではなく、流れるような曲線が美しい彫刻で、曲線美を評価する審美眼が中国にもあったという証拠である。あの「シーボルトのアールヌーヴォー」の源流は、これだったのだ。この王宮に来て、シーボルトの謎が解けた気がした。

大連の現代博物館にも明時代の「アールヌーヴォー的彫刻」が展示されていた。ブータンしかり、意外にもアールヌーヴォーの本流は、アジアなのかもしれない…？

シーボルト展　解説書より

シーボルト展の銅鴨香炉　展示品　長崎歴史文化博物館

大連現代博物館
明の時代の彫刻

瀋陽故宮
大理石の彫刻　清の時代

遼寧賓館　百龍図
瀋陽

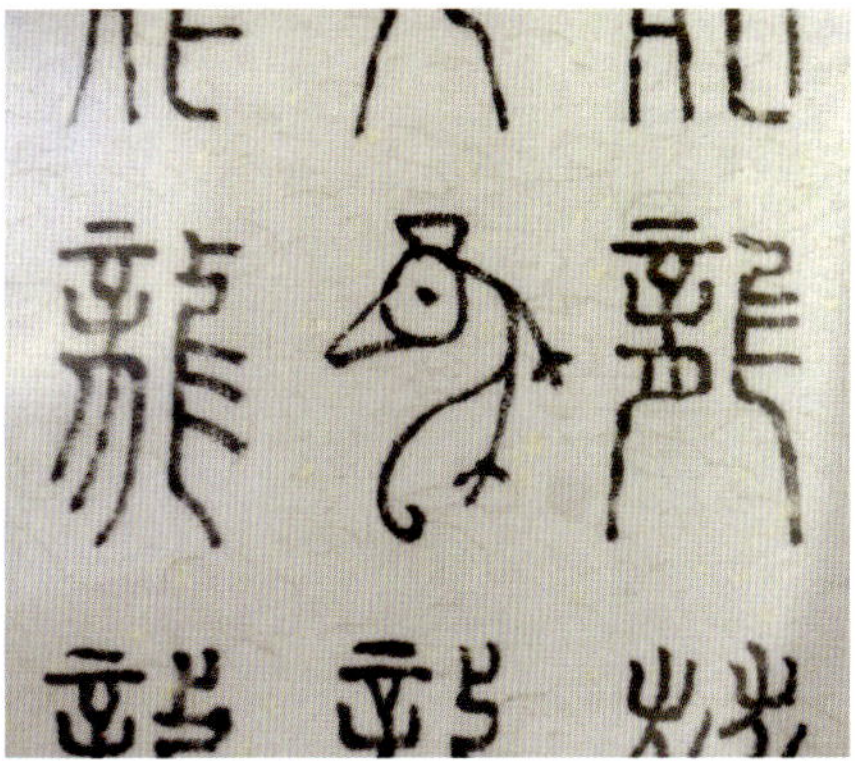

奉天ヤマトホテル　小野木・横井共同建築事務所設計
瀋陽

奉天忠魂碑（図面）
瀋陽

奉天ヤマトホテル　宴会場
瀋陽

大連

1898年、帝政ロシアは清朝から旅順と大連を租借することに成功する。その頃、大連は小さな漁村だった。後に、日露戦争に勝利した日本の直接統治となる。そうして大連は、日本の満州経営の入口として発展した。
新たな統治者となった帝国日本の、大連にかける情熱はすさまじいものがあった。その証拠となるのが、中山広場の円周上に建つ建築群である。

〈中山広場の建築群〉

大連駅のほど近く、中山広場には日本が建てた洋館が円形の広場を取り囲んで林立している。驚くべきはその設計陣の豪華さと、出来栄えの見事さである。ひときわ美しいのは、旧大連市役所（松室重光設計、1906年）、旧大連ヤマトホテル（太田毅、吉田宗太郎設計、1910年）、旧横浜正金銀行（妻木頼黄、太田毅設計、1908年）、旧大連民政署（前田松韻設計、1908年）、旧朝鮮銀行（中村与資平設計、辰野金吾指導、1912年）である。すべて異なる様式で建てられていて、街自体が「近代日本の建築家群像」さながらである。

「大連賓館」となった旧大連ヤマトホテルもここにあり、これは現存するヤマトホテルで最も風格がある。中山広場に旧大連市役所と並んで建つ姿は、どっしりとしていて、五ツ星でもおかしくない（現在は三ツ星）。古典様式で建てられているが、ヨーロッパの古典にとらわれず、独自の装飾的建築言語がちりばめられていて、とても楽しい。また、破風に大きなみどころがある。三角破風の上があいているのを「オープン」、下があいているのを「ブロークン」というが、このホテルは上下ともにあいていて、そこに装飾が貫通している。これは本場ヨーロッパでも珍しいもので、設計者である満鉄の建築課職員であった太田毅氏及び吉田宗太郎氏の面目躍如である。
大都市となった大連にはたしかに洋風の建物は多いのだが、残念ながらアールヌーヴォー建築は非常に少ない。私が見つけることができたのは一つだけで、ロシア人街に並行した通り、上海路76号の建物だ。3階建ての中央左寄りに塔が立ち、その塔に中国でよく見られる風冠（帝冠）のような切妻破風のラインがデザインされ、妻側には大アーチがあり、それぞれ装飾が施されている。これは、まぎれ

旧大連市役所　唐破風と懸魚の玄関

旧大連市役所　松室重光設計

旧横浜正金銀行　妻木頼黄、太田毅設計

旧大連市庁舎（ロシアによる）

旧大連民政署　前田松韻設計

大連ヤマトホテル　壁の装飾

大連ヤマトホテル
太田毅、吉田宗太郎設計

大連ヤマトホテル
三角破風の切り込み

もないアールヌーヴォー建築だ。現地で手に入った本『大連老街』によると、この建物は旧大阪毎日新聞社大連支局、別名「大毎館」として建てられたとある。建築家は〃世界建筑大师〃あの奉天ヤマトホテルを設計した小野木横井建築事務所の横井謙介だった。建物はその後、旅館、旅行社と変遷したが、現在は地下の中華レストランのみが営業している。とにかく一つでも見つかって良かった。

さらに隣の、78号の建物もユニークだった。何様式とも表現しがたい魅力的な建物で、カラフルな外観が印象的だ。『大連老街』によると「大山寮」という名前の自動車の学校だという。設計者の記載は無く「山下洋行が建造した」とだけ記されていた。

それから大連には、失われてしまったが忘れてはならない建物がある。若き建築家、前田松韻の設計した、「大連望火楼」つまり消防署だ。写真でしか見る事が出来ない。「望火楼はアールヌーヴォー建築で図面は河村一夫が所蔵、設計は前田であったが図面は伊東忠太（筆者注：築地本願寺の設計者）が書き、東京大学教授で同僚の塚本靖が保存。1907年竣工」というような意味のことが、おそろしく丁寧に『大連老街』に書いてある。前田松韻は1880年京都生まれで、1904年東京帝国大学を卒業後、すぐに大連に渡ったという。すなわち、彼が大連に初めて来た日本人建築家であり、また一方で日本侵略軍の参与という顔も持っていた。いずれにせよ、望火楼は日本人の設計したアールヌーヴォー建築としては、とても早い時期のもので、記念碑的作品である。

もう一つ、失われた名建築を発見した。それは、大連現代博物館の〃旧影〃のなかだけにひっそりとたたずんでいた。ここは、10年程前に出来た新しい博物館で、アヘン戦争期の1840年から1949年の中華人民共和国成立までの歴史を、数多くの写真や旅順での日本軍による市民虐殺のパノラマ、実物の重機関銃、かつての街並みの模型などで、わかりやすく展示している。そして、この博物館の何よりの特徴は、他の博物館のように中国受難の歴史をただ被害者として主張するのではなく、中立的な視点からふり返り、1904年から1945年の日本統治時代も「多元文化的交流与融合」の時代として、淡々と展示していることだ。大量の展示写真には、明治天皇の御前会議、旅順攻略後の乃木大将とステッセル将軍の会見をはじめ、多くの人、建物、街並み、人々の生活といった大連の貴重な昔の姿が写し出されている。南満州鉄道の写真も多く、ハルビンの東清鉄道本社や関連施設の姿も見られる。

旧大阪毎日新聞社大連支局「大毎館」
横井謙介設計

旧大毎館　塔部詳細

旧大毎館　妻面装飾

大山寮

旧大連消防署　前田松韻設計
写真『大連老街』より

旅順賓館　大連現代博物館

この中に、6枚セットで展示されているうちの1枚にアールヌーヴォー建築が写されていた。「饿商修建的旅顺宾馆」とある。〝俄商〟とはロシアのことであろう。その写真にも、残念ながらこの賓館（ホテル）の姿は半分も写っていない。しかし、この一端から、アールヌーヴォーの歴史の中でも、デザイン性において上位にランクされるものと思われたのだ。多くの異種の窓があり、それらがことごとくアールヌーヴォーの特徴を示している。とりわけ、蜘蛛の巣状の窓枠は、ギマールにもオルタにも劣らぬ完成度だ。しかも、それらバラバラの窓は2枚1組、3枚1組、4枚1組となって面を構成し、最後には一体化して、まるでオーケストラのような一大ページェントとなっている。カステル・ベランジュやオルタ邸を初めて見た時の感動以上のものを、写真の中の旅順賓館に覚えた。

「旅顺宾馆」という名前以外に注釈は何もないが、画面下の方に黒ずくめの男達が三人写っている。完成した姿を眺める建築家であろうか。願わくば彼等と共にこの建物の全景を見てみたい。嬉しい大発見であった。

〈旧日本人街〉

大連には多くの日本人が住んでいた。連鎖街、上海路、南山、沙河口、甘井子、文化台などに日本人街があり、今も残っている、大連駅に近い連鎖街に行ってみた。

連鎖街はそれ自体が大きな一角で、横に2本の道路が走り、それを縦の街路が1本つないで、文字通り「連鎖」している街なのだ。近くに旧三越の「秋林女店」がある。メインストリートの両側には2階建ての明らかにアール・デコの建物がびっしりと建っている。1階が商店、2階が住宅である。今も人通りは多く、食堂はラーメンが6元（約100円）と安い。裏路地になっている一部の通りは貧民窟のようで、美しいまでに荒れている。時折、黒猫が路地裏から現れたりする。日本統治時代はここに、三船敏郎一家や桑田佳佑の父などが住んでいたらしい。私の知人である佛教大学教授の善波周夫妻も大連に長く住んでいたが、賑やかだったろう往時が偲ばれた。

旧満州の建物に今も立つ、熱い思い

妻木頼黄、辰野金吾など日本の建築界の重鎮と、京都府庁舎を手掛けた松室、そして太田、前田といった満州に情熱を捧げた人達も、大連に作品を残していた。また、ハルビンのアールヌーヴォー建築を日本に初めて紹介した三橋四郎は吉林、牛荘、奉天、長春の領事館をつくったあと、

批发螺丝
批发螺丝

金经销处
中山区兴隆街39-10
大连启洋物资贸易中心
五金机电经销处
各类吸尘器电机

大連旧日本人街　連鎖街

菜館
大连特色菜馆
YL FOREVER LOVE
齐品达
鑫源超市
进店消费每人赠汤 赠饮品
和记
旅
武汉热干面
手工大馅水饺
盖饭 拉面
炒饭 炒面
馄饨 手擀面
酸辣粉 打卤面
重庆小面

ウラジオストック領事館設計のため現地に滞在中、客死した。彼等の熱意は並のものではなかったのだ。

そんな彼等が作った日本建築がいかに優れたものであるかを物語る風景に、ここ大連で出逢った。大連駅から中山広場と反対の方に1㎞ほど行ったところに、ロシア植民地時代のロシア風洋館街がある。その突き当たりに、ロシア時代の旧大連市役所が現存している。しかし、デザイン性、施工性、そしてその後の中国政府の扱い方にもれっきとした差があるのだ。中山広場の建築群は、今や結婚前のカップルの撮影スポットとなっている。

ところで、多くの日本人が海を渡り旧満州を目指した目的はなんだったのか。

1900年代初頭、ヨーロッパの先進国はまだ競って植民地の獲得に奔走していた時代であり、それに遅れまいとした日本は各分野の精鋭を大陸進出に注ぎ込んだ。その残影が大連の中山広場だ。しかし、昭和の初め頃からは世界恐慌の影響で不況となり、学生は大学を出ても就職先がなかった。建築技術には秀でたものがあったとはいえ、工業は依然未発達で、当然商業もそれほどではなく、必然的に農業が主産業であった。とはいえ、日本の国土は狭く耕作可能地が少ないため、長子が農家を相続した後、残った次男坊、三男坊の就職先は、非常に限られていた。その上、最後の頼みの農業も、東北の冷害で打撃を受けていた。そういう時代背景が、列強入りしたものの振り落とされないようさらに強固な足場を作りたいという関東軍の野望と相まって、国策に誘導された若者たちは、新天地満州を目指して行ったのではないかと、まず私は考える。

もう一つの目的は、資源の獲得である。日本が一番欲しかったのは石油だが、満州では石油は産出されない。しかし、鉄鉱石が発見されたので、その鉄で巨大戦艦武蔵の厚さ40㎝もある船体が自前で建造できたとNHKで放送されていた。とめどなく広く、平地が続く満州、当時の日本人にとってその大陸は「夢の大地」だったのだろう。

だが、満州の冬は長く、ハルビンなどは零下30度まで気温が下がる日もある。作家の宮尾登美子は、終戦の年、昭和20年3月に乳飲み子を連れて教員の夫と共に満州、現在の長春近郊の地に渡った。もうその頃には敗戦を覚悟した関東軍の高級将校や満鉄の幹部は、家族をひそかに日本に帰し始めていたが、その後のソ連の参戦によって、渡満した人達が辛酸をなめたことは、周知の事実である。

(中国の項には、アールヌーヴォーでない建物も多く掲載しましたが、現地を訪れてみて当時の技術者達の思い入れの凄さに感動して取り上げたものです。)

アールヌーヴォーを捜しにゆく

インドネシア

インドネシアの人口は約2億5000万人。宗教はイスラム教が87%を占める。しかしバリ島だけは特異で、390万人の人口のうち90%がヒンドゥー教徒である。そのほとんどが、バリ島に住んでいる。彼等は信心深く、そして祖先をとても大事にする。敷地の一角に祖先を祀るスペースがある。そしてそこには先祖の墓があり、祭り事を行う建物もあり、まるで住宅の一軒一軒が家の中に寺を持っているようにも見える。日本にも敷地内に墓を持つ集落がある。瀬戸内海にある島、丸亀市本島だ。塩飽水軍の本拠地である。現在笠島集落が伝統的建造物群保存地区になっている。その笠島・甲生地区には「両墓制」という墓制が今も残っている。

両墓制では、まず死者の遺体は「センゾ」という共同墓地に埋葬される。これを「埋墓《うめはか》」という。そこには石碑を設けず、自然石などを置くだけである。次にお詣りする墓として、家の敷地や集落の近く、または寺などに石塔や石碑を祀る。これを「詣り墓」という。したがって、詣り墓には霊を祀り、日々お詣りをする。埋墓には遺骸そのものを祀り、お彼岸など節目の時にお詣りをする。これは、ハレとケを尊ぶ陰陽の考え方によるもののようで、かつては近畿地方を中心として広く分布していたという。ご先祖の霊も子孫の近くに居て、その繁栄を手助けし、楽しむ方がうれしいのだろう。

バリ島には塔を二つに割ってその間を通る門が多くあり興味深かったが、ヒンドゥー教の島にはアールヌーヴォーは存在しなかった。

が、古都・ジョグジャカルタにはアールヌーヴォー的景観はたくさんあった。クラトン（王宮）にはステンドグラスがあり、可愛らしいドラゴンが迎えてくれた。

レストランのファサード

木工を売る店の入り口

水の宮殿
ジョグジャカルタ

クラトン（王宮）
ジョグジャカルタ

住宅の敷地内墓地
バリ島

青島

旧満州の地を北から順にハルビン、長春、瀋陽、大連と行って、最後に訪れたのが青島である。青島は渤海を隔てて大連の反対側にある。1878年にドイツが清国から租借権を獲得し、第一次世界大戦後、日本にその権利を奪われるまで、ドイツ風の街を造っていた。ハルビンがロシア人の街なら、大連は日本人の街、そして青島はドイツ人の街とも言える。

青島に着いて一日目、青島駅前の予約したホテルに行くと、そこは30階建てのアパートで、まるで貧民窟であった。ほうほうの体で逃げ出して、近くの最近改修した、こぢんまりとしたホテルに宿をとると、早速街に出た。青島駅を基点としてそこから延びる広西路、それに直交する中山路の建物は、ほとんどがドイツ風の建物であった。漢字の看板がなければ、まるでドイツに居るような気がする街である。さて、手始めにガイドブックで見つけてあった旧医薬商店を目指す。その建物は海に近く、道は広いが車も人通りも少ない、落ち着いた場所にあった。レンガ造りで、南向きの窓割りが「いかにもアールヌーヴォー」である。2階、3階がギマール自邸のように張り出していて、壁の部分にはちゃんと装飾もある。屋根に2本の尖塔が立ち、屋根裏部屋には横長の扁平アーチの窓がついている。玄関以外は左右の対称性を守った、きちんとした建物である。2階の2つの窓には、アールヌーヴォーの印である、鋳鉄製の手摺もちゃんとついている。壁に銘板があって「歴史優秀建築医薬商店旧址」とあり、「全国重点文物保存単位・青島徳国建築群」とも書いてある。中国が、かつて支配された国が建てた建物を、このように大事に守っていることに、改めて感動した。日本ではドイツは「独逸」と書くが、中国では「徳国」と書き、アメリカは「美国」と書く。日本にはあまり良い感情を持たないと言われる中国人も、ドイツとアメリカには敬意を払っているように思えてきた。

その隣にも3階建、屋根裏付きのちょっと良い建物があって、「擬アールーヌーヴォー」だと思えた。また、近くの裏通りにもちょっと気になる建物があった。多分、かつてはドイツ人のための集合住宅であったのだろう。

青島二日目は、いよいよお目当ての「江蘇路基督教堂」と「青島ドイツ総督官邸」に行く。

江蘇路基督教堂

旧医薬商店

旧ドイツ人アパート

広西路のアパート

まず、基督教堂だ。丘の上にあって、遠くからでもそれとわかる出で立ち。近づいて正面に立ってみると、これはナショナル・ロマンティシズムの建物だと感じられた。フィンランドのヘルシンキや、ノルウェーのベルゲンでこの手の建物を多く見た。この様式はヘルシンキからハンガリーにまで飛び火して、今やアールーヌーヴォーの範疇に入れられている。しかもこの建物は、石の部分が少なく、軽快である。良い建物だ。現地で手に入った『青島旧影』という本によれば、「青年艺术派和新罗马风格的结合」と解説してある。〝青年〟とはドイツのユーゲント・シュティルで〝艺术派〟はアールヌーヴォー、〝新羅馬〟とはローマ式でこれらが結合していると書いてあった。１９１０年完成。

続いて「青島ドイツ総督官邸」。現在は「青島徳国（ドイツ）総督楼旧址博物館」となっていて、観光バスが何台も停まっている。入場料も外国人は少し高い。観光名所になるだけあって、この建物は凄い。四面それぞれが正面に見えるようにデザインされていて、その全ての貌《かお》が違うのだ。この建物もまた、明らかにナショナル・ロマンティシズムである。江蘇路基督教堂と同じく、壁は色モルタルの櫛引き波模様に割り石の花崗岩があしらわれている。

１９０６年の完成なので、こちらの方が先。設計者は明らかでないが、そのデザイン手法から見て、ドイツ人建築家で教会、総督官邸とも同じ人の手によると思われる。壁掛照明、花の装飾など、アールーヌーヴォーを主張するデザインが多様されている。前記の『青島旧影』にはこちらも「青年艺术派和新罗马风格的结合」とあったが、建物内部の説明文には「多元融合。建築艺术（アールーヌーヴォー）特征及文化对话本质」とあった。さらに、青島市街の東の方に「八大関景区」という高級住宅地があり、結婚式を控えた若者の式用の写真撮影のメッカとなっているが、そこにもナショナル・ロマンティシズムの住宅、「花石楼」があった。

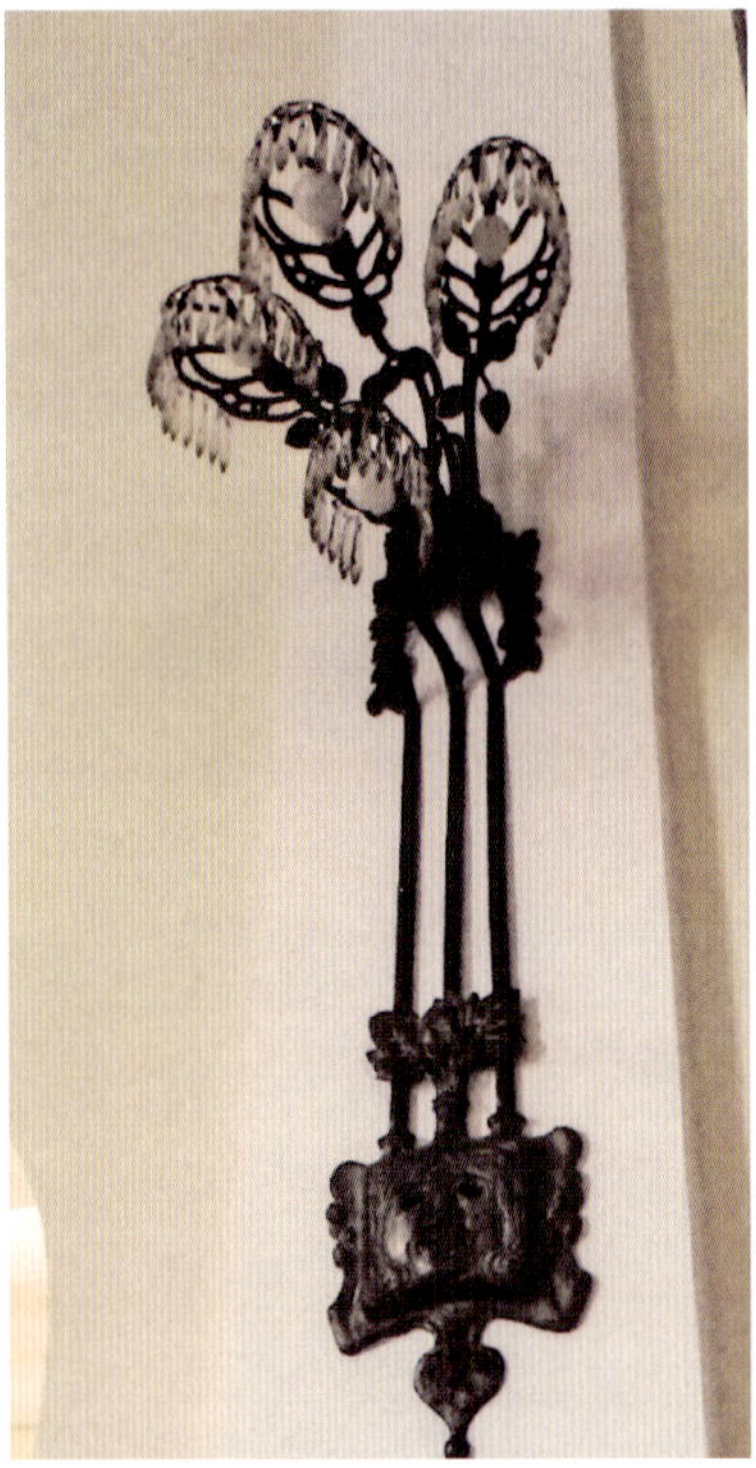

青島ドイツ総督官邸　壁付照明

青島ドイツ総督官邸　南面

青島ドイツ総督官邸

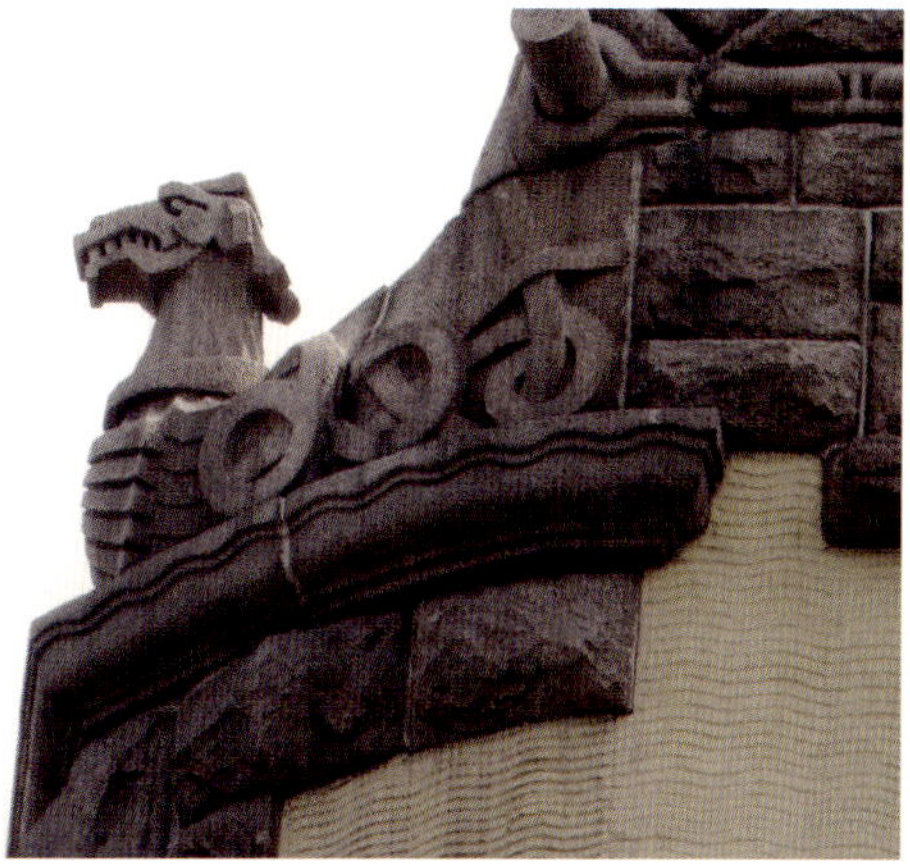

馬の彫刻

辰野金吾

1854~1919 Kingo Tatsuno

武田五一

1872~1938 Goichi Takeda

岩元 禄

1893~1922 Roku Iwamoto

日本のアールヌーヴォー

日本に最初にアールヌーヴォーを紹介したのは、工部大学校造家学科が東京帝国大学建築学科に衣替えして間もない1899年に助教授となった、塚本靖である。塚本は助教授就任と同時にヨーロッパに留学し、1902年に帰国した。彼は2年余りの留学生活の中で、イギリスのアーツ・アンド・クラフツをはじめフランスではアールヌーヴォーに、そしてドイツ、オーストリア、チェコ、ハンガリー、イタリアなどで現地の建物にふれ、1900年のパリ万博と1902年のトリノ万博もその目で見てきた。

帰国して1903年1月日本美術協会において「欧州輓近の装飾について」と題し、講演を行った。塚本自身はアールヌーヴォーには多少批判的であったが、アールヌーヴォーというデザイン革新の波が欧州で吹き荒れていると報告した。さらに、ドイツのダルムシュタット芸術家村のオルブリッヒの建築については、「見るに足る建築」として高い評価をしている。

塚本に遅れること2年、同じ東京帝国大学助教授の武田五一がヨーロッパに留学する。武田は従来の様式建築に飽き足らず悶々としていたが、グラスゴー、ブリュッセル、パリそしてウィーンと、マッキントッシュ、オルタ、ギマール、ワーグナーなどそうそうたるアールヌーヴォーの旗手達による建築を見て、大いに刺激を受けた。実際に、武田はマッキントッシュ風のいくつもの建築図案を仕上げている。これらの図案が、日本のアールヌーヴォー建築図の第一号と言える。

さらに同じ頃、野口孫市もヨーロッパを視察し、この新

松本健次郎邸
辰野金吾

しい動向に我が意を得た。

塚本、武田、野口の3名は1900年という「アールヌーヴォーの絶頂期」を肌で体験し、実際にアールヌーヴォー建築を造り始めた。塚本が渡辺別邸（1903年）、野口が住友銀行川口支店（1903年）、武田が福島行信邸（1905年）など。初期の建物では武田の福島邸が完成度が高い。続いて遠藤於菟がゼツェッシオン風の横浜銀行集会所（1905年）を設計する。

日本の近代建築の途を拓いた工部大学校造家学科の一期生4人（辰野金吾、片山東熊、佐立七次郎、曽禰達蔵）も負けておらず、まず曽禰が群馬県主催連合共進会機械館（1910年）を設計する。図面で見る限り、トリノ万博のダロンコの作品を思わせる秀作だ。

そして、明治期日本の建築家ナンバーワンの辰野金吾が、いよいよ登場する。北九州市戸畑に現存する松本健次郎邸だ。松本健次郎は炭鉱で成功した人で今の九州工業大学の創立者でもある経済界の大物だ。

その住宅は和風の別館を伴い、本館は本格的なアールヌーヴォースタイルである。木造2階建てのハーフ・ティンバー式で、外観はアールヌーヴォーの形式を踏襲しているが、装飾の少ない、日本的洋館である。内部にこそ、この

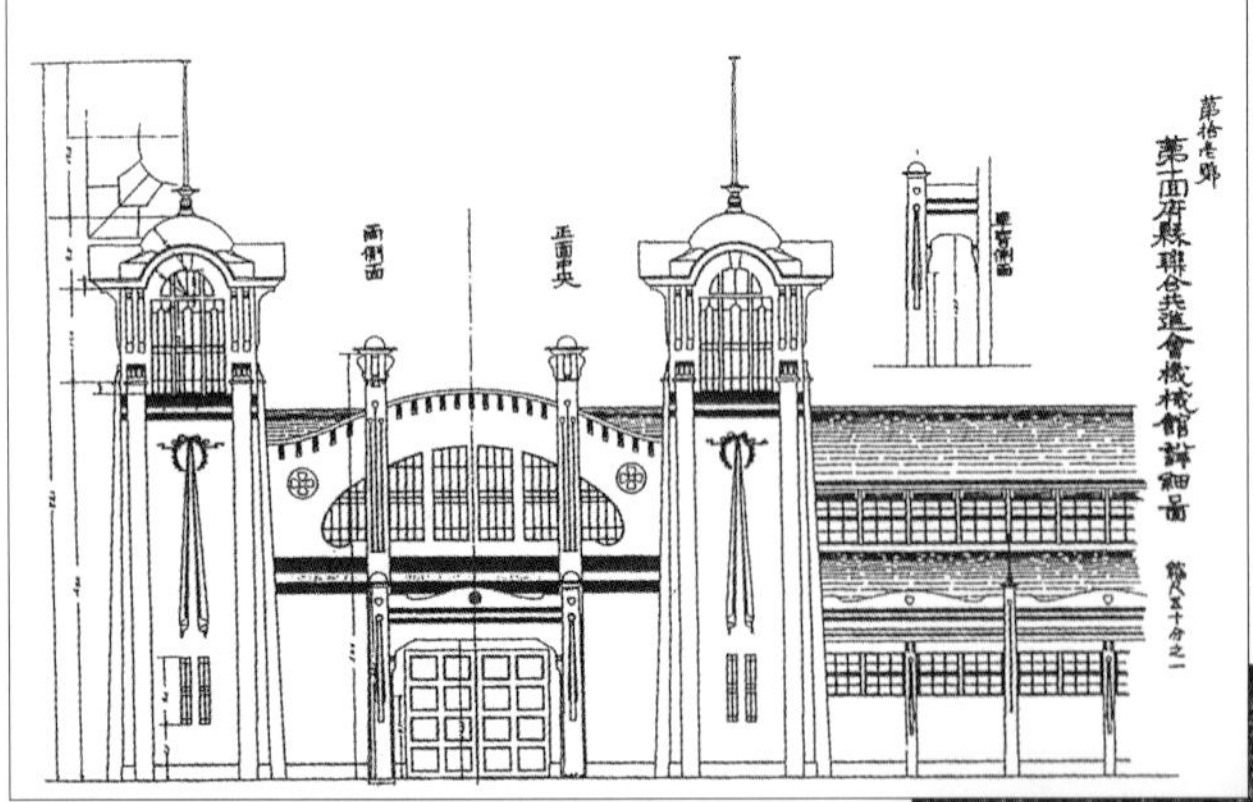

群馬県主催連合共進会機械館
曽禰達蔵

山の家（滝沢真弓）
日本で最も先鋭的なアールヌーヴォー

有隣館　武田五一

清水順正（旧松風邸）
武田五一

桃山病院殉職者慰霊碑
武田五一の遺作

旧福島行信邸
武田五一

高知追手前高校
（旧高知県尋常中学校　武田の母校「首席卒業」）
武田五一

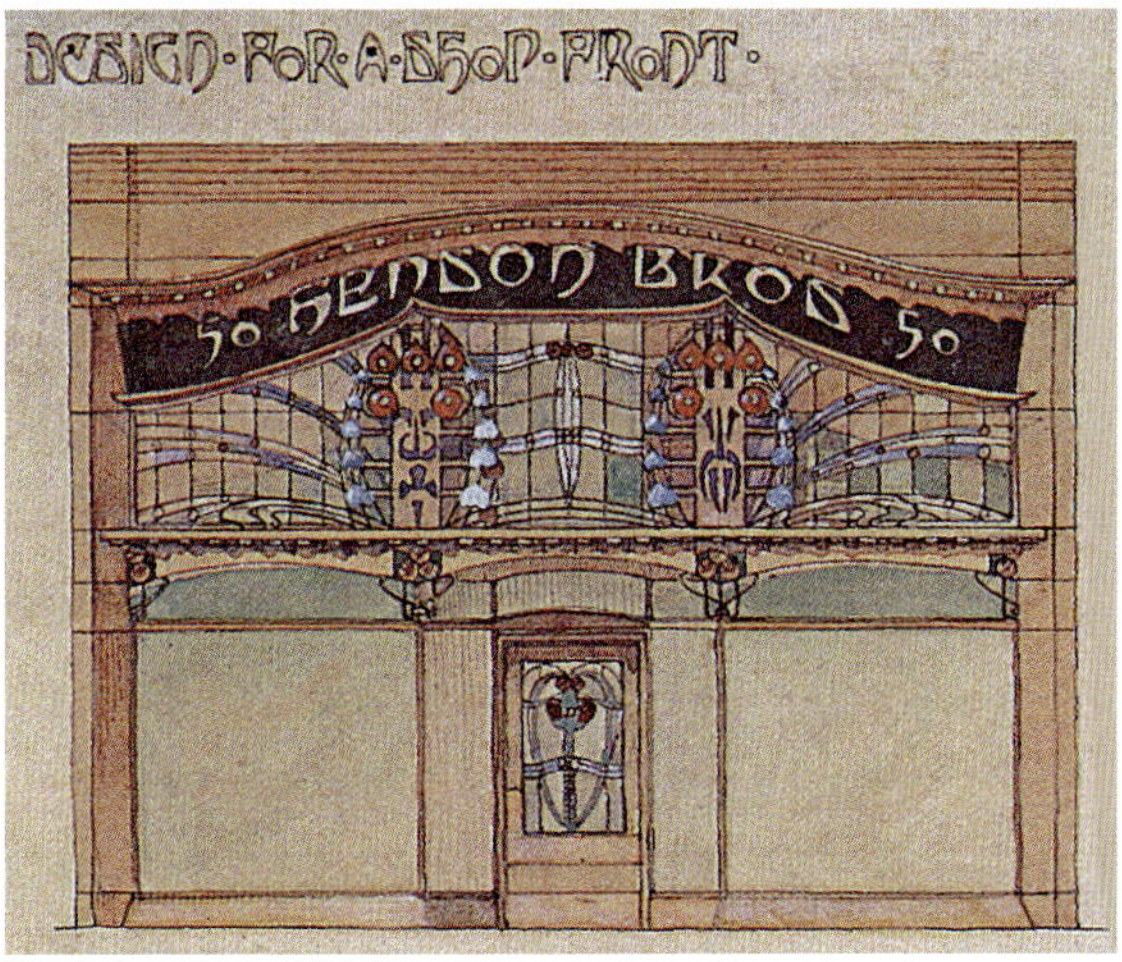

店舗正面計画案　武田五一

建物の価値が認められる。チークやローズウッドと思われる高級材がふんだんに使われ、アーチ型に湾曲した付梁や家具がいかにもアールヌーヴォーである。日銀本店や東京駅を設計した様式建築の大家が、ただ一作だけ設計したアールヌーヴォーだ。優秀な建築家は何でも出来る証なのだろうが、当時辰野は片岡安とチームを組んでおり、片岡の力によるところも相当大きかったのではないかと思われる。

さて、前述の武田五一は大蔵省臨時建築部技師となり、1908年1カ月余りをかけて、アメリカ、欧州の主要な都市を巡る。1920年に創立直後の京都帝国大学の教授となってから、教授職、数々の委員のほか、自らも多くの設計を行い、「東の辰野、西の武田」と並び称せられ、関西建築界の重鎮となった。武田の作風のベースは茶室などの和風にあるが、そのデザインは多岐に亘り、日本で一番多くアールヌーヴォー（彼の場合はややゼツェッシオン風）建築を設計した建築家として知られている。

1920年、東大建築学部の6人の学生グループが卒業直前に「分離派建築会」を創立する。6人とは石本喜久治、山田守、堀口捨巳、滝沢真弓、矢田茂、森田慶一である。彼等は盛んに展覧会を開き、大正後半から昭和にかけての建築界に刺激を与えた。

「我々は起つ。過去建築圏より分離し、総ての建築をして真に意義あらしめる新建築圏を創造せんがために……」という綱領を掲げていた。ウィーン分離派創立より23年、日本にも理想に燃えた集団が生まれた。彼等の設計の特徴はグラスゴーのマッキントッシュやウィーンの分離派風で、これは日本人にも受け入れられた。その後は新しく入ってきたオランダやドイツ生まれの表現主義的傾向に変わっていく。

さらに忘れてはならないのは、京都の西陣電話局を設計した岩元禄である。1920年にできたこの建物は正面全体に細かいレリーフが施され、抽象化された天女やライオンの彫刻像など、日本のアールヌーヴォー建築の中で最もアールヌーヴォー風と言われている。岩元禄は鹿児島県の生まれで、一高、東京帝大を卒業し、逓信省に入る。西陣、青山両電話局を設計した後、母校東京帝大の教授に推されたが、病床にあったため教壇に立つことなく、28歳でこの世を去った。才能にあふれた建築家の夭逝が惜しまれる。

西陣電話局
岩元　禄

伊予鉄道三津駅　松山
2009年惜しくも建て替えられた

田上義也

1899~1991

Yoshinari Tanoue

旧帝国ホテルの設計者がフランク・ロイド・ライトであることは誰でも知っている。

ライトはこのホテルの設計を日本で行った。彼のスタッフとして、アメリカから随行してきたアントニン・レイモンドのほかに、日本人スタッフとして宮内省、大蔵省支援のもとに協力したのが、遠藤新、田上義也、土浦亀城、山村伍一郎らであった。

レイモンドは後に日本で独立すると、大成して多くの作品を残した。遠藤も旧甲子園ホテルを設計し、歴史に名を残している。しかし、田上の名を知る人は少ないだろう。

私はある偶然から、彼の作品に接することが出来た。今から30年程前の昭和63年頃のこと、当時売り出し中の建築家・隈研吾さんが、北海道の建築団体から講演を依頼され、札幌に赴くことになった時のことだ。その時に私も、高知から羽田で合流し、隈さんに同行したのだった。

現地では北海道工業大学の圓山彬雄《まるやまよしお》講師が迎えてくれて、一日、札幌を見物した。圓山先生は、道外では、悲しいかな知る人が少ない名建築家、田上義也の設計した建物を案内してくれた。その時、１９３１年に発行された、田上の作品集の復刻版が手に入ったのだ。

旧帝国ホテルは１９２２（大正11）年、中央棟、北客室棟の完成を待って開業した。そしてライトはその年、残りの南客室棟を遠藤新らに託して帰米した。ライトの帰米に関しては、工事費が増え過ぎたこと、その他いくつかのトラブルがあったことが理由だと言われている。

とはいえ、その後も工事は順調に続けられ、１９２３年（大正12年）8月に南客室棟が完成し、旧帝国ホテルは全館オープンした。そして9月1日、お披露目の日に、あの関東大震災が起きた。田上はなぜか、その頃札幌に赴き、設計をやめてヴァイオリンの指導をしていたというのだ。圓山教授も「ひっそりと暮らしたかったのだろう」という意味のことを言っていた。

ところが、１９２４年には早くも札幌での最初の作品「バチェーラ学園」が完成している。ひっそりと生きたかった田上だが、アイヌの育英と保護に生涯をかけた、バチェーラ博士が田上の才能を知り、再び建築の世界へ引き戻したのだった。田上の作品は、ライトの思想を具現化した住宅に始まり、１９３０年頃にはドイツ表現主義的作品へと変遷していく。孤高の建築家であったが、田上は北海道の人達に温かく迎えられ、彼の建てた作品は札幌はもとより、小樽、函館、旭川から天塩にまで拡がっていった。

小熊邸　札幌市

住宅名不明　札幌市

小熊邸（作品集には小態邸とある）
札幌市

32歳頃の隈研吾さん（中央）、左隣が著者

今井兼次

１８９５～１９８７　Kenji Imai

建築のアールヌーヴォー運動はいつ頃始まって、いつ頃終わったのだろう。年を遡ってみよう。

ウィリアム・モリスの「赤い家」が誕生したのが、１８６０年。モリスの提唱する「アーツ・アンド・クラフツ運動」がアールヌーヴォーにつながっていると言われているが、それが結晶するまで約30年の年月を要した。

これを受けたアールヌーヴォー建築の時代は、一般的には次のような歴史を辿ったと言われていた。１８９３年、ベルギーのヴィクトール・オルタがタッセル邸を完成させて、それに触発されたフランスのエクトール・ギマールが、負けじとカステル・ベランジュを2年後に完成させる。ここから１９００年のパリ万博を経て、爆発的に全世界に拡まってゆくものの、１９１４年から始まるあの不幸な第一次世界大戦によって、息の根を止められたのである。

しかし、私の研究によれば最も早いアールヌーヴォー建築はスペインのルイス・ドメネク・イ・モンタネルのモンタネ・イ・シモン出版社（１８８０年）である。これに3、4年遅れてアントニ・ガウディが続く。

一方、東ヨーロッパのハンガリーにも、アールヌーヴォーの芽が育ち始めていた。１８９０年レヒネル・エデンがケチケメート市庁舎の設計競技に勝利し、レヒネル様式のアールヌーヴォー建築への道を歩み始めていた。この市庁舎が完成したのは１８９６年だが、以後、ハンガリーは「世界で最もアールヌーヴォー建築の多い国」へと成長してゆき、それは第一次大戦後も続くのだが。

つまり、ドメネクのモンタネ・イ・シモン出版社が完成した１８８０年にアールヌーヴォーが始まり、１９１４年に終息したとすれば、約35年間続いたということになる。その間、西洋から始まったアールヌーヴォーの波は、海を越えて、東洋、そして南米にまで達し、その国は40を超える。

この流れに、遅ればせながら登場した日本人がいた。現在の長崎市の高台に、今井兼次設計の「日本二十六聖人記念聖堂聖フィリッポ教会」がある。隣には同じ今井の設計した「日本二十六聖人記念館」もある。両者は１９６２（昭和37）年に完成したのだが、外観からして、「これぞアールヌーヴォー」という建築である。

日本二十六聖人記念聖堂
聖フィリッポ教会
長崎

日本二十六聖人記念館
長崎

今井兼次は早くからガウディに注目していて、ガウディ研究の第一人者であった。30歳の時（1926年）に外遊し、ヨーロッパ最先端の建築家達と会い、作品を見て、日本に紹介した。ガウディのサグラダ・ファミリアの現場も訪れた。今井が目にした時は、まだ「受難のファサード」の高塔は一本も出来ていなかったという。ガウディが亡くなってわずか半年であり、工事が中断していたらしい。ご存知の通り、今尚建設中のサグラダ・ファミリア。「受難のファサード」の4本の高塔のうちはじめの2本が完成したのが1974年だという。

今井による二十六聖人に捧げる二つの建物は、明らかにガウディ的で、むしろ「ガウディに捧げるモニュメント」にも見える。しかも彼は、サグラダ・ファミリア2本の高塔が完成する10年も前に、先にこの2本の塔を完成させている。ガウディ研究の成果であるこの建物を、アールヌーヴォー建築と呼ぶべきか否か。建築史ではネオ・クラシズム、ネオ・ゴシック、ネオ・ルネサンスなどの呼び方が確立しているので、「ネオ・アールヌーヴォー」とでも呼んでみようか。

そして近年、私がメキシコを訪れた時に、メキシコシティ近郊のクエルナバカの大聖堂の壁に、この「日本の二十六聖人」の壁画があるのを発見した。壁一面にフレスコ画で航海の画や処刑場が描かれている。「エンペラドール太閤様（秀吉）」と書かれた文字があり、かつ十字架にはりつけになった殉教者の肩まで槍が突き抜けているのが日本の特徴だという。なぜこんな遠い異国の教会にこの画が存在するのか。

その謎は聖フィリッポ教会にあった。「フィリッポ」、つまりフェリペ・デ・ヘススはメキシコ人で、フィリピンから故国へ帰る途中遭難し、はりつけになった二十五人と共に殉教者になったという。この結び付きがメキシコまで伝わり、かの壁画になったようだ。

二十六聖人はりつけの図
槍がつきぬけるのは日本だけらしい
クエルナバカ大聖堂
メキシコ

長崎二十六聖人はりつけの図　クエルナバカ大聖堂
メキシコ

エンペラドール太閤様の文字　クエルナバカ大聖堂
メキシコ

板谷波山

１８７２～１９６３ Hazan Itaya

アールヌーヴォーの工芸家として有名なのは、ガラス器のエミール・ガレ、ドーム兄弟（フランス）、装飾品のルネ・ラリック（フランス）、ルイス・ティファニー（アメリカ）、陶磁器のジョルナイ工房（ハンガリー）、銀器のアーチボルト・ノックス（リバティ商会・イギリス）、家具のルイ・マジョレル（フランス）などであるが、日本にもアールヌーヴォーを主戦場とした陶芸家がいた。その名は板谷波山。本名は嘉七《かしち》。「波山」の号は筑波山からとったという。

　波山は１８７２（明治5）年、茨城県の下館に生まれた。当初軍人になろうとしたが、体格検査で不合格となる。このことは波山にとって幸運だった。子供の頃から絵画に抜群の才能を示していた波山は、17歳の時、開校2年目の東京美術学校（現東京芸術大学）に入学する。近代日本美術の発展に多大な影響を与えた岡倉天心が校長で、彼のもとで美術全般を学ぶ。一年上には横山大観がいた。

　東京美術学校には絵画、彫刻、美術工芸の三科があり、5年制で、はじめの2年間は普通課程でその全てを学び、あとの3年間で専門課程を学ぶカリキュラムだ。もともと絵の得意な波山だったが、専攻は彫刻を選択した。指導教官は高村光雲だった。天心、光雲と指導者に恵まれた波山は、自分の才能を存分に磨くことが出来た。そんな波山の卒業制作は木彫の「元禄美人」だった。

　卒業後2年程のアルバイト的教師生活を経て、１８９６（明治29）年、石川県工業学校彫刻科主任教授として赴任した。石川県には7年間奉職したが、この間、波山は陶芸に興味を持ち研究を始めていた。明治31年、制度改正により彫刻科が無くなり陶磁科が新設され、そちらに移った。石川県は九谷焼の本場で研究材料には事欠なかった。

　明治36年、波山は職を辞し、陶芸家として一人立ちするため東京に戻り、田端に窯を開く。その窯は「三方焚口倒焔《とうえん》式丸窯」という西洋式のコンパクトな窯で、自力で建設した。初窯は１９０６（明治39）年4月であった。

　波山は初めての作品のうち気に入ったもの三点を「日本美術協会展」に出品。そのうちの一点が三井財閥の大物、増田鈍翁の目にとまり、見事買上となる。美術学校で絵と彫刻を学んだ波山の作品は好評で、上流階級が挙って求め、そしてついには宮内庁お買上げとなる。

そんな順風満帆の波山に、新しい風が吹く。１９００年のパリ万博にジョルナイ工房の磁器やエミールガレのガラス器が出品され、大変な評判を呼び、この情報が日本にも伝わったのだ。ここから波山の作品もアールヌーヴォー風となってゆく。彼が最も影響を受けたのは、リュー・アレヴィー（フランス）の「ラスター彩大花瓶」という八つ手の葉を彫りこんだ褐色の花瓶である。それをスケッチし、似たような試作品を作っている。後に波山は「葆《ぼ》光」という独自の、器が「ボーッ」と光沢を放つ焼き方を発明し、代表作の一つ「葆光彩磁八ツ手葉花瓶」を制作した。

　こうした功績が称えられ、波山81歳の時、陶芸家としては初の文化勲章を受章する。故郷下館を愛し続けた波山は、91歳でその輝かしい生涯を終えた。下館市民は市葬をもって、波山に応えた。

氷華磁扶桑延寿文化瓶の破片

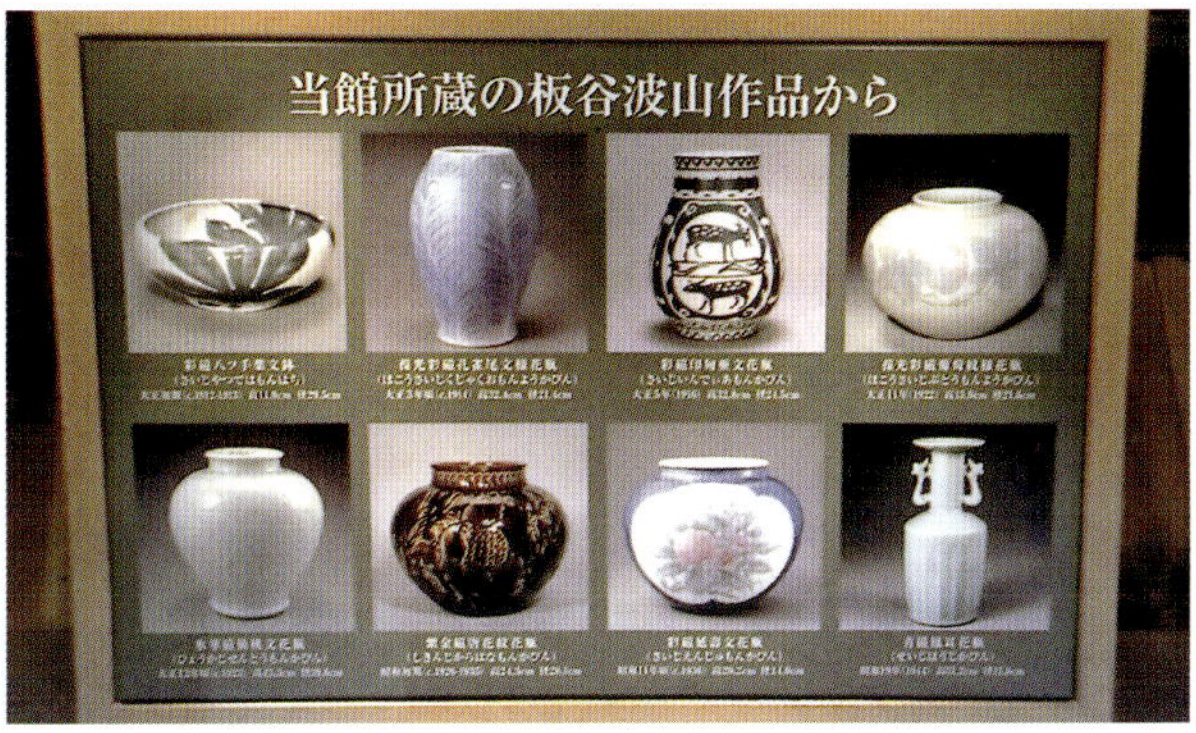

波山展のポスター　左上２番目が葆光彩磁孔雀尾紋様花瓶
下館市

波山展のポスター　下館市

あとがき

１９８６年から始まった私のアールヌーヴォー行脚は、30年経ってやっと一つの区切りを迎えた。念願のアールヌーヴォー本が出版されることになったのだ。

何年間かの中断期間をはさみながらも、一年に1回程度、2、3週間の一人旅をして、アールヌーヴォー建築を見てきた。厳しい旅が多かったが、目的の建築を見つけると、異常に興奮しシャッターを切り続けた。

西ヨーロッパから始まり、トルコを経て、だんだんと東ヨーロッパを訪れることが多くなり、締め切り間際のブエノスアイレスと旧満州で一区切りとし、これまでの成果をまとめることにした。

50回程の海外旅行の中で85ヶ国に行き、アールヌーヴォーのためだけに行ったのは20回。約３００日間であった。それ以外でのツアーでも常に眼はアールヌーヴォーに向けられており、アゼルバイジャンのバクーやインドのダージリン、ウクライナのキエフ、オデッサでの邂逅につながった。

はじめの頃はカメラも腕も未熟でお粗末だった。それが一眼レフになり、望遠と広角・アオリ付レンズを揃え、少しずつ上達した。今ではデジタルカメラの時代になり、随分と助けられている。写真はできるだけ自分で撮ることを心がけた。現存する建物で特記のないものは全て自分で撮った。

一人旅は冒険だった。ヴァン・ド・ヴェルドの自邸に行った時は、道路から見えないので、庭に侵入して撮った。警察につかまること2回。湾岸戦争中のイスタンブールで1回、デブレッチェンでは警察そのものに侵入してしまった。

建物が大使館になっていて、せっかく撮った写真を没収されたのが、ブダペスト、スボティツァ。アムステルダムで海運ビル撮影中、夢中になっていたらいつのまにか道路の真ん中にいて、バスと車に同時にひかれそうになったこともある。ブエノスアイレスでスリの被害に遭ったり、ハルビンでタクシー代を相場の10倍も取られたりもしたが、幸い大きな事件にはならずに、今に至っている。

数々の文献には助けられた。旅の初めはフランク・ラッセル編『アールヌーヴォーの建築』に負うところが多かった。途中からは橋本文隆先生の『アールヌーヴォー建築』（河出書房）をお手本にさせていただいた。また三宅理一先生の『世紀末建築』全6巻（講談社）の存在がとても大きかった。さらに、現地では地図入りのガイドブックが多く手に入り効率的に回れたが、特にハンガリーで『世紀転換期のマジャール建築』に出会ってからは、東ヨーロッパに多く出向いた。この本には、ハンガリー、ルーマニア及び旧ハプスブルグ帝国のアールヌーヴォー建築２０００件以上、建築物の名称、写真、所在地、建築家の肖像や名前、建築年、現存するか否かに至るまで詳細に載っており、主要都市についてはアールヌーヴォー建築地図も付されていた。

アールヌーヴォー建築のメッカともいえるハンガリー、ルーマニアは、レヒネル・エデン以外、日本語及び英語の文献が少なく、執筆にあたっては専門外のマジャール語の辞書をたよりにしておこなったので、誤訳もたくさんあるかもしれない。まとめにあたって寺田生子先生、渡辺美紀先生の『レヒネル・エデンの建築探訪』は特に参考にさせていただいた。

これまでのアールヌーヴォー行脚を本にするに当たって、はじめは有名建築家だけに絞って20ヶ国程度にするつもりだったが、写真を整理すると、「あるわ、あるわ」で、結局収録したのは予定の2倍以上、47カ国になった。作品は私自身の価値観で選んでいるので、異論もあると思う。この本を手になさった方に色々ご教授願えれば幸いです。

さて、実はこれだけ行っても、まだ私の「未開の地」がある。ロシア北カフカスの温泉地であるキスロボーツク、同じロシアのニージュニー・ノヴゴロド、中米のプエルト・リコなどなど…さらに、ハンガリーやルーマニアの地方都市には数限りなくアールヌーヴォー建築が存在する。

というわけで、私のアールヌーヴォーの旅は、まだこれからも続きます、命ある限り。

２０１７（平成29）年10月

- 近代建築の目撃者　佐々木宏　新建築社
- ベル・エポック　ユリイカ　1993.12　青土社
- ジャポニズムからアールヌーヴォーへ
  由水常雄　中公文庫
- 世紀末の街角　海野弘　中公新書
- 東ヨーロッパのナイススペース　SD：92：07
  鹿島出版会
- GA・DOCUMENT　18H-1919　GA
- アールヌーヴォー・アールデコ　別冊太陽
  平凡社
- アールヌーヴォー・アールデコ　読売新聞社
- 装飾デザイン　学研
- 魅惑の世紀末　海野弘　美術公論社
- EXPO　CORRIERE DELLA SERA　RIZZOLI

〈イギリス〉
- ウィリアム・モリス　ダーリング・ブルース
  河出書房新社
- WILLIAM・MORRIS & RED HOUSE　JAN・MARSH
- ウィリアム・モリスとアーツ&クラフツ
  藤田治彦　東京美術
- ウィリアム・モリス　Charlotte & Peter Fiell
  TASCHEN
- ウィリアム・モリスの楽園へ　南川三治郎
  世界文化社
- ラスキン　クエンティン・ベル　晶文社
- 建築家マッキントッシュ　小川守之　相模新書
- チャールス・レニー・マッキントッシュ
  社団法人国際芸術文化振興会
- チャールス・レニー・マッキントッシュ
  プロセス・アーキテクチュア
- マッキントッシュ・インテリア・アーチスト
  ロジャー・クリフ　芳賀書店
- CHARLES RENNIE MACHINTOSH
  RICHARD DREW
  PUBLISHING GLASGOW
- Rises in the East
  A GALLARY IN WHITE CHAPEL
- アーツ・アンド・クラフツの建築　片木篤
  鹿島出版会
- ロセッティとラファエル前派　松下由里
  六耀社
- ラファエル前派　ローランス・デ・カール
  創元社
- THE ARTS AND CRAFTS MOVEMENT IN BRITAIN SHIRE
  Mary Greensted
- Arts and Crafts Architecture
  Peter Davey　PHAIDON

〈ベルギー〉
- Bruxelles ・ART NOUVEAE　CLUP・GUIDE
- ベルギー・ブリュッセル　クラシックな街歩き

【参考文献】

- アール・ヌーヴォーの建築
  フランク・ラッセル編　ADA EDITA Tokyo Co.,Ltd
- 世紀末建築
  (FIN・DE・SIÈCLE ARCHITECTURE)
  全6巻　三宅理一　田原桂一　講談社
- A SZÁZADFORDULO MAGYAR FPITE SZETE
  (世紀転換期のマジャール建築)
- アール・ヌーヴォー
  クラウス・ユルゲン・ゼンバッハ
  TASCHEN
- アール・ヌーヴォー
  スティーブン・エスクリット　岩波書店
- アール・ヌーヴォーの世界　学習研究社
  全5巻
- 織りなされた壁　下村純一　グラフィック社
- 名句で綴る近代建築史　谷川正己、中山章
  井上書院
- アールヌーヴォー建築　橋本文隆
  河出書房新社
- レヒネル・エデンの建築探訪
  寺田生子、渡辺美紀　彰国社
- 他都市建築家作品集多数
- ヨーロッパのアールヌーボー建築を巡る
  角川ＳＳＣ新書　堀本洋一
- 世紀末の美と夢（全6巻）　辻邦生　集英社
- 世界の建築・街並ガイド　エックスナレッジ
- ヨーロッパ建築案内　香山研究室　工業調査会
- アメリカ建築案内　香山研究室　工業調査会
- 近代建築史図集　日本建築学会　彰国社
- 近代建築史概説　近江栄　他　彰国社
- 近代建築の系譜　大川光雄、川向正人、初田亨、
  吉田鋼一　彰国社
- 建築の世紀末　鈴木博之　晶文社
- 地球の歩き方　ダイヤモンド社
- アール・ヌーヴォー　S.T.マドセン
  美術公論社
- アール・ヌーヴォー　マリオ・アマヤ
  PARCO出版
- アール・ヌーボーの世界　海野弘　中公文庫
- アール・ヌーヴォーの世界　海野弘　造形社
- モダン・デザイン全史　海野弘　美術出版社
- 世界デザイン史　阿部公正　美術出版社
- 近代建築の黎明　ケネス・フランプトン　GA
- LA FACADE ART NOUVEAN　AAM
  ARTISANS ET MÉTIERS
- アール・ヌーヴォーの邸宅　下村純一　小学館
- 薔薇と幾何学　下村純一　平凡社
- 西洋温泉事情　池内紀　鹿島出版会
- 反合理主義者たち　N・ペヴスナー、J.M.リチャーズ　鹿島出版会
- 世界の建築家群像　尾上孝一　井上書院

- Otto Wagner　Zanichelli
 a cura Glancarlo Bernabel
- ウィトゲンシュタイン入門　永井均
 ちくま新書
- ウィトゲンシュタイン　ノーマン・マルコム
 講談社
- HAUS WITTGENSTEIN Eine Dokumentation
- ARCHITEKTUR IN WIEN
 Die Geshaftsgruppe
- Vlenna L'OPERA DI OTTO WAGNER
 CLUP GUIDE
- Vlennese Jugendstil　www.FALTER.AT
- ウィーン物語　宝木範義　新潮選書
- 暗い血の旋舞（Mitsuko）松本清張　NHK
- JUGEND STIL IN WIEN　KRAL
 PETER・SCHUBERT
- コロマン・モーザー　藤本幸三　INAX
- 世紀末の中の近代　越後島研一　丸善

〈ドイツ〉
- ドイツ建築史（上、下）三宅理一　相模選書
- 世紀末のドイツ建築　小幡一　井上書院
- ドイツ表現派の建築　山口廣　井上書院
- ドイツ表現主義の建築　SD 87・08
- ペーター・ベーレンス　アラン・ウィンザー
 創英社／三省堂書店
- ブルーノ・タウト　マンフレッド・シュパイデル　トレヴィル
- 建築家ブルーノ・タウト　田中辰明、柚本玲
 オーム社
- ブルーノ・タウト　田中辰明　中公新書
- HOETGER　発行社不明
 ヴォルプスヴェーデにて購入
- Die Villa Stuck in München
 BAyERISCHE VEREINSBANK
- Erich Mendelsohn
 a cura di Bruno Zevi　Zanichelli
- 世紀末ミュンヘン　山本定祐　朝日選書
- ミュンヘンの世紀末　宮下健三　中公新書
- WORPSWEDE　Wolf・Dietmar stock.
 Fritz Westphal
- KUNSTLERKULONIE　MATHILDENHOHE
 DARMSTADT　1899-1914
 DAS BUCH MUSEUM

〈イタリア〉
- リバティデザイン　山田眞實　創元社
- Milano　a+u　91：12
- リバティ・スタイル展　東京都庭園美術館
 社団法人国際芸術文化振興会

〈オランダ〉
 Michel de Klerk 1884-1923
 Suzanne S.Frank　UMI
 産業編集センター　赤木真弓、佐々木素子
- LA MAISON CAUCHIE　EPITION MAISON CAVCHIE
- HENRY VAN DE VELDE　KLAUS-JÜRGEN SEMBACH　T & N
- ふたつの世紀末　SD 87:02　鹿島出版会

〈フランス〉
- Hector Guimard　Abrams Academy Edition・London
- HECTOR GUIMARD
- HECTOR GUIMARD Jo-Anne Birnie Danzker
- nancy architecture 1900　LA VILLE DE NANCY
- オーギュスト・ペレ　吉田鋼一　鹿島出版会
- La Villa Majorelle　Roselyne BOUVIER
- パリの世紀末　渡辺淳　中公新書
- Paris　a+u 1990：9　a+u

〈オーストリア〉
- 百花繚乱のウィーン　芸術新潮
- ウィーン精神　V.M.ジョンストン
 みすず書房
- ウィーン世紀末の文化　木村直司　東洋出版
- 世紀末ウィーン　カール・E・ショースキー
 岩波書店
- ウィーン・都市の万華鏡　池内紀　音楽之友社
- ウィーンの世紀末　池内紀　白水社
- ウィーン　森本哲郎　文藝春秋
- VIENNA　n. f. Ullmann
- OTTO WAGNER　UND・SEINE SCHULE
 WALTER ZEDNICEK
- WIENER ARCHITEKTUR UM 1900
 WALTER ZEDNICEK
- オットー・ワーグナー　M・パイントナー；
 H・ゲレーツェッガー　鹿島出版会
- アドルフ・ロース　Heinrich Kulka　泰流社
- アドルフ・ロース　アドルフ・ロース研究会
 大龍堂書店
- アドルフ・ロース　川向正人　住まいの図書館
- ADOLF LOOS・JOSEPHINE BAKER
 Uitgeverij・olo　Rotterdam
- にもかかわらず　アドルフ・ロース
 みすず書房
- マーラー　私の時代が来た　桜井健二
 二見書房
- グスタフ・マーラー　アルマ・マーラー
 中公文庫
- OLBRICH ARCHITECTURE　RIZZOLI NEW YORK
- IDEEN・VON・OLBLICH　ARNOLD SCHE
- Parmstadt und der Jugendstil
 Hans-C・Hoftman
- Josef Hoffmann　Zanichelli
 a cura di Gluliano Greslerl

集文社
- ル・コルビュジェ　a+u　87：12, 82：11 a+u
- ルドルフ・シュタイナー　a+u　80：12 a+u

〈ハンガリー〉
- A SZÁZADFORDULO MAGYAR EPITESZETE
- レヒネル・エデンの建築探訪 寺田生子、渡辺美紀　彰国社
- レヒネル・エデン　赤地経夫　INAX
- ハンガリーの建築・陶芸と応用美術 京都国立近代美術館　京都国立近代美術館
- ART NOUVEAU in HANGARY Judit・Szabadi
- レヒネル・エデンの建築　INAX
- MAGYAR EDE　Bakonyi Tibor AKAÉMIAI　KIADO BUDAPEST
- Ede MagYar　TIBOR BAKONYI
- ブタペストの世紀末　ジョン・ルカーチ 白水社
- KECSKEMÉT　KECSKEMÉTI LAPOK
- ZSOLNAY　Romuary Ferenc

〈チェコ〉
- プラハのアール・ヌーヴォー　田中充子　丸善
- プラハを歩く　田中充子　岩波新書
- プラハの世紀末　平野嘉彦　岩波書店
- Art-Nouveau Prague petr wittlich, Jan Maly
- PRAG UND DER JUGENDSTIL JIRI VSETECKA RAJI
- 市民会館ガイドブック　市民会館
- OBECNIDUM/MUNICIPAL HOUSE FILIP WITTLICH, IVAN KRAL MUNICIPAL HOUSE
- NARODNI DUM V PROSTEJOVE PROSTEJOV, MESTSKE　STREDISKO

〈スロベニア〉
- ヨージェ・プレチニック　SD 87：11 鹿島出版会
- MAX FABIANI NOUVE FRONTIERE DELL' ARCHITETTURA Cataloghi Marsilio

〈ルーマニア〉
- ORADEA　RODICA HARCA　EDITURA MUZEULUI TARII CRIS, URILOR

〈ロシア〉
- ロシア建築案内　リシャット・ムラギルディン TOTO出版
- RUSSIAN ART NOUVEAU　RIZZOLI

〈スペイン〉
- ART NOUVEAU IN CATALONIA FRANÇOIS LOYER LE SEPTIEME FOU
- カタロニア　近代の建築 ラケル・ラケスタ、アントン・ゴザーレズ 彰国社
- モデルニスモ建築　ウリオール・ブイガス みすず書房
- バルセロナ　岸田省吾　丸善
- バルセロナ　岡部明子　中公新書
- バルセロナの不思議に魅せられて　山田修平 中経出版
- ガウディの宇宙　細江英公　集英社
- アントニオ・ガウディ　粟田勇　RARCO
- ガウディの影武者だった男　森枝雄司 徳間書店
- ガウディになれなかった男　森枝雄司 徳間書店
- ガウディの生涯　丹下敏明　彰国社
- ガウディの生涯　北川圭子　朝日文庫
- ガウディの設計態度　松倉保夫　相模書房
- ガウディの言葉　入江正之　彰国社
- ガウディ讃歌　粟津潔　現代企画室
- ガウディの世界　ザビエル・グエル　彰国社
- ガウディ建築入門　赤地経夫、田澤耕　新潮社
- アントニ・ガウディ　マリア・アントニエッタ・クリッパ　TASCHEN
- ガウディの建築実測図集　田中裕也 ディテール
- アントニオ・ガウディとその師弟たち　SD 88：09
- アントニ・ガウディ　磯崎新　芸術新潮2002.7
- アントニ・ガウディ　HOME 2002.5 エクスナレッジ
- アントニ・ガウディ　アンド　モデルニスモ HOME 2003.11
- ガウディと井上雄彦　Casa BRUTUS マガジンハウス
- PALAU DE MUSICA CATALANA　escudo de oro, s.a
- Jujol　Jose LIinas, Jordi Sarra　TASCHEN
- ジュジョール　a+u　80：12　a+u

〈スイス〉
- ル・コルビュジェ　富永讓　丸善
- 建築をめざして　ル・コルビュジェ 鹿島出版会
- ル・コルビュジェ断章　佐々木宏　相模選書
- 現代建築の巨匠　ペーター・ブレイク　彰国社
- ル・コルビュジェ　ユリイカ　1988.12 青土社
- 新しい建築様式への道 ルドルフ・シュタイナー　相模書房
- シュタイナーと建築　ペーター・フェルガー、シケ・シュート、ヨースト・エルファーブ

・マッキム・ミード・ホワイト　a+u　85：01　a+u
・アメリカ様式建築の華　小林克弘　丸善

〈プエルトリコ〉

・PUERTO RICO 1900　JORGE RIGAU RIZZOLI

〈アルゼンチン〉

・Art Nouveau in Buenos Aires: A love story Anat Meidan　Ediclones Poligrafa

〈ルクセンブルク〉

・JUGEND STIL
in the Grand Duchy Luxembourg
SOCIETE GEVERALE

〈セルビア〉

・SUBOTICA SZABADKA　BOSKO KRSTIC

〈ノルウェー〉

・ALESUND　Shutterstock

〈中国〉

・東アジアの日本人建築家　柏書房　西沢泰彦
・日本の植民地建築　河出ブックス　西沢泰彦
・『満州』都市物語　河出書房新社　西沢泰彦
・図説　満州全史　河出書房新社　平塚柾緒
・哈爾濱旧影大観－中国近代城市与建築
中国建築工業出版社
・大連旧影　大連出版社
・青島旧影　人民美術出版社

〈日本〉

・日本の近代建築　藤森照信　岩波新書
・日本の洋館（第１～４巻）藤森照信　講談社
・武田五一、田辺淳吉、藤井厚二
ふくやま美術館
・岩崎平太郎の仕事　川島智生　淡交社
・日本近代建築の歴史　村松貞次郎
ＮＨＫブックス
・旧松本家住宅　西日本工業倶楽部
・近代建築史図集　日本建築学会　彰国社
・近代建築史概説　村松貞次郎、山口廣、
山本学治編　彰国社
・京都・大阪・神戸名建築さんぽマップ
円満寺洋介　エクスナレッジ

〈フレーム〉

・ART NOUUEAU FRAME&BORDERS
Carol Belanger Grafton
（copyright-Free）

Elena Borisovg
Grigory Sternin
・APXUTEKTOP　P.O.WEXTEAL　ゴーリキー博物館

〈フィンランド〉

・北欧の建築遺産　伊藤大介　河出書房新社
・Jugend Suomessa
Pirjo　Hämalälnen　OTAVA
・Hvitträsk　Jouni Marjamäki　Museovirasto
・AINOLA　Jean Ja Alno Slbeliukspn
・アアルトとフィンランド　伊藤大介　丸善
・STORY BOOK HELSINKI AND BEYOND WSOY
CODY DOUGLAS ORECK
OCTAVIAN BALEA
・ラルシュ・ソンク　a+u　85：07　a+u
・サーリネン　a+u　84：05，84：11，85：04　a+u
・ELIEL SAARINEN　SUOMEN RAKENNUSIAITEE　MUSEO
SUOMeN aika
・KIVET PUHVVAT（NYSTRÖM）
1895-1908　Eija Rauske
・USKO Nystrom, ALbert Petrelivs, VIlho Penttila
KIVET PUHUVAT Eija Rauske

〈スウェーデン〉

ラグナル・エストベリ　エリアス・コーネル
相模書房
・INNANFÖR PORTARNA
stockholms trapphus 1880-1940

〈ラトヴィア〉

・JUGEND-STIL IN DER RIGAER BAU-KUNST
JANIS KRASTINS
・るるぶ　バルト三国　JTBパブリッシング

〈トルコ〉

・ISTANBUL 1900　RIZZOLI
Diana Barillari
Ezio Godoli

〈アメリカ〉

・フランク・ロイド・ライト　A.L.ハクスタブル
ＴＯＴＯ出版
・ライトの生涯　オルギヴァレナ・L.ライト
彰国社
・現代建築の巨匠　ペーター・ブレイク　彰国社
・フランク・ロイド・ライトと広重　京都書院
・フランク・ロイド・ライトの帝国ホテル
明石信道　建築資料研究社
・ルイス・サリヴァン　a+u　84：06　a+u

取材中の著者　ヴォルプスヴェーデ・ブレーメン・ドイツにて
1989年５月１日

小谷《おだに》　匡宏《ただひろ》（一級建築士、元高知県バスケットボール協会会長）

昭和20年11月10日　高知県生まれ
昭和39年　土佐高等学校　卒業
昭和44年　芝浦工業大学建築学科　卒業
同年　　　ＡＳＡ設計事務所（高知市）入社
昭和49年　小谷匡宏建築設計事務所　設立
昭和55年　同事務所を株式会社小谷設計に改組　代表取締役社長
平成28年　株式会社小谷設計　取締役会長

受賞歴
昭和59年　第１回高知市都市美デザイン賞（針木東グリーンハイツ）
平成２年　第７回高知市都市美デザイン賞（帯屋町一番街アーケード）
平成７年　通商産業省グッドデザイン賞
（高知県高岡郡梼原町地域交流施設「雲の上ホテル・レストラン」、隈研吾氏と共同受賞）

著　書
『ドキュメント　大二郎の挑戦』（小谷設計、1992年）
『大 二 郎 現 象』（小谷設計、1994年）
『土佐の名建築』（共著　高知新聞社、1994年）
『土 佐 の 民 家』（共著　高知新聞社、1997年）
『海外遊学紀行』（南の風社、2017年）

株式会社小谷設計
〒781-5106 高知県高知市介良乙822-2
Tel:088-860-1122　Fax:088-860-5346
E-mail odanis@mocha.ocn.ne.jp

アールヌーヴォーの残照

— 世紀末建築・人と作品 —

平成29年11月10日　初版発行

著　者　小谷　匡宏

発行・発売　創英社／三省堂書店

〒101-0051　東京都千代田区神田神保町1-1
Tel：03-3291-2295　Fax：03-3292-7687

印刷／製本　信濃印刷株式会社

©Tadahiro Odani 2017　Printed in Japan
乱丁、落丁本はおとりかえいたします。
定価はカバーに表示されています。
ISBN 978-4-88142-168-0　C0052